십자가

THE CROSS

Never Too Dead for Resurrection

Copyright © 2021 by Bob Sorge
Published by Oasis House PO Box 522
Grandview, MO 64030-0522

International Copyright by Bob Sorge, all rights reserved.
www.oasishouse.com | www.bobsorge.com

Korean Translation Copyright © 2022 by Shalom Publishing
Translated by permission of the author.

부활을 주시는 살아있는 능력

십자가

초판 발행 2022년 2월 28일

지은이 밥 소르기
옮긴이 한보현 신지혜
발행인 오경희
발행처 샬롬서원

주소 서울특별시 동대문구 이문로 12길 51
전화 02-959-7982
이메일 www.staff.cfnk@gmail.com
출판등록 제2009-000003호

ISBN 978-89-951491-3-3 03230

샬롬서원은 샬롬선교교회의 문서선교부이다. 샬롬선교교회는 1993년 창립 이래로 선교를 감당하며 러시아, 필립핀, 미안마, 일본, 잠비아, 태국, 중국, 동티모르, 우간다 등을 포함한 세계 각지에 복음의 씨를 심고 있다. 그리스도 열방 신학원(Christ for the Nations Korea)를 통해 다음세대의 훈련준비를 하며, 샬롬서원을 통해 목자의 지팡이 등 다수의 서적을 번역 · 출판함으로 교회 지체를 섬기고 있다.

부활을 주시는 살아있는 능력

십자가

밥 소르기 지음 | 한보현 신지혜 옮김

추천사 ···

이 책 『십자가』는 내가 반세기 넘는 세월 동안 복음을 전하고 사역하며 십자가에 관해 읽은 것 중 가장 심오한 책이다. 이 책은 나의 역량으로는 기술할 수가 없을 정도로 보석 같은 진리를 담은 보물상자이다. 각 장마다 설교의 가치가 있다. 마틴 루터는 "십자가만이 우리의 신학이다."라고 했는데, 이 책이 이 말을 실감 나게 한다.

- 단 윌커슨(Don Wilkerson) 틴 챌린지(Teen Challenge) 공동 창시자

한번은 성령님께서 내게 속삭이셨다. "십자가 없는 기독교는 본질이 사탄적이다." 베드로가 예수님께 십자가 없는 사명을 감당하시도록 항변했을 때, 예수님은 "사탄아, 내 뒤로 물러가라! 네가 하나님의 일을 생각하지 아니하고 도리어 사람의 일을 생각하는도다"라며 심하게 꾸짖으셨다. 나는 앞으로 십자가를 뺀 복음 때문에 많은 사람들의 정체가 밝혀질 것으로 믿는다. 밥 소르기 목사와 이 예언적인 책 『십자가』를 통하여 우리의 삶을 십자가에 조율하게 하신 하나님께 감사드린다!

- 코리 러셀(Corey Russell) 『기도를 가르쳐 주세요』(Teach Us to Pray)의 저자

목차

chapter 1

사건의 핵심

2천 년 전 피가 흥건했던 예루살렘의 처형장은, 이후로 우리가 믿고 소중히 여기는 신앙의 중심이 되었다. 믿지 않는 사람들에게는 황당한 이야기지만 거기서 하나님께서 죽으셨다. 사도 바울이 "우리는 십자가에 못 박힌 그리스도를 전하니"(고전 1:23)라고 기록했을 때, 그는 기독교의 모든 지혜를 모아 하나로 압축하면 '그리스도의 십자가'로 정리된다고 말한 것이다.

이 십자가 사건을 여러분에게 전하는 것이 나에게 큰 영광이다. 여러분과 함께 그분 앞에 서서 그분을 경이롭게 찬양하기 원한다. 그분의 손과 발에 박힌 쇠못을 보라. 그분의 머리에 씌워진 가시관을 보라. 채찍에 맞아 살이 찢겨 너덜거리고 뼈가 드러나는 상처를 보라. 가쁜 숨을 몰아쉬며 온몸이 뒤틀리는 모습을 보라. 사람들은 그분을 조롱하고, 마귀는 날뛰고 있다. 그분은 죄를 심판하시는 하나님 아버지의 진노의 잔을 단숨에 들이키고 계신다.

우리 앞에 십자가가 있다면, 우리는 다른 곳을 볼 수가 없다.

나무에 달린 우리 구세주의 뒤틀림이 우리 신앙의 중심이다. 나사렛에서 오신 목수가 3년간의 가르치심을 마치고 다시 목수가 되셨다. 십자가라는 작업장에서 손에 나무를 들고 우리의 구원을 조각하셨다.

사실 그분은 죽기 위해 이 땅에 오셨다. 우리가 죄와 사탄에 사로잡혀 사형선고를 받았기 때문이다. 우리는 우리 자신을 구할 수 없는 존재였기에, 그분께서 우리를 구하러 오셨다. 무한한 사랑으로 그분은 우리의 탈출을 계획하고 자유케 하셨다.

여러분이 만약 죄에 사로잡혀 있지 않고 구원받을 필요가 없다면 마음대로 살아도 될 것이다. 그러나 구원이 필요하다면, 십자가는 최고의 뉴스이다.

왜 십자가가 우리 신앙의 중심에 있을까? 그것은 하나님 마음의 중심에 십자가가 있기 때문이다.

> 십자가는 구원을 주시기 위해 모든 분열을 메꾸시고
> 모든 장애물을 넘어 여러분에게 닿기 원하시는 하나님의 모습이다.

하나님 마음의 중심

어떤 사람의 열정적인 모습을 보고 싶으면 그 사람의 가장 큰 기쁨과 슬픔에 대해 물어보면 된다. 사람이 열정적으로 말하면 뺨이 붉어지고, 눈에 불꽃이 튀고, 말이 빨라지는 것을 볼 수 있다. 그 사람에게 물어보라. "무엇에 대해 가장 뜨겁게 느낍니까? 당신의 마음의 중심에는 무엇이 있습니까?"

나는 하나님께서 그분의 아들의 십자가보다 더 열정적으로 느끼시는 것은 없다고 확신한다. 그분의 마음을 그토록 깊이 찢어 놓은 일은 이전이나 이후로도 없었다. 하나님 아버지는 그분의 아들이 상상할 수 없는 공포를 견디는 것을 보셨고, 또한 그분께서도 아들과 함께 고통을 겪으셨다. 절대 잊혀질 사건이 아니다.

십자가는 하나님의 마음에 가장 뚜렷이 남는 사건이다. 그분께서는 다른 어떤 주제보다 갈보리에 대해 더 깊은 신념과 강한 관점을 갖고 계신다. 그래서 우리가 십자가로 다가가면 하나님의 가장 뜨거운 열정을 얻을 수 있다. 십자가는 하나님 아버지의 중심이기 때문에, 또한 우리의 중심이 된다.

바울도 십자가가 중심이었다. 그는 고린도 교회에 이렇게 말했다. "내가 너희 중에서 예수 그리스도와 그가 십자가에 못 박히신 것 외에는 아무 것도 알지 아니하기로 작정하였음이라"(고전 2:2) 고린도에 있는 동안 그의 설교의 중심은 십자가였다. 또한 갈라디아 교회에 있을 때도 동일한 설교를 전했다. "예수 그리스도께서 십자가에 못 박히신 것이 너희 눈 앞에 밝히 보이거늘 누가 너희를 꾀더냐"(갈 3:1) 바울은 가는 곳마다 항상 십자가에 못 박히신 그리스도를 중심으로 전했다. 우리도 십자가 중심적인 삶을 살아야 한다. 십자가 중심적인 삶뿐만 아니라, 예수 중심적인 삶을 살아야 한다. 우리는 십자가를 통해서 하나님 마음의 중심에 들어갔고, 그분의 우주의 중심이 되었다.

생각해 보라. 예수님께서 지구 말고 우주의 다른 행성에 방문하셔서 십자가에 못 박히신 적이 있는가? 하나님 아버지께서는 우리가 사는 이 세상에 초점을 맞추고 계신다. 우리에게서 눈을 떼지 못하신다. 하늘에 계신 우리 아버지의 부드럽고 따뜻한 자비! 진리는 바로 이것이다. 우리는 택함 받았으며, 그분의 시야 밖으로 벗어날 수 없다.

갈보리는 우리를 향한 절대로 돌이킬 수 없을 만큼 쏟아부으신 하나님 아버지의 고정된 눈길을 우리가 피할 수 없다는 것을 말해준다.

> 십자가는 그 누군가가 상상하는 것 이상으로 고통받으시며 항상 그분의 피조물을 위해 생명을 내려놓고 계시는 하나님 아버지를 나타낸다.

우리의 중심

십자가는 우리 심장에 박힌 스텐트[1](stent)이다. 십자가를 버리는 것은 성경과 우리의 믿음을 버리는 것이다. 십자가를 포기하는 것은 예수님을 포기하는 것이다. 십자가가 없으면 예수님도 없다. 하지만 십자가를 받아들이면 하나님의 모든 것을 받아들이는 것이다.

십자가는 우리의 신앙과 믿음과 삶의 기원이다. 우리가 소중히 여기는 모든 것이 십자가에서 시작한다. 만약에 적들이 우리의 모든 것을 빼앗아간다 하더라도 십자가만 남겨둔다면 그 하나로 충분하다.

십자가가 빠진 기독교는 웃음거리이고 엉터리이고 가짜이고 사기이다. 십자가는 예수님이 아버지께로 가시는 길이었고, 또한 우리가 가야 하는 길이다. 하나님 아버지께로 가는 길은 그리스도께서 달리신 십자가 나무 기둥만큼 좁다.

그 누구도 당신의 십자가를 빼앗아가지 못하게 하라. 십자가가 없다면 우리는 모든 것을 잃어버리는 것이다. 하지만 십자가를 간직하면 모든 것을 얻는다.

'십자가'라는 의미를 가진 라틴어 단어 'crux'는 영어 사전에도 포함되었다[2]. 영어 단어 crux는 '가장 중요한 것, 핵심'이라는 뜻을 지닌다. 예수님의 십자가는 crux, 즉 가장 중요한 핵심이다. 때때로 우리가 십자가를 외면하고 싶을 때가 있지만 계속해서 우리 삶의 중심인 십자가로 돌아온다.

요한은 골고다에서 강도들이 좌우편에 같이 달렸고 예수님은 가운데 계셨다고 기록한다(요 19:18). 이것은 지금도 변치 않는 진리이다. 우리 삶에 예수님은 가운데 계신다. 우리 눈을 예수님의 십자가에 고정시키는 것보다 더

---

1 막힌 혈관을 넓히기 위해 삽입하는 작은 금속 물질 - 번역자 주
2 영어로 십자가형을 'crucifixion'이라고 한다 - 번역자 주

진실된 믿음은 없다.

이 책을 통해 나는 십자가가 우리 신앙의 중심이 되는 기둥이라는 전제를 설명할 것이다. 몇 가지 예를 들겠다.

- 십자가는 성경에서 첫 번째로 기록된 책의 주제이다. (욥기가 처음 기록됐다.)
- 창세기에서 반복되는 주제이다. (하나님께서는 아담과 하와에게 옷을 입히기 위해 동물을 희생시키셨다. 그리고 창세기 3:15에서 갈보리를 예언하셨다. 또한 창세기 22장의 모리아 산 이야기도 갈보리에 관한 것이다. 창세기 15장의 화로와 타는 횃불 언약도 마찬가지이다.)
- 모세의 제사 제도는 십자가에 대한 메시지이다.
- 시편의 많은 부분은 메시야의 고난을 예언하며 그 괴로움을 글로 표현한다.
- 선지자들은 그리스도의 고난에 대해 예언했다. (예: 이사야 53장)
- 십자가는 바울의 가르침의 중심이며, 그의 서신서에 반복해서 나오는 주제이다.
- 십자가의 지혜는 오늘날 모든 사회문제의 해답이다.
- 삶의 중요한 결정들은 십자가에 초점을 둠으로 답이 나온다.
- 십자가로 우리 삶의 시련이 설명된다.
- 성찬식을 통해 십자가는 예배의 중심이 된다.
- 예수님은 부활하신 사자이시지만, 천상의 예배는 십자가에서 승리하신 어린 양을 찬양한다(계 5:12).

십자가는 우리의 중심이다.

대화가 싸움으로 변할 때, 거부할 수 없는 십자가의 지혜로 상황을 진정시키라.

예수님의 첫 설교

흔히 산상수훈이라 불리는 예수님의 첫 설교에서, 그분은 십자가를 가르침의 중심에 두셨다. 예수님은 9가지 복으로 설교를 시작하셨다. 당시 청중은 알지 못했지만, 예수님은 다가올 십자가형 위에 축복을 예언하고 계셨다. 십자가에 달리신 그리스도께서 얼마나 큰 복을 받으셨는지 보자.

- "심령이 가난한 자는 복이 있나니"(마 5:3) – 예수님은 무일푼으로 헐벗고 가난하게 돌아가셨지만, 지금은 모든 것을 소유하고 계신다.
- "애통하는 자는 복이 있나니"(마 5:4) – 이사야 53:3-4에는 예수님이 우리의 슬픔을 짊어지셨다고 기록되어 있다. 그분은 우리의 슬픔과 고민을 짊어지고 십자가에서 담당하셨다. 그러니 지금 큰 기쁨으로 위로를 받고 계신다.
- "온유한 자는 복이 있나니"(마 5:5) – 하나님의 아들이 십자가에서 죽는 것은 완전한 온유이며, 이제 온 땅을 기업으로 받으셨다.
- "의에 주리고 목마른 자는 복이 있나니"(마 5:6) – 예수님께서 십자가에서 "내가 목마르다" 하며 부르짖으셨을 때, 분명히 복을 받으셨다. 이제 그분의 보좌에서 생수의 강이 흘러나온다.
- "긍휼히 여기는 자는 복이 있나니"(마 5:7) – 우리 대신 십자가에서 죽으심으로 예수님은 우리 각자에게 놀라운 긍휼을 베푸셨고, 그로 인해 복을 받으셨다.
- "마음이 청결한 자는 복이 있나니"(마 5:8) – 청결한 마음을 가지신 예수님은 흠 없고 점 없는 어린 양으로 죽임 당하셨다. 이제 모든 피조물이 하나님의 어린 양을 송축한다.
- "화평하게 하는 자는 복이 있나니"(마 5:9) – 에베소서 2:14에 따르면 예수님은 우리가 하나님과 화목할 수 있도록 우리의 화평이 되신 참된 '화평하게 하는 자'이시다.

- "의를 위하여 박해를 받은 자는 복이 있나니"(마 5:10) – 예수님은 의를 위하여 십자가에 못 박히셨다. 이제 그분은 영원히 복을 받으신다.
- "나로 말미암아 너희를 욕하고 박해하고 거짓으로 너희를 거슬러 모든 악한 말을 할 때에는 너희에게 복이 있나니 기뻐하고 즐거워하라 하늘에서 너희의 상이 큼이라 너희 전에 있던 선지자들도 이같이 박해하였느니라"(마 5:11-12) – 이 마지막 복에서, 예수님은 온갖 악한 거짓말을 감수하시게 될 곳인 그분의 십자가를 완벽하게 묘사하셨다.

그러므로 예수님은 산상수훈에 나오는 모든 복을 받으신다. 그분의 이름을 영원무궁토록 송축한다!

예수님께서 십자가를 통해 복을 받으셨듯이, 각자의 십자가를 지고 그분을 따르는 자들에게도 동일한 복이 부어진다. 공생애의 첫 가르침부터 예수님께서는 우리의 마음을 확신으로 강건케 하셔서, 담대하게 십자가의 길을 따르며 그 복을 누릴 수 있게 하셨다.

> 만약에 당신이 십자가를 전하지 않는 설교를 한다면,
> 당신의 설교는 전파되지 않을 것이다.

중심으로 부르심

우리 모두 신앙의 중심이 되는 십자가로 돌아가자. 목사들은 우리 설교의 중심에 십자가를 두자. 찬양 인도자들은 십자가를 우리 찬양의 중심으로 하자. 작가들은 어린 양을 찬양하는 가사로 곡을 쓰자. 앞으로 십자가를 찬양하는 수많은 곡들이 나올 것이다. 그런 찬양들이 터져 나오길 기대한다!

사랑하는 모든 성도들에게 간청한다. 당신의 생각과 애정의 중심에 십자가를 두라. 우리는 결코 십자가를 벗어날 수 없고, 과거의 것으로 치부할 수도 없다. 십자가를 다시 여러분의 중심에 놓고 그곳으로 계속 돌아가길 바란다. 왜 그렇게 해야 할까? 십자가는 하나님 마음의 중심에 있으며, 우리가 소중히 여기는 모든 것의 핵심이 되기 때문이다.

십자가에 달리신 그리스도는 우리의 지혜와 능력과 활력과 생명이 되신다. 우리는 이것을 기억하고 십자가로 계속 돌아온다.

거룩한 하나님의 어린 양이시여, 당신은 우리 삶의 중심이 되십니다!

그룹 공부와 토의

1. 마태복음 26-28장을 읽고 십자가에 달리시는 예수님을 묵상하며 가장 마음에 와닿은 점을 나누십시오.

2. 당신은 하나님 아버지께서 십자가에 달리신 예수님을 보셨을 때 어떠한 심정이었을 것이라고 생각합니까? 하나님 아버지의 마음을 표현하는 성경 구절을 묵상하고 나누십시오.

3. 고린도전서 1:18-2:8을 읽고 십자가에 대해 생각해 보십시오. 여러분은 얼마만큼 이렇게 살아가고 있습니까? 십자가가 우리 신앙의 중심이라는 저자의 전제에 대해 이야기해 보십시오.

4. '십자가가 없으면 예수님도 없다.'라는 말을 어떻게 생각합니까?

5. 구약 성경에서는 십자가를 어떻게 묘사하고 있습니까?

6. 이번 장에서 당신에게 가장 와닿는 세 개의 문장을 나누십시오.

7. 고린도전서 1:23-24을 중심으로 기도하고 마치십시오.

chapter 2
우리를 교정하다

십자가는 우리를 교정한다. 저울 같은 측정기기는 주기적으로 교정해야 정확하게 측정할 수 있는 것처럼, 우리의 삶도 지속적으로 십자가 중심으로 교정되어야 한다. 우리의 생활방식과 가치관이 십자가에 못 박히신 예수 그리스도와 일치하는지 일상적으로 검토해야 한다.

우리 모두는 자신의 가치관과 믿음을 지키려는 의지가, 매일 반복되는 '일상'이라는 파도에 쉽게 무너지는 것을 느껴봤을 것이다. 십자가는 우리가 진리와 온전함과 현명한 우선순위와 올바른 가치관을 지킬 수 있도록 도와주는 필수적인 보호장치이다.

십자가는 우리를 예수님께 정렬시키고 그분을 향한 우리의 마음이 진실할 수 있게 도와준다. 십자가는 척추 지압 교정처럼 우리를 바로 세워 준다.

마트에서 장 보다가 과일을 저울에 올려놓았는데 영점 값이 잘못돼서 무게를 정확히 측정하지 않는 걸 본 적이 있는가? 이와 비슷하게 우리의 마음도 가끔 한쪽으로 치우칠 때가 있고, 그때마다 십자가로 중심을 맞추어야 한다.

십자가는 당신의 신학을 교정한다.

중심에서 벗어나다

우리가 중심에서 벗어났다면 십자가 중심인 하나님 나라에 정렬되기 위해 무엇을 해야 하는가? 공격 태세를 취해야 한다. 예수님께서는 이렇게 가르치셨다. "세례 요한의 때부터 지금까지 천국은 침노를 당하나니 침노하는 자는 빼앗느니라"(마 11:12) 십자가를 계속 중심에 둔다는 것은 전쟁을 선포하는 것이다. 대화를 십자가 중심으로 되돌리려면 공격적인 노력이 필요하다. 내가 과장한다고 생각하는가? 십자가를 중심에 두겠다고 마음을 정하면 우리를 대적하는 세력들이 연합해서 반격해온다.

우선 처음으로 마주하게 되는 적은 사탄이다. 그는 우리의 시선을 다른 방향으로 돌리기 위해 물불을 가리지 않는다. 사탄의 계략 중 몇 가지를 보겠다.

- 시험: 불순종은 우리를 십자가로부터 멀어지게 하기 때문에, 사탄은 우리가 죄를 짓게끔 시험한다.
- 참소: 사탄은 우리가 십자가로 나아갈 자격이 없다고 참소하지만, 그리스도의 피가 그를 잠잠케 한다(계 12:11).
- 미혹: 사탄은 우리가 십자가 이외의 것에 집중하게끔 미혹한다. 하지만 하나님 말씀의 진리 안에서 마음을 새롭게 하면 사탄의 거짓말이 드러나고 우리는 십자가로 회복된다(롬 12:1-2).
- 산만: 사탄은 우리가 십자가 중심에서 벗어나게끔 산만하게 하지만, 십자가로 돌아가면 우리의 마음은 첫사랑을 회복하게 된다.
- 절망감: 사탄이 어려움을 통하여 당신을 절망감으로 짓누를 때, 십자가는 당신의 믿음을 교정하며 용기를 북돋아 준다.

- 공허함: 사탄은 사소한 것들로 우리를 꾀어내어 덧없고 하찮은 것에 눈 돌리게 한다. 십자가는 우리의 영혼을 맑게 하여 영원한 것에 집중하게 한다.

사탄이 제일 원치 않는 것은 당신이 십자가를 마음과 생각의 중심에 단단히 고정시키는 것이다.

십자가의 다음 적은 우리의 육신이다. 우리의 육신은 본능적으로 십자가로부터 떨어져 있으려 한다. 솔직하게 이야기해 보자. 우리의 육신 속에는 십자가에 관한 책을 읽기 거부하는 내적 저항이 있다. 당신은 이 책을 펼치기 위해서 천국의 강권하는 힘을 빌려야 했을 것이고, 이 책을 끝까지 읽기 위해서는 육신과 전쟁을 치러야 할 것이다. 하지만 끝까지 읽는다면 삶을 완전히 변화시킬 능력을 지닌 십자가의 메시지를 체험하게 될 것이다.

이 책의 저자로서 나의 육신의 갈등에 대해 이야기하려 한다. 내 육신은 이 책을 집필하는 것을 거부해왔다. 내 육신의 생각 중 어딘가에서 이 책의 상품성을 논하는 계산적인 목소리가 이렇게 말한다. "누가 십자가에 관한 책을 구입하겠어? 이런 책은 팔리지도 않아서 물류창고에 처박혀 있을 거야. 왜 아무도 읽지 않을 책을 집필하는 데 시간을 낭비하려고 하지?"

솔직하게 말하면, 나는 십자가에 대해 설교할 때마다 저항을 느낀다. 다른 사역자들과 대화하며 이런 어려움을 나만 겪는 것이 아니라는 것을 알게 됐다. 이런 저항의 본질은 무엇일까? 이렇게 하는 세력의 정체를 완벽하게 파악했다고 확신하지는 못하지만, 이것은 "세상 주관자들과 하늘에 있는 악의 영들"(엡 6:12)과의 싸움이 아닐까? 십자가가 선포되는 것을 훼방하는 임무를 맡은 악한 영들이 있을까? 우리가 느끼는 저항은 일부 여기서 기인한다고 생각한다. 하지만 또 다른 원인도 분명 있다.

　나의 육신은 십자가를 설교하는 것을 원치 않는다. 그렇다. 있는 그대로 솔직하게 토로했다. 나는 십자가가 우리 믿음의 중심이라는 것을 알지만, 그럼에도 내 안의 무언가는 십자가로 가까이 나아가는 걸 거부한다. 내 육신이 그렇게 반응하는 이유를 추측하건대, 성도들이 내 설교에 열광하며 "굉장한 말씀이었습니다!"라고 칭찬해 주길 원하기 때문인 것 같다. 십자가를 주제로 한 설교 후에는 "너무 좋았습니다. 이런 설교로 자주 부탁드립니다!"라고 반응하는 경우가 드물다.

　나의 육신은 성도들이 내 설교를 듣고 감탄하길 원하는데, 십자가에 대해 설교하면 설교자가 돋보이기 어렵다. 성도들이 십자가의 위대함에 압도되어서 내가 얼마나 세련된 솜씨로 설교했는지 생각할 틈이 없다. 십자가 자체가 너무 위대해서 설교자를 포함한 주변의 모든 것을 하찮게 만들어 버린다.

　대부분의 사람들도 이와 비슷한 씨름을 체험하고 있다. 우리의 육신은 일상적인 대화 속에서 십자가를 언급하는 것을 거부한다. 이 세상 그 무엇도 그런 대화 주제를 권장하지 않기 때문에, 이것은 필히 천국의 강권하는 능력이 있어야 한다. 십자가에 대한 얘기를 입 밖으로 내는 순간 사람들은 '아니, 왜 그런 얘기를 합니까? 우리는 십자가에 대한 대화를 나누고 있던 것이 아니지 않습니까?' 하는 시선으로 쳐다볼 것이다.

　우리의 육신은 십자가에 삶을 정렬시키는 것을 원치 않는다. 십자가에 못 박힌 삶을 붙잡기 위해서 우리는 담대하게 공격 태세를 취해야 한다. 우리는 우리의 육이 십자가에 못 박힌 자리에서 벗어나려고 하는 것을 느낀다. 우리의 모든 적, 즉 사탄과 세상과 문화와 삶의 염려와 육신이 힘을 합쳐 우리를 십자가로부터 멀리 끌어내려 하는 것 같다.

　우리는 언젠가 십자가 아래 무릎을 꿇었던 적이 있다. 그런데 왜 더 이상 십자가를 전하지 않을까? 어떻게 하다가 우리의 육신이 십자가에서 내려오게 되었을까? 사랑하는 하나님의 군대여! 여러분의 육체에 다시금 십자가가 관통하여 여러분이 사랑하고 갈망하는 모든 것의 뿌리가 되도록 심령 깊은 곳에 박으라. 침노하라. 사랑하는 나의 십자가 동료여, 십자가를 마음에 다시 크게 세우라.

> 사회 자유주의자들과 사회 보수주의자들은
> 마침내 예수님을 죽이고자 하는 일념 아래 공통분모를 찾았다.

십자가를 축소시키려는 교회 내의 세력들

마귀와 우리의 육신이 십자가를 전하는 것에 저항한다고 해서 놀랄 것은 없다. 하지만 이보다 더 난감한 문제가 있다. 우리가 십자가를 강조하고 증거함으로 조명되는 십자가의 능력을 가리려는 세력이 심지어 교회 내에도 존재한다는 것이다. 몇 가지 예를 들겠다.

- 전통 – 나는 어린 시절에 목회자 자녀로, 십자가를 크게 강조하지 않는 오순절파 교회 전통 속에서 성장했다. 예를 들면 내가 속한 교단에서는 종려주일에 예수님의 승리의 입성에 대한 설교를 듣고, 그로부터 한 주 뒤인 부활주일에는 그분의 부활에 대한 설교를 듣는 것이 당연하게 여겨졌다. 그 두 주일 사이에는 큰 관심을 받지 못한 채 넘겨지는 사건이 있었다. 십자가는 성금요일 성찬식 시간에 가볍게 다루는 것으로 그쳤고, 그마저도 교회의 핵심 성도들만 참석했다. 왜 십자가에 대

한 언급이 적을까? 십자가에 대해 뭐라고 말해야 할지 몰라서 그럴까?

- 선교학 – 많은 선교단체들은 아랍권에 복음을 효과적으로 전할 수 있는 방법을 연구해왔다. 그리고 몇몇 선교학자들은 아랍권에서 십자가를 전하는 것이 오히려 효과적인 복음 전파를 막는다는 결론을 실제로 내리기까지 했다. 그들은 십자가의 메시지가 아랍권 사람들의 감정을 상하게 하기에, 그들을 구원으로 이끌기 위해서는 그보다 예수님의 가르침과 기적 행하심을 강조해야 한다고 말한다. 이런 선교학자들은 어처구니없게도 복음 전파자들에게 십자가를 축소시킬 것을 권한다.

- 교리 – 오늘날 교회 내에서의 일부 특정 교리들은 십자가를 축소시키는 것을 정당화한다. 예를 들어, 십자가는 옛 언약 아래서 일어난 일이라고 주장하는 사악한 교리가 여기저기 돌고 있다. 이 교리에 따르면 그리스도의 가르침과 삶은 전부 옛 언약 아래서 일어났기 때문에 성도들의 삶에서 이차적인 권위를 갖는다고 말한다. 이 교리를 옹호하는 자들은 예수님의 부활과 오순절의 성령세례(행 2장)에 이를 때까지는 새 언약이 시작되지 않았으며, 부활 이전의 사건은 전부 옛 언약이라고 주장한다. 이들은 새 언약의 출발선을 엉뚱한 곳에 그리는 심각한 오류를 범했다. 성경은 새 언약의 시대가 세례 요한과 함께 시작되었다고 말한다(막 1:1-2, 눅 16:16). 이런 유의 교사들 중 어떤 이는 심지어 사복음서에 기록된 예수님의 말씀보다 로마서와 같은 신약의 서신서가 최고의 권위를 갖는다고 하며 거짓 주장한다. 이렇게 십자가를 구약의 시대에 두어 그 중요성을 깎아내리는 가르침을 멀리하라.

한번은 소셜 미디어에 십자가에 관한 글을 올렸는데 누군가 이렇게 답했다. "우리의 초점이 십자가에 머물면 결코 안 됩니다." 실제로 교회 내에 이런 정서가 흔하다. 교회 내에 십자가는 뒤로하고 오직 부활에 집중하려는 교리적 흐름이 있다. 나도 물론 부활을 사랑하지만, 사도 바울은 이렇게 말했다. "우리는 십자가에 못 박힌 그리스도를 전하니 유대인에게는 거리끼는 것이요 이방인에게는 미련한 것이로되 오직 부르심을 받은 자들에게는 유대인이나 헬라인이나 그리스도는 하나님의 능력이요 하나님의 지혜니라"(고전 1:23-24) 십자가를 그저 과거의 것으로 치부하고 지나쳐서는 안 된다. 십자가는 우리의 중심이다.

십자가에 못 박힌 그리스도는 하나님의 능력이고 하나님의 지혜이다(고전 1:24). 우리가 능력과 지혜를 옆으로 치워 놓고 무시한다면 얼마나 사악한 것이겠는가? 이런 광기를 무엇과 비교할 수 있을까? 십자가를 축소시키는 것은 이러하다고 할 수 있겠다.

- 월드컵 결승전에서 감독이 최고의 선수를 끝까지 출전시키지 않는다면, 이 얼마나 어처구니없는 짓이겠는가?
- 군대의 장군이 군인들을 최전선에 배치하면서 무기를 배급하지 않는다면, 이 얼마나 어처구니없는 짓이겠는가?
- 맥도날드에서 햄버거를 더 이상 팔지 않기로 정한다면, 이 얼마나 어처구니없는 짓이겠는가?

십자가를 뒤로 밀어내는 것은 광기이다.

다시 교정해야 할 때이다. 우리가 십자가를 중심에 둘 때 삶의 가장 큰 문제들에 대한 해결책을 찾게 된다. 가정을 교정하여 십자가를 중심으로 삼을 때 우리의 가정은 견고한 안식처가 된다. 학교에서, 직장에서, 소셜 미디어에서, 또는 친구들과 함께 십자가에 대해 이야기하라. 십자가가 중심에 세워져 당신이 나누는 모든 대화의 내용과 색깔과 흐름을 이끌어가게 하라.

> 빌라도는 예수님이 재판을 받고 있다고 생각했지만,
> 예수님은 빌라도가 재판을 받고 있다는 것을 아셨다.

처음으로 돌아가기

씨앗이 발아하면 생명이 시작되면서 성장하기 시작한다. 삶의 원초적인 동력이 작동하는 현장이다. 무언가의 생명력을 회복하기 위해서 우리는 종종 그 첫 시작점으로 돌아간다. 살면서 이 원리를 적용하는 몇 가지 사례를 보자.

결혼생활에 다시 열정을 불러일으키고 싶으면 배우자와 사랑에 빠지게 된 계기를 떠올려 보기도 한다. 어떤 교회가 방향성을 상실했다면 창립 당시 기초로 삼았던 비전을 되찾아야 할 필요가 있다. 사업이 풀리지 않아 힘들다면 개업 당시 품었던 열정을 상기할 필요가 있다.

예수님께서는 바리새인들이 이혼에 대한 그분의 의견을 물었을 때 이 원리를 언급하셨다. 그들의 질문에 답하기 위해 결혼제도가 처음 생겨난 때로 돌아가셨다. 하나님께서 처음 결혼제도를 제정하셨을 때는 이혼에 대한 규정이 없었다. 결혼이 처음의 아름다움과 성실함으로 지켜지면 이혼이라는 것이 없기 때문이다. 예수님께서는 결혼의 활력을 되찾기 위해서는 결혼의 시작으로 돌아가야 한다고 말씀하셨다.

이 원리는 우리의 신앙에도 똑같이 적용된다. 기독교의 생명력을 회복하려면 처음으로 돌아가야 한다. 이 모든 것은 어디서 시작되었는가? 바로 십자가이다. 예수님께서 십자가에서 쏟으신 피와 물 앞에 우리가 무릎을 꿇으면 신앙의 간결함과 순결함과 능력을 회복하게 된다.

예배도 마찬가지이다. 우리가 예배에서 새로운 생명력을 찾으려면 처음으로 돌아가야 한다. 예배의 시작은 어디인가? 예배의 강물을 따라 상류까지 올라가면 십자가 아래 서게 될 것이다.

십자가에 달리신 그리스도는 예배의 원천이시며 영감이고 근원이시다. 그곳이 우리가 처음 만난 곳이다. 사랑이 처음 시작된 곳으로 돌아옴으로 인해 우리는 처음 사랑을 회복한다(계 2:4). 우리는 십자가로 돌아올 때마다 더 깊은 사랑의 열정 속으로 들어가게 될 것이고, 감사와 내려놓음과 충성의 우물을 다시 파게 될 것이다.

찬양 인도자들은 종종 회중을 더 높은 차원의 경배의 자리로 이끌어갈 성령의 인도하심을 받으려 애쓴다. 내게 조언을 구하면 대답은 보통 "십자가로 돌아가세요"이다. 우리는 십자가 아래 있을 때 눈물이 흐르고 마음이 녹으며 심령이 힘을 얻는다. 십자가는 눌려 있는 모든 고개와 시선과 마음을 올려준다. 십자가는 사랑의 기원이자 근원이다. 십자가 앞에서는 끝없는 사랑의 고백이 흘러나온다. 십자가로 돌아가면 꺼지지 않는 열정의 불이 지펴지고, 끝없는 사랑의 노래가 열린다.

작가들이여, 당신들이 십자가 앞에 서 있음으로 인해 최고의 연가(love song)를 지을 것이다. 사랑이 사랑을 더 크게 불러오고, 내려놓음이 더 큰 내려놓음으로 인도한다. 그리움은 그리움의 연료가 되고, 열정은 열정에 불을 지핀다. 깊은 곳에서 더 깊은 곳으로 움직이고, 눈물이 눈물을 낳는다. 십자가를 칭송하는 최고의 찬양이 앞으로 계속해서 나올 것이다.

다시 한번 발길을 멈추고 십자가에 못 박힌 구세주를 보라. 그분의 손과 발, 가시가 박힌 이마와 상한 옆구리를 바라보라. 그분께 감사의 고백을 하며 심령에서 샘물처럼 넘쳐흐르는 사랑을 바치라.

십자가는 예배의 알파와 오메가 즉 시작과 끝이다. 예배가 십자가로 끝난다고 말하는 것은 종말의 때를 염두에 두고 하는 말이다. 사도 요한이 종말에 있을 천상의 예배를 목격했을 때 모든 피조물이 어린 양 앞에 모여 있는 것을 보았다. 모든 시선이 어린 양에게 고정된 채 모두가 이렇게 고백한다. "죽임을 당하신 어린 양은 능력과 부와 지혜와 힘과 존귀와 영광과 찬송을 받으시기에 합당하도다"(계 5:12)

오늘날 다른 많은 것들과 마찬가지로, 예배도 때로 잘못된 방향으로 나가거나 한쪽으로 치우치는 경향이 있다. 회중 예배는 너무도 쉽게 중심이 음악이나 무대나 화면이나 조명이나 경력이나 스크린샷이나 프로필이나 자존심이나 수익 등으로 치우치곤 한다. 이 모든 것들이 이제는 계속해서 십자가 중심으로 다시 교정되어야 한다. 십자가 중심으로 돌아가면 이런 걸치장은 사라지고 우리의 시선이 한 분에게 고정된다. "한 어린 양이 서 있는데 일찍이 죽임을 당한 것 같더라"(계 5:6)

이제 다시 시작점으로 돌아가서 우리의 사랑의 활력을 되찾고 십자가 중심의 삶을 살아가야 한다. 십자가에 못 박히신 그리스도만이 각 교단과 교회와 가정과 심령을 새롭게 하실 수 있다. 온 세상이 다시 한번 혁명적으로 십자가 앞에 돌아와 십자가를 중심에 놓게 하자!

> 예수님은 유다가 자기를 배반할 것을 아시면서도 그의 발을 씻기셨다.
> 이것이 우리가 우리를 미워하는 사람들을 섬기는 방법이다.

그룹 공부와 토의

1. 최근 십자가를 묵상하면서 삶이 다시 교정되는 경험을 했습니까?

2. 십자가에 가까이 가려 할 때 육신이 거부함을 느낍니까? 이런 것을 보면 우리는 어떠한 존재입니까?

3. 십자가에 대해 이야기하려 할 때 어떤 종류의 저항을 경험합니까?

4. 교회 내에 십자가를 축소시키려고 하는 세 가지 요소를 언급했습니다. 이것 중 직접 경험한 것이 있습니까?

5. 앞에서 '십자가에 못 박힌 그리스도는 하나님의 능력이고 하나님의 지혜'라고 했습니다 (고전 1:24). 이것은 무슨 뜻입니까? 이것을 뒷받침하는 성경 구절을 더 찾아보십시오.

6. 십자가가 예배의 원천이라면 이것이 우리 교회의 예배에 대해 시사하는 바가 무엇입니까?

7. 요한계시록 5:12을 묵상하며 기도하고 마치십시오.

chapter 3

예수님의 가장 보편적인 가르침

예수님은 마을과 마을을 다니시며 많은 것을 가르치셨다. 그중에서 더 자주 가르치신 말씀들이 있다. 나는 특히 예수님께서 의도적으로 다른 어떤 가르침보다 더 많이 반복하신 하나의 가르침이 있다고 생각한다. 그렇게 반복하여 강조하심으로 새로 듣는 자들에게는 그분의 가르침을 소개하셨고, 제자들에게는 제일 중요한 그 가르침을 기억하기 원하셨다.

나는 이것을 우연하게 발견했다. 내가 이용하는 성경 연구 프로그램에서 단어를 검색하고 있었는데, 특정 문구를 검색하니 사복음서에서 공통적으로 검색됐다.

성경을 연구하는 분들은 잘 알 것인데, 이런 경우가 거의 없다. 사복음서에 공통적으로 기록된 내용은 드물다. 그것은 요한 때문이다.

사도 요한은 요한복음서를 다른 복음서보다 약 30년 늦게 기록했다. 요한은 다른 복음서들의 내용을 잘 알고 있었기에, 자신이 예수님의 생애와 사역을 기록할 때 의도적으로 가급적 다른 저자들이 언급하지 않은 것들 위주로 기록하려고 노력했다. 요한은 다른 사도들이 기록한 것을 반복하는 것이 아니라 보완하려고 노력했다.

그렇기 때문에 사복음서에 공통적으로 기록된 내용은 많지 않다. 공통적으로 기록된 이야기는 예수님의 세례식, 오병이어 사건, 예루살렘 입성과 십자가형 정도이다. 그리고 예수님의 많은 예언들 중 사복음서에 공통적으로 기록된 것은 가룟 유다의 배신, 베드로의 부인, 그리고 십자가 고난 정도이다.

특히, 예수님의 가르침들 중에서 사복음서에 공통적으로 기록되어 있는 것은 딱 한 가지이다. 여러분의 궁금증을 자극하기 위해 몇 가지 추가로 말한다. 이 가르침이 기록된 각 배경을 살펴보면 이것이 예수님께서 매번 다른 시기에 전하신 가르침이라는 것을 알 수 있다. 이 네 번의 경우는 모두 공생애의 마지막 해에 있었던 일이다. 즉, 십자가에 달리실 날이 다가올수록 이 말씀을 더욱 강조해서 자주 전하셨다는 뜻이다.

덧붙이자면, 기록된 네 번의 경우 모두 매번 당시의 주제가 달랐다. 똑같은 가르침이었지만 그 가르침을 통해 제시하신 요점은 달랐다. 즉, 그 원리를 청중의 삶에 적용하신 방법이 매번 달랐다는 것이다. 이것이 중요한 이유는 이 특정한 가르침이 우리 삶의 모든 영역에 적용된다는 것을 깨닫게 해주기 때문이다.

예수님의 가장 보편적인 가르침은 모든 상황 속에서 적용 가능한, 삶을 관통하는 가르침이었다. 이것은 그분의 많은 가르침들 중에서 가장 반(反)직관적이며, 심지어 한 구절밖에 되지 않는다. 다시 말하지만 내 생각에는 이것이 그분의 가장 보편적인 가르침이다.

그것이 무엇일까 생각하는 동안 몇 가지 질문을 더 하겠다.

당신은 예수님께서 다른 주제보다 더 많이 가르치신 가르침이 있다는 것을 안다면, 거기에 특별히 더 관심을 가지겠는가? 그 말씀에 더욱 순종하고 싶겠는가? 절대 잊어버리지 않겠다고 결심하겠는가? 평생토록 지킬 삶의 규칙으로 삼겠는가? 만일 당신이 성경의 저자여서 예수님의 가르침 중에 단 한 가지를 기록하여 강조하기 원한다면 어느 것을 택하겠는가?

이만하면 충분히 궁금하리라 생각한다. 예수님의 가장 보편적인 가르침은 바로 이것이다. "자기 목숨을 얻는 자는 잃을 것이요 나를 위하여 자기 목숨을 잃는 자는 얻으리라"

이것은 특히 마지막 때를 살아가는 우리의 가장 보편적인 가르침이어야 한다.

> 요셉은 은 20냥에 팔리고 많은 후손을 살렸다(창 45:7).
> 예수님은 은 30냥에 팔리고 세상을 살리셨다.

네 가지 상황

예수님께서 이 말씀을 언급하신 네 번의 상황과 당시 전하시던 가르침의 의미를 살펴보자.

첫 번째 상황은 예수님의 세 번째 갈릴리 여행 중 일어났으며, 마태만 이 사건을 기록했다.

> 자기 목숨을 얻는 자는 잃을 것이요 나를 위하여 자기 목숨을 잃는 자는 얻으리라
>
> (마태복음 10:39)

이 말씀의 맥락을 보면, 예수님은 사람이 그분을 향한 충성과 가족을 향한 헌신 사이에서 충돌할 때 어떻게 해야 하는지 가르치고 계신다. 때로는

예수님을 향한 우리의 충성 때문에 가족이 적대적으로 변할 것이라고 하셨다. 이것은 우리가 가족의 평화를 유지하기 위해 그분을 향한 충성과 타협하면 생명을 잃게 되고, 반면에 그분을 향한 우리의 충성이 부모와 배우자와 자녀에 대한 헌신보다 우선이라면 생명을 찾을 거라는 것이다.

여기서의 가르침은, 가족에 대한 헌신은 고귀하지만 예수님을 향한 충성이 그보다 앞서야 한다는 것이다.

두 번째 상황은 빌립보 가이사랴를 방문하셨을 때이다. 이 사건은 세 권의 공관 복음서에 기록되었다(마 16:25, 막 8:35, 눅 9:24). 마가복음의 말씀을 보자.

> 누구든지 자기 목숨을 구원하고자 하면 잃을 것이요 누구든지 나와 복음을 위하여 자
> 기 목숨을 잃으면 구원하리라 (마가복음 8:35)

이것은 예수님께서 곧 다가오는 그분의 고난과 죽음과 부활에 관해 제자들에게 처음 말씀하셨을 때이다. 베드로는 이 말씀에 경악해서 예수님에게 항변했다. 예수님은 베드로에게 이 일은 필연적으로 일어날 일이며, 자신을 따르기 원하는 자들도 동일하게 겪어야 할 일이라고 하셨다. 예수님을 따르려는 모든 자는 반드시 자기 자신을 부인해야 하며 십자가를 져야 한다고 말씀하셨다.

여기서의 가르침은, 우리가 십자가의 삶으로 부르심을 받았으며 생명을 내려놓고 십자가를 진다면 생명을 구할 수 있다는 것이다.

세 번째 상황은 예수님께서 마지막으로 예루살렘으로 향하시는 도중이

다. 누가만 이 사건을 기록했다.

무릇 자기 목숨을 보전하고자 하는 자는 잃을 것이요 잃는 자는 살리리라 (누가복음 17:33)

이 상황에서 예수님께서는 종말의 때에 대해 가르치시며 우리가 세상 것에 마음을 빼앗기지 않도록 마음을 지켜야 한다고 하셨다. 이 말씀을 설명하시기 위해 예수님은 소돔이 멸망할 때 생명을 잃은 롯의 아내를 생생한 예로 삼으셨다. 그녀는 소돔을 사랑했으며, 그녀를 안전한 곳으로 대피시키려고 천사들이 그곳에서 끌어내자 본능적으로 뒤돌아서 그녀가 그토록 즐기며 누렸던 도시를 그립게 바라보았다. 그러자 그 즉시 소금 기둥이 되었다(창 19:26).

여기서 롯의 아내는 예수님을 사랑하는 동시에 세상을 사랑하는 기독교인을 상징한다. 롯의 아내는 하나님을 믿는 사람이었고 많은 장점을 지녔다. 하나님을 열심으로 섬겼고, 가정을 잘 돌보았다. 장보기와 이웃들과 친구들을 좋아했고, 간음하지 않았고, 번영하는 사회의 문화를 누릴 줄 알았다. 그녀는 화려한 융단, 좋은 옷, 고급진 음식, 예술과 음악 등을 즐겼다. 세상에서 누릴 수 있는 것들을 통해 기쁨과 만족을 얻는 신자였다. 하지만 익숙하던 세상을 뒤로하고 빠져나와야 하는 상황이 닥치자, 그녀가 마음의 진정한 애정을 어디에 두고 있었는지가 갑자기 드러났다. 그래서 예수님은 이렇게 경고하셨다. "롯의 처를 기억하라"(눅 17:32)

여기서의 가르침은 이것이다. 예수님이 신부를 맞이하시기 위해 재림하실 때, 그분께서 우리를 공중으로 들어 올리시는 순간까지 우리가 세상의 것들에 빠져서 아쉬운 마음으로 뒤돌아보길 원치 않으신다는 것이다. 예수님은 그분을 진정으로 사랑하는, 예수님의 얼굴을 보면 자기가 뒤로할 집은 생각지도 않는 신부를 위해서 다시 오신다. 신부의 시선은 자신이 사랑하는 신랑에 고정되어 있을 것이다. 예수님께서 다시 오실 때 우리가 세상에서 얻은 것을 기꺼이 다 뒤로하고 그분께로 간다면 살 것이라고 확실하게 말씀하신다.

네 번째 상황은 예수님이 갈보리 사역을 감당하시기 며칠 전 예루살렘에 계실 때이다. 요한만 이 사건을 기록했다.

> 자기의 생명을 사랑하는 자는 잃어버릴 것이요 이 세상에서 자기의 생명을 미워하는
> 자는 영생하도록 보전하리라 (요한복음 12:25)

여기서의 가르침은, 열매를 맺기 위해서는 먼저 씨앗이 땅에 떨어져 죽어야 한다는 것이다. 예수님은 순교에 대해 말씀하시면서 우리가 우리의 생명을 미워하면 영생을 얻을 수 있다는 확신을 주셨다. 순교자의 삶을 씨앗에 비유하시면서 그들이 큰 수확을 얻을 것이라고 하셨다. 이것을 토대로 신학자 터툴리안(Tertullian)은 "순교자의 피는 교회의 씨앗이다"라고 말했다.

예수님은 우리에게 쉽고 편안하고 자아실현적인 삶을 살라고 하지 않으셨다. 우리의 자아와 죄와 자기 삶을 사랑하는 것을 버리라고 하셨다. 영생을 위해 자신의 생명을 미워하라고 말씀하셨다. 우리가 그리스도를 따를 때에 자신을 사랑하는 삶을 버리게 된다.

다시 말하건대, 예수님은 이 네 가지 상황에서 이 동일한 말씀을 가르치시면서 각각 다른 적용을 제시하셨다. 이 가르침은 우리 삶의 모든 영역에 적용될 수 있고, 모든 딜레마와 의문에 대한 해결책을 제시해 준다. 나의 생

명을 내려놓으면 생명을 찾을 수 있다. 자신의 생명을 미워하면 영생을 얻을 수 있다. 이 지혜가 예수님의 가르침의 핵심이다.

> 우리는 하늘의 영원한 도시에서 뿌린 피에 이를 것이다(히 12:24).
> 그러므로 갈보리의 샘은 영원히 열려 있다.

성경에서 볼 수 있는 예제

성경 여러 곳에서 위의 원리를 찾아볼 수 있다. 예를 들어 하만은 자기의 생명을 지키려 했지만 죽었고, 에스더는 자기 생명을 내어놓았지만 구했다(에 4-7장). 오르바는 자기 생명을 구하려 했지만 잃어버렸고, 룻은 자기 생명을 버렸지만 다시 찾았다(룻 1-4장). 압살롬은 자기 생명을 사랑했지만 잃어버렸고, 다윗은 자기 생명을 잃어버렸지만 다시 찾았다.

예수님이 자기 생명을 얻으려고 발버둥 친 압살롬의 자손으로 오시지 않은 것이 나는 무척 기쁘다. 예수님은 다윗의 자손으로 오셔서 모든 사람을 위해 자기 생명을 잃으셨다. 나는 예수님께로부터 배우고 있다.

하늘에 계신 우리 아버지께서 이 말씀을 가장 확실하게 몸소 보여주셨다. 하나님 아버지는 사랑하는 독생자 아들을 십자가에서 잃으심으로 생명을 내어주셨다. 하지만 아들을 살리시고 구속받은 인류를 가족으로 삼으시어 영원한 생명을 얻으셨다. 십자가는 하나님 아버지의 마음을 나타내는 가장 완벽한 계시이다. 아버지께서는 생명을 얻기 위해 항상 그분의 피조물을 위하여 생명을 내어주고 계신다. 태초부터 이 일을 하고 계셨고 영원히 하실 것이다. 이것이 그분의 본성이다.

십자가 이전에는 우리가 아버지의 마음을 진정으로 이해하지 못했다. 하지만 십자가의 고난이 그분의 자녀들을 위해 항상 생명을 내어주고 계시는 하나님 아버지의 은혜를 보여준다.

예수님께서 고난받으실 때 제자들은 자기 생명을 구하려는 유혹을 받았다. 그때 예수님이 이렇게 말씀하셨다. "시험에 들지 않게 깨어 기도하라 마음에는 원이로되 육신이 약하도다"(마 26:41) 하지만 깨어 기도하는 대신에 그들은 잠을 잤다. 그 결과 시험이 찾아왔을 때 즉 예수님이 붙잡히시고 자칫하면 자기들도 붙잡혀 갈 것 같았을 때, 그들은 모두 공황상태에 빠져 예수님을 버리고 도망갔다. 자기 생명을 살리려는 유혹에 빠진 것이다.

어느 이름 모를 시인이 예수님을 알렉산더와 비교하는 시를 썼다. 알렉산더 대왕은 BC 336~323년 사이에 그리스의 왕좌에 있으며 15개 이상의 나라를 정복한 사람이다. 이 시인이 시를 쓰며 예수님의 가장 보편적인 가르침을 염두에 두고 있다는 것을 볼 수 있다.

예수와 알렉산더는 33세에 죽었다.
한 사람은 자기 자신을 위해서 살다 죽었고,
다른 한 사람은 당신과 나를 위해서 죽었다.
한 사람은 왕위에서 죽었고,
다른 한 사람은 십자가에서 죽었다.
한 사람은 승자처럼 보였고,
다른 한 사람은 패자처럼 보였다.

한 사람은 거대한 군대를 이끌었고,

다른 한 사람은 홀로 걸어갔다.

한 사람은 전 세계에 피를 흘렸고,

다른 한 사람은 자기 생명을 내어주었다.

한 사람은 승리한 삶을 살았지만

죽음으로 모든 것을 잃었고,

다른 한 사람은 자기 목숨을 잃었지만

전 세계의 믿음을 얻었다.

예수와 알렉산더는 33세에 죽었다.

한 사람은 바벨론에서 죽었고,

다른 한 사람은 갈보리에서 죽었다.

한 사람은 자기 자신을 위해서 모든 것을 얻었지만,

다른 한 사람은 모두를 위해서 자기 자신을 포기하였다.

한 사람은 모든 왕들을 점령했지만,

다른 한 사람은 모든 죽음을 점령했다.[3]

복음은 우리가 우리 삶을 되찾게 하는 것이 아니다. 우리가 우리의 삶을 되찾는다면 모든 것을 다시 엉망으로 만들어버릴 것이다. 복음의 참된 목적은 우리의 삶을 내려놓게 하는 것이다.

예수님께서는 우리에게 순교의 순간까지도 생명을 내려놓으라고 하셨다. 제1차 세계대전 당시 연합군 총사령관이었던 페르디낭 포슈(Ferdinand Foch) 장군은 이렇게 말했다. "전쟁에서 승리를 거두는 것은 군사들에게 죽음을 피하는 방법을 가르쳐주는 것이 아닌, 죽는 방법을 가르치는 것으로 성사

---

3 리차드 윔브란트 지음 | 『The Oracles of God』(Bartlesville, OK: Living Sacrifice Book Company, 1995), 41.

된다." 예수님께서는 우리에게 생명을 내려놓으라고 가르치셨고, 그리하면 그 무엇도 끝없이 확장하는 하나님 나라를 막을 수 없을 것이다.

지금 통과하고 있는 삶의 시즌 속에서 다른 사람들이 당신을 어떻게 대하고 있는가? 기쁨이 있는가? 가정의 평화와 재정의 안정이 있는가? 삶의 활력이 증가하고 있는가? 현재 삶의 모습이 어떠하든 예수님의 교훈은 동일하다. 당신의 삶을 미워하고 생명을 내려놓으라.

삶의 교차로에 서 있는가? 직업이나 학업이나 사업이나 투자나 배우자 또는 자녀에 관해 중요한 결정을 내려야 할 시점인가? 앞으로 무엇을 해야 할지 지혜가 필요한가? 예수님의 말씀을 따르라. 자기의 생명을 미워하는 자는 영생하도록 보전할 것이다.

누가 여러분에게 조언을 구하면 이 말씀을 첫 번째로 해주라. "생명을 얻기 위해 먼저 주님을 위하여 당신의 삶을 내려놓으십시오." 이것이 당신이 해줄 수 있는 최고의 조언이다.

세상을 바꾸고 싶은가? 하나님 나라를 위해 놀라운 일들을 하고 싶은가? 인류사에 큰 획을 긋고 싶은가? 위대한 일들을 달성하고 이 시대를 위해 커다란 업적으로 기여하고 싶은가? 당신이 하는 모든 일을 칭찬하시는 예수님의 미소를 원하는가? 당신이 진정 누구인지 알고 싶은가? 당신의 삶을 미워하고 내려놓으라. 진정한 삶을 찾게 될 것이다.

우리의 주인 되신 예수님의 지혜에 따르면, 나의 진정한 정체성을 발견하기 위해서는 생명을 내려놓아야 한다.

금식 앞에 여러분의 목숨을 내려놓으라
나눠주는 일에 여러분의 목숨을 내려놓으라
섬기는 길에 여러분의 목숨을 내려놓으라

기도에 여러분의 목숨을 내려놓으라

다른 사람을 위해 여러분의 목숨을 내려놓으라

자비를 베푸는 일에 여러분의 목숨을 내려놓으라

배려하는 일에 여러분의 목숨을 내려놓으라

돕는 일에 여러분의 목숨을 내려놓으라

일하는 것에 여러분의 목숨을 내려놓으라

공부하는 것에 여러분의 목숨을 내려놓으라

다음 세대를 위해 여러분의 목숨을 내려놓으라

추수를 위해 여러분의 목숨을 내려놓으라

명성을 버리라

평안함을 버리라

힘을 버리라

권리를 버리라

은총을 버리라

따르는 자들을 버리라

논쟁에서 지라

상속을 포기하라

우리가 십자가로 돌아가면 자신이 가르치신 것을 몸소 실천하신 그분을 바라보게 된다. 그분은 모든 것을 소유하셨지만 우리를 위해 모든 것을 잃어버리셨다. 모든 것을 소유하신 그분은 아무것도 없이 죽으셨다. 그렇게 생명을 내어주셨고 영원한 생명을 다시 찾으셨다.

십자가의 사랑은 자기의 유익을 구하지 않는 것이다(고전 13:5). 십자가는 이렇게 외친다. "주는 것이 받는 것보다 더 복되다"

우리가 사랑하는 예수님은 영원토록 그분의 생명을 다른 사람들을 위해 내어주실 것이다. 이것이 그분의 본질이기에 이렇게 하신다.

그분을 따라 우리도 동일하게 할 것이다. 영원토록 우리의 삶을 미워하면서 다른 사람을 위해 내려놓을 것이다. 그리하여 우리가 그들의 영혼을 얻을 수 있게 될 것이다.

우리의 본질은 영원토록 십자가를 따라 사는 것이다.

우리가 더 낮아질수록, 아버지는 우리를 더 높이 올리신다.

그룹 공부와 토의

1. 예수님이 우리에게 생명을 잃으라고 하신 모든 성경 구절을 찾아보고 그 앞뒤 맥락도 같이 읽으십시오. 무엇을 볼 수 있습니까?

2. 우리의 직관과 반대되는 예수님의 다른 가르침을 찾아보십시오.

3. 예수님의 가장 보편적인 가르침을 알아가는 것이 얼마나 큰 가치인지 그리고 나에게 얼마나 큰 도전인지 나누십시오.

4. 하나님께 충성하는 것과 가족에게 헌신하는 것이 충돌하는 상황을 경험한 적이 있다면 나누십시오.

5. 누가복음 17:32과 그 구절의 문맥을 읽으십시오. 이 구절이 당신에게 어떤 의미로 다가옵니까? 이것에 대해서 말하는 다른 성경 구절도 찾아보십시오.

6. 우리의 생명을 미워해야 한다는 예수님의 가르침은 무슨 뜻입니까?

7. 마태복음 10:39을 묵상하면서 기도함으로 마치십시오.

chapter 4
보이는가

우리 삶에 십자가를 최대한으로 확대하자. 십자가에 대해 최대한 많이 언급하고, 일상의 대화에 십자가의 영광을 추가하자. 예수님의 피와 상처와 고난과 고뇌에 대해 이야기하자. 두베이(Dubay)가 말하는 '괴물 같은 공포의 완전한 영광'에 대해 이야기하자.

모라비안들이 선교 활동을 시작했을 때, 그들은 '피와 상처의 신학'을 받아들였다. 그들은 설교의 중심에 십자가의 고난을 두었고 바울처럼 십자가에 못 박히신 그리스도를 전하였다(고전 1:23). 피범벅인 예수님의 희생을 강조함으로 그들은 세계 도처에서 사명을 감당할 능력을 받았다.

우리는 십자가를 교회 안에 크게 두어야 한다. 십자가를 설교와 미디어의 중심에 두어야 한다. 나는 항상 큰 십자가를 갈망한다. 십자가가 나의 전부이기 때문이다.

우리의 영광인 십자가

"십자가 외에 결코 자랑할 것이 없으니"(갈 6:14) 나는 십자가의 고난을 나의 문장(coat of arms)으로 삼고 십자가에서 흘리신 보혈을 높은 깃발로 들어올려 존귀히 여긴다. 십자가를 절대 부끄럽게 여기지 않을 것이다. 십자가의 상처는 내 자랑이며, 그 수치는 나의 영광이다.

예수님 당시 십자가형은 가장 수치스럽고 치욕스런 처형 방식이었으나, 우리는 그것을 부끄럽게 여기지 않는다. 예수님께서 십자가의 부끄러움을 개의치 아니하셨으니(히 12:2), 우리 또한 개의치 않는다. 예수님께서는 끔찍하고 혐오스러운 십자가를 그분의 작업대로 삼으셔서 존귀와 명예와 위엄을 불어넣으셨다.

이제 십자가는 우리의 영광이다. 우리 생각 속에서 제일 먼저 떠오르는 것이며, 모든 대화의 결론이 된다. 우리는 십자가 철탑도 세우고 목에 걸고도 다닌다. 벽에 붙이고, 로고도 만들고, 어떤 이는 문신까지 한다.

오, 놀라운 십자가의 지혜여! 세상은 십자가를 어리석다고 말하지만, 그것은 우리에게 하나님의 능력이요 지혜이다. 십자가의 숨겨진 지혜는 아직 발견되지 않은 무한한 금은보화와도 같다. 이 금은보화를 우리가 좇아가는 것이다!

이렇게 고귀한 것을 제대로 설명할 수 없어 차마 말이 나오지 않는다. 나의 하찮은 입술과 보잘것없는 글로 십자가의 영광스러운 위엄을 어찌 다 표현하겠는가?

십자가는 복음의 능력이다. 어쩌면 그래서 내가 이 책을 집필하고 있는 현재(2020년) 중국 공산당이 그 땅의 모든 교회에서 십자가를 강제적으로 없애고 있다. 공산주의 사상의 위력을 떨치기 위해 예수님 믿는 교회의 십자가를 제거하고 무력하게 만들려 한다. 하지만 그 어떤 무신론 정부도 복음의 능력을 이길 수 없다. 건물에서 물리적인 십자가를 없앨 수는 있어도 성도들의 마음에 있는 십자가는 어찌하지 못한다.

앞서 언급한 것처럼 아랍권에 복음을 전하는 선교단체들 중 일부는 십자가를 축소시켜야 한다는 주장을 옹호한다. 아랍권에서 복음을 전할 때 사람들의 감정을 상하게 하고 거부감을 느끼게 하는 십자가를 언급하지 않을 것을 권한다. 물론 이들이 잘못된 의도를 갖고 그러지는 않을 것이다. 하지만 우리가 전하는 복음에서 십자가를 빼면 복음의 능력을 잃게 된다. 십자가 없이는 기적도 없다.

아랍권 선교의 아버지로 불리는 사무엘 즈웨머(Samuel Zwemer)와 레이프 헤트랜드(Leif Hetland)는 아랍권에 복음을 전했을 때 영혼들이 구원받는 데에 십자가가 핵심적인 역할을 했다고 간증했다. 그렇다. 십자가는 사람들의 심기를 건드렸지만 복음의 다른 그 어떤 요소와 비길 수 없는 강렬한 능력을 지녔다.

십자가는 세상을 향한 우리의 메시지이다. 우리는 다른 메시지를 가지고 있지 않다.

어떤 신학자들은 십자가가 예수님이 요한복음 10:10에서 약속하신 풍성한 생명과 상충한다고 생각하기 때문에 축소시키는 경향이 있다. 승리하는 신앙생활을 강조하고 싶은 나머지 십자가를 옆으로 치워 놓고 부활에만 초점을 두는 것이다. 하지만 십자가야말로 풍성한 삶으로 향하는 유일한 길이다. 십자가 없이는 부활도 없다.

오늘날 일부 교회들에서는 십자가가 거의 드러나지 않는 설교를 하는데, 그 이유는 여기에 있다. 만일 그들이 십자가의 끔찍한 측면에 대해 이야기하면 사람들이 복음을 음울하다고 인식하고, 진리를 찾는 자들은 기독교에 대해 거부감을 느낄 것이라고 염려한다.

하지만 예수님은 십자가를 그렇게 인식하지 않으셨다. 그분의 죽음에 대해서 "내가 땅에서 들리면 모든 사람을 내게로 이끌겠노라"(요 12:32)라고 하셨다. 예수님께서는 십자가가 높임 받을 때 그것이 자석처럼 모든 자를 끌어당겨 그분에게로 이끌 것이라고 말씀하셨다. 십자가는 우리 신앙에서 가장 매력적인 부분이다. 십자가만의 구심력을 갖고 있다. 우리가 십자가를 변호할 필요도 없이, 십자가를 높이면 십자가가 저절로 사람들을 그리스도께로 이끌어 올 것이다.

> 이미 모든 것을 갖고 계신 아들에게 어떤 선물을 할 수 있겠는가?
> 모든 해답은 십자가에 있다. 십자가의 장엄함을 보라.

십자가가 보이는가

십자가 앞에 있던 사람들은 실제로는 십자가를 제대로 보지를 못했다. 아무도 못 박힌 왕 앞에서 목소리 높여 "당신은 진정한 하나님의 유월절 양이십니다. 당신은 모든 민족과 방언을 구속하여 하나님께로 인도하고 계십니다. 이 희생으로 당신은 인류사를 바꾸고 계십니다. 가장 거대한 전쟁을 치르고 계십니다. 사람들이 하나님께로 나아갈 수 있는 길을 열고 계십니다. 용기를 갖고 싸워 이 일을 끝내주십시오! 우리가 당신을 응원합니다." 이렇게 외치지 않았다.

당시 사람들은 발걸음을 멈추고 예수님의 십자가형을 뚫어지게 쳐다봤지만 그 누구도 무슨 일이 벌어지고 있는지 깨닫지 못했다. 누구도 십자가의 영광을 찬양하지 않았다. 목소리를 내는 사람들은 그저 예수님을 모독하고 조롱하고 욕하는 사람들뿐이었다(막 15:29-32). 인류 역사상 가장 큰 사건이었지만 누구도 그것을 제대로 보지 못했다. 우리도 믿음의 순례에서 이와 비슷한 경험을 할 수 있다. 때때로 우리 삶의 가장 큰 사건들을 주변 사람들이 알지 못하고 넘어간다.

오직 두 사람만이 십자가에 못 박히신 구주에 대해 긍정적인 말을 했는데, 전혀 예상치 못한 자들이다.

한 사람은 함께 십자가에 달려 죽어가던 도둑이다. "예수여 당신의 나라에 임하실 때에 나를 기억하소서"(눅 23:42) 이 도둑은 어쩌면 예수님의 머리 위에 '유대인의 왕'이라 적힌 패를 읽고 믿었는지 모른다. 자기 옆에서 죽어가던 왕이 그분의 나라에 들어가면 자기도 그곳에 함께 들어가길 원한다는 소망을 소리 내어 밝혔다.

그리고 또 한 사람은 예수님의 처형을 감독하던 백부장이다. "예수를 향하여 섰던 백부장이 그렇게 숨지심을 보고 이르되 이 사람은 진실로 하나님의 아들이었도다 하더라"(막 15:39)

이 두 사람만이 십자가에 대해 긍정적인 표현을 했다.

왜 예수님을 바라보던 다른 사람들은 무슨 일이 일어나고 있는지 볼 수 없었을까? 어떻게 그들은 그 자리에 있으면서도 깨닫지 못했을까? 하지만 오늘날 우리도 동일하게 마찬가지로 십자가를 바라보지만 제대로 깨닫지 못하고 있다. 우리는 왜 이렇게 여전히 둔할까? 매해 부활절이 되면 세계 곳곳에서 수많은 사람들이 십자가를 바라보지만 제대로 깨닫지 못한다.

예수님의 탄생에는 많은 예언적인 증인들이 있었다. 천사들, 양 치던 목자들, 박사들, 안나, 시몬, 엘리사벳, 스가랴, 그리고 마리아 등등. 이들은 곧 오실 분의 중요성에 대해 예언했다. 하지만 그분의 죽음 앞에서는 누가 십자가의 중요성에 대해 예언했는가? 아무도 없었다.

우리 삶에서도 비슷한 상황들을 경험한다. 우리가 무슨 새로운 일을 시작하면 사람들은 이 일이 잘될 것이고 성공할 것이라고 예측한다. 하지만 나중에 사망의 음침한 골짜기를 지날 때는 멀리 떨어져 침묵 속에서 그저 바라보기만 할 것이다.

예수님이 심판받으실 때나 매 맞으실 때나 십자가에 달리실 때 누구도 그분 옆에 함께 있지 않았다. 베드로나 요한이나 그 누구도 "나는 예수님 편이야!"라고 하지 않았다. 아무도 깨닫지 못하고 있었다.

그렇다면 당신은 어떠한가? 진정으로 십자가를 바라보고 있는가?

빌라도는 예수님을 군중 앞으로 끌고 와서 이렇게 외쳤다. "보라 이 사람이로다"(요 19:5) 예수님을 보라는 그 초대는 세대를 걸쳐 울려 퍼져왔다. 그분의 뒤틀린 손가락을 볼 때 우리는 주의 손이 행하는 일을 생각하고 하나님께서 행하신 것을 보라고 초대받는다(시 143:5, 66:5). 그분의 붓고 피투성이인 손은 역사에 남을 위대한 일을 행하고 계셨다. 그것이 보일 때까지 바라보라.

그분은 친구에게는 어린 양이고, 적들에게는 사자이시다.

바디매오는 무엇을 보았을까

바디매오는 십자가를 보며 무엇을 보았을까? 나는 예수님께서 십자가에 달리실 당시 바디매오가 군중 속에 있었을 거라고 생각한다. 우리가 아는 것처럼 그는 여리고에 있던 소경이었고 예수님께서 유월절을 지키러 예루살렘으로 가시던 길에 고쳐주신 자이다. 그는 눈을 뜨고서는 예수님을 따라 예루살렘으로 갔다(막 10:52). 당연하다. 방금 자신의 눈을 고쳐준 예수님과 동행하고 싶지 않겠는가? 생전 처음 예루살렘을 가보고 싶지 않겠는가? 그리고 처음으로 유월절 행사에 참여하고 싶지 않겠는가?

나는 바디매오가 예수님과 함께 예루살렘에 도착해서는 유월절 때까지 계속 머물렀을 거라 생각한다. 생각해 보라. 예수님은 매일 아침 말씀을 전하셨다. 도시는 활기찼고, 5일 후면 유월절이다. 분위기가 좋다. 바디매오는 여기까지 따라왔고 처음으로 유월절 행사에 꼭 참여할 것이었다.

그런데 당혹스런 상황이 전개됐다. 며칠 전에 자기를 고쳐주신 분께서 십자가에 달리기 위해 끌려가신 것이다. 급변하는 사건의 전개가 놀랍고 압도적이었다. 그는 너무 놀라서 골고다로 가는 행렬을 따라가 봐야 했다.

그는 군인들이 예수님에게 못을 내려치고 못 박힌 십자가를 들어 올리는 것을 보았다. 난생처음 보는 이 광경을 어떻게 이해해야 할지 전혀 몰랐다. 그를 고쳐주신 치료자가 죽어가고 있는데, 이것이 무슨 일인지 전혀 이해가 안 된다. 바디매오는 무엇을 보았을까?

받아들이기 위해서 꼭 이해할 필요는 없다. 그것이 십자가의 아름다움이다.

나는 바디매오가 속았다고 느끼거나 실망했을지 궁금하다. 그는 처음으로 유월절 행사에 참여할 생각에 잔뜩 들떠 있었을 텐데, 눈앞에서 나사렛 예수가 십자가에 달림으로 계획이 틀어진다. 바로 그 시각에 성전에서는 성대하게 유월절 행사가 진행되고 있었을 텐데 바디매오는 그걸 볼 수가 없었다!

하지만 생각해 보면 바디매오는 유월절 현장에 제대로 참여한 것이다. 그날 가운데 십자가에 달리신 분이 진정한 유월절 어린 양이셨기 때문이다. 바디매오는 그저 매해 돌아오는 유월절을 경험한 것이 아니라, 참되고 전례 없고 유일무이하고 결코 반복될 수 없는, 역사를 쪼개는 유월절을 실제로 목격한 것이었다. 새롭게 뜬 눈으로 골고다에 있던 그는 아무것도 놓치지 않았다.

> 십자가에 사로잡히지 않는다면, 십자가를 보고 있는 것이 아니다.

진짜로 사로잡힌다

당신이 아는 사람들 중에 십자가에 사로잡힌 사람들이 있는가?

오늘날 십자가는 '방 안에 있는 코끼리'[4] 같은 존재이다. 잔치에 참석한 모든 사람들은 곳곳에서 무리를 지어 잡담을 나누지만, 방 한가운데 거대한 십자가가 있다는 것은 인정하지 않는 것 같다.

여러분이 십자가를 인정하고 받아들이면 정말로 사로잡히게 된다. 다른 대화거리를 찾는다는 것 자체가 사소하고 진부하게 여겨진다.

만일 십자가에 사로잡히지 않는다면, 당신은 그 방 안에 있기는 한 건가?

십자가는 여러분을 사로잡아 움직이지 못하게 붙잡아 두며 그것으로부터 절대 피할 수 없게 한다. 십자가를 본다면 그것이 끌어당기는 힘에 빨려 들어갈 것이다. 당신 앞에 놓인 광경이 당신의 시야를 지배하고 모든 화면을 꽉 채울 것이다.

십자가를 만난다면 그걸 제쳐둘 수가 없다. 그냥 하루를 평소처럼 보낼 수 없다. 십자가는 다른 모든 것을 멈추게 한다. 그분의 뒤틀린 알몸을 어떻게 지나칠 수 있겠는가? 그분이 가쁘게 내쉬며 헐떡거리는 숨소리, 그분의 뜨거운 불 같은 눈길, 그분의 마음속 열정을 어떻게 그냥 지나칠 수 있겠는가? 당신은 눈앞에 펼쳐진 흘러넘치는 사랑과 극단적으로 잔혹한 광경에 사로잡히게 된다.

4　영어 속담(Elephant in the room) - 모두가 알고 있지만 껄끄러워서 아무도 언급하지 않는 사건이나 금기시되는 주제

십자가에 사로잡히지 않는다면, 십자가를 보고 있는 것이 아니다. 손에 박힌 못, 발에 박힌 못, 머리에 쓴 가시관, 그리고 다 찢어진 몸을 가진 하나님을 보며 무슨 생각을 하는가? 십자가에 달리신 하나님을 보며 무슨 생각을 하는가?

십자가 사건이 있기 얼마 전에 빌립이 예수님께 이렇게 요청했다. "주여 아버지를 우리에게 보여 주옵소서"(요 14:8) 못 박힘으로 예수님께서 그의 요청에 응답하셨다. 예수님은 빌립에게 "나를 본 자는 아버지를 보았다"고 말씀하셨고(요 14:9), 십자가에 달린 구세주를 본 빌립은 하나님 아버지를 보게 되었다. 십자가는 하나님 아버지가 이 땅의 모든 자들에게 스스로를 나타내실 수 있는 가장 확실한 방법이었다. 우리는 십자가를 통해, 그 누구도 상상할 수 없는 고난을 겪으시고 모든 사람을 위해 늘 생명을 내어주고 계시는 아버지의 모습을 영원히 볼 수 있다.

우리가 십자가를 정말로 직시하면 그저 경배하길 원하게 된다. 우리의 모든 것, 즉 온 마음과 영혼과 뜻과 힘을 드리기 원하게 된다. 어린 양 앞에 우리의 모든 찬양을 쏟아내길 원하게 된다.

찬양의 특징은 찬양을 받는 대상자의 업적에 상응하길 원한다는 것이다. 예를 들어, 애플(Apple)의 대표이자 공동 설립자였던 스티브 잡스(Steve Jobs)가 죽었을 때 모두가 그의 업적을 칭송했다. 전 세계의 작가와 평론가들은 그가 남긴 위대한 업적에 상응하는 언어를 구사하기 위해 노력했다. 그의 업적이 끼친 영향력을 제대로 반영하는 '찬양'을 하기 원했다.

당신이 진정으로 십자가를 본다면 골고다의 웅장함에 합당한 찬양을 하게 될 것이다. 어린 양을 보게 되면 자신의 존엄성을 유지하는 데에는 관심을 잃게 된다. 다윗처럼 자신의 모든 영광과 존귀를 모아 당신을 위해 전부 내어주신 그분의 못 자국 난 발 앞에 엎드려 경배할 것이다. 갈보리의 위대함에 상응하는 표현을 찾으며 항상 찬양하게 될 것이다.

다윗은 시편 108:1에서 "하나님이여 내 마음을 정하였사오니 내가 [나의 영광으로]⁵ 노래하며 나의 마음을 다하여 찬양하리로다"라고 하였다. 그는 자기의 영광으로 하나님을 찬양하겠다고 하며, 하나님께서 자신을 세상에서 가장 강력한 왕으로 세우시고 베푸신 엄청난 영광을 언급하였다. 하나님이 다윗에게 위엄과 명예와 존엄과 고귀함과 명성과 주권과 권위로 왕관을 씌워주셨고, 이제 다윗은 하나님의 그 크신 위대함 앞에서 자신이 받은 모든 영광을 모아 그분의 발 아래 내려놓았던 것이다. 왕의 면전에서 다윗은 자신의 영광을 붙잡지 않고 모든 영광을 주님께 올려드렸다.

우리가 진심으로 십자가를 본다면 다윗과 동일하게 할 것이다. 내가 누구이든지 간에 어린 양 앞에 찬양을 드리게 된다. 우리의 모든 성취를 가능하게 하신 그분 앞에 내가 쓰고 있던 왕관을 드리게 된다. 그 왕관은 그분 발 앞에 내려놓기 위해 나의 머리에 잠시 쓰고 있던 것이다. 우리는 그 무엇과도 비교할 수 없는 십자가의 업적에 상응하는 찬양을 드리게 된다.

십자가에 사로잡히는가? 진정으로 십자가를 보고 있는가? 그렇다면 자신의 존엄성을 유지하는 데에는 관심이 없어진다. 보좌 앞의 이십사장로처럼 우리도 그 앞에 엎드려 찬양하고, 그분의 임재에 잠기게 된다.

십자가를 높이 들라. 십자가의 능력을 찬양하고 그 위엄을 찬양하라.

"주의 의로운 규례들로 말미암아 내가 하루 일곱 번씩 주를 찬양하나이다"(시 119:164)

> 안전하고 포장되고 익숙한 십자가의 이미지를 버리고,
> 그 충격과 비방을 바라보라.

---

5   히브리어 원문과 KJV 성경 참고 "… I will sing and give praise, even with *my glory*."

그룹 공부와 토의

1. 우리는 성도들이 어떻게 십자가를 더 잘 바라보도록 할 수 있습니까?

2. '십자가는 세상을 향한 우리의 메시지이다.' 이 말에 동의한다면 그 이유가 무엇입니까?

   혹시 동의하지 않는다면, 그 이유는 무엇입니까?

3. 십자가가 어떻게 사람들을 이끌어갑니까?(요 12:32)

4. 십자가로 이끌어갈 수 있는 주제들은 무엇이 있습니까?

5. 소경이었던 바디매오가 십자가를 보았을 때 무슨 생각을 했을까요?

6. '십자가는 방 안에 있는 코끼리 같은 존재이다.' 이 말의 의미는 무엇입니까?

7. 토론을 마치면서 4장에 나온 성경 구절 하나를 택해 서로를 위해서 기도하십시오.

chapter 5

십자가의 비유들

앞에서 언급한 대로 십자가는 우리의 교정 장치이며 우리의 중심이자 핵심이다. 이렇게 비유적인 표현을 통해 십자가를 더 잘 보고 그 깊은 의미를 더 소중하게 여길 수 있도록 돕고 싶다. 이번 장에서는 십자가의 경이로움에 대해 이해할 수 있게 도와줄 비유를 더 많이 살펴보겠다.

아래 언급되는 비유들이 당신에게 십자가의 지혜를 더욱 영광스럽고 이해하기 쉽게 설명해주길 기대한다.

십자가는 렌즈이다

안경은 두 개의 렌즈를 이용해서 사물을 더 잘 보게 해주는 도구이다. 이와 비슷하게, 십자가는 모든 생명이 하나님을 더 선명하게 보게 해주는 렌즈이다. 하나님은 처음부터 십자가가 렌즈가 되기를 바라셨지만, 우리는 이것을 받아들이기 어려워했다. 예수님이 십자가에 달리셨을 때 하나님 아버지는 이제 우리에게 이렇게 말씀하실 수 있었다. "봐라, 이것이 내가 오래전부터 이야기하고 싶었던 것이다. 내가 말하는 것을 이제 볼 수 있겠니?"

우리는 십자가에서 아버지의 마음, 즉 십자가의 구원과 희생적인 섬김을 더욱 선명하게 볼 수 있게 되었다.

또한 성경 말씀은 십자가의 렌즈를 통해서 보면 더 선명하게 보인다. 갈보리의 빛을 통해 비춰보면 어떤 성경 구절들은 폭발적이다. 성경의 어떠한 사건이라도 십자가를 통해서 보면 더욱 선명하게 보인다.

누군가가 이런 말을 했다. "모든 진리는 하나님의 진리이다" 십자가 렌즈를 통해서 세상의 진리를 보라. 학교를 다니고 있다면 여러분이 받는 교육을 십자가 렌즈를 통해서 보라. 많은 학문 분야에서 진리를 발견할 수 있고, 거짓도 있다. 어떻게 참과 거짓을 구분해서 버릴 것은 버리고 지킬 것은 지킬 수 있겠는가? 모든 것을 십자가를 통해서 보라. 모든 수업과 교과서를 십자가 렌즈를 통해서 본다면, 여러분은 거짓을 판독하여 진리를 보존하는 전문가가 될 수 있다.

여러분이 친구들과 시간을 보낸다면 자기가 중요시하게 여기는 사회적 주제에 대해 이야기할 것이다. 정의, 평등, 자유, 구제, 정체성 등등. 이런 주제에 대한 의견들은 아주 다양해서 진리를 구별하는 것이 때로 어렵다. 그러나 여러분이 십자가의 렌즈를 통해 이런 주제를 다룬다면 진리를 발견하는 능력을 갖게 되고, 세상의 거짓을 거부할 수 있다. 또한 십자가는 사람들이 저지르는 불의에 대응하는 방법도 가르쳐 준다. 예를 들어 인종차별이라는 주제가 있다면 이것도 십자가로 가져갈 때 우리가 가야 할 길이 명확해진다. 십자가는 피부색과 언어에 상관없이 모든 인종을 위해 우리 삶을 내려놓으라고 말한다. 세상의 부적절한 인종차별은 십자가의 지혜를 구하지 않았기 때문이다.

다른 사람들이 당신을 도와주고 생명을 살리려 한다고 해도, 여러분은 그들이 볼 수 없는 렌즈를 통해 당신의 상황을 볼 수 있는 분별력을 갖게 된다. 십자가는 여러분이 악인들의 꾀를 따르지 않게 지켜준다. 십자가의 렌즈를 통해서 현재 일어나고 있는 일을 볼 때, 주님은 여러분이 그분의 관점으로 그것을 볼 수 있게 하신다.

여러분이 듣는 모든 목소리와 읽는 모든 것을 십자가의 렌즈를 통해 해석하라. 그러면 하늘의 빛과 진리와 지혜와 명철에 일치하는 판단과 결정을 내릴 수 있다.

십자가는 여러분의 렌즈이다.

어찌 십자가가 너무 크다고 불평할 수 있겠는가?

십자가는 평균대이다

십자가는 기독교의 평균대이다. 평균대는 기계 체조에 쓰이는 기구이고, 선수들은 좁은 나무 평균대 위에서 균형을 유지하며 놀라운 힘과 민첩성을 발휘한다. 이 평균대처럼 십자가는 모든 삶의 실천과 진리 안에서 우리가 균형을 유지할 수 있도록 하는 기준점이 된다. 우리의 신학을 교정해주며 줄을 맞추어 준다.

과도하고 이상한 교리는 십자가 중심에서 벗어난 것이다. 십자가는 균형이 무너지지 않게 잡아주며, 또한 거짓 교훈이 교회에 뿌리내리지 못하게 한다. 만일 확실하지 않은 새로운 가르침이 있다면 십자가의 다림줄과 비교하여 측정해보라. 줄이 맞는가? 십자가가 나타내는 모든 것을 존중하고 지지하는가? 여러분이 십자가를 통해 신학적 균형을 유지한다면 진리 안에 거하게 된다.

나의 많은 친구들이 말하기를 "부활이 우리 신앙의 중심 기둥이고, 십자가는 이를 위한 도입부다."라고 한다. 물론 나 또한 부활에 뜨거운 열정이 있기에 이 말을 이해한다. 그렇지만 나에게는 십자가가 중심이며, 부활은 십자가의 자연스러운 결과이다.

갈라디아에 있는 교회가 균형을 맞추지 못해서 잘못된 교리를 가르치고 있을 때 그들이 다시 진정한 복음 중심에 설 수 있도록, 바울은 평균대 역할을 하는 갈라디아서를 썼다. 갈라디아서에는 '부활'이라는 단어가 없지만, '십자가'는 7번이나 언급했다(갈 2:20; 3:1,13; 5:11,24; 6:12,14). 또한 2번의 보조 참조를 포함하면 9번이다(2:21; 6:17). 다시 복음 중심으로 살라고 했을 때 그는 부활을 사용해 마음을 움직이려 하지 않았고, 십자가를 사용했다. 십자가는 우리의 평균대이다.

균형이 무너진 교회의 메시지를 살펴보면, 그들은 계속해서 그리스도의 부활만 나팔 불며 강조하고 십자가는 조용히 멀리한다. 이렇게 십자가를 언급하지 않으면 균형을 잃어 넘어지고 만다.

십자가를 사용해서 잘못된 신학의 도전을 막으라. 여러분이 논의하고 토론할 때 십자가를 바라보면 방 안에 끼어 있는 안개가 사라진다. 십자가는 주변 소음을 제거해주는 헤드폰과 같아서 잡음과 떠드는 소리를 잠잠하게 한다. 토론할 때 십자가를 이야기하면 불협화음을 침묵시키고 현재 처한 문제를 확실하게 볼 수 있게 한다.

십자가는 우리의 균형을 유지시켜 준다. 만약 무엇인가가 십자가를 통해서 해석이 안 된다면 그것은 우리가 버려야 하는 것이다.

십자가의 지혜는 논쟁을 멈추게 하고 흐릿한 생각을 선명하게 한다.

십자가는 닻이다

십자가는 우리 신앙의 닻이다. 히브리서 기자는 우리가 소망을 가지고 있는 것이, 예수님께서 뿌리신 피가 우리를 하늘 속죄소에 들어갈 수 있게 하는 영혼의 닻 같기 때문이라고 설명했다(히 6:19). 우리가 하늘 반석에 매여 있다면 이 세상에서 우리를 난파시킬 것은 아무것도 없다.

십자가는 삶의 폭풍 속에서 우리의 믿음을 붙잡아주는 닻이다. 삶의 폭풍은 지혜로운 사람에게나 어리석은 사람에게나 똑같이 닥쳐오지만(마 7:24-27), 지혜로운 사람은 폭풍을 견딘다. 닻을 제대로 내렸기 때문이다. 닻이 배를 견고하게 붙잡아주어 폭풍우를 이겨내는 것처럼, 십자가는 여러분의 믿음을 붙잡아주어 삶의 폭풍을 헤쳐나갈 수 있게 해줄 것이다.

삶의 폭풍은 여러 가지 모양과 크기로 불어오고, 종종 우리의 믿음을 흔들어 놓는다. 우리 삶의 모든 것이 흔들릴 때 십자가로 돌아가라. 십자가는 절대로 흔들리지 않는다. 우리가 매달리면 구원을 받을 수 있는 닻이다.

믿음의 혼란을 겪는 모든 젊은이들에게 말하고 싶다. 십자가로 돌아가라. 삶의 질문들 때문에 방향을 잃었는가? 십자가로 돌아가라. 하나님이 여러분을 멀리하고 기도를 들어주지 않는다고 생각하는가? 십자가로 돌아가라. 그분의 피 흘리는 손과 발을 보라. 그 무엇도 여러분을 붙잡아줄 수 없다고 여길 때, 십자가가 여러분을 단단히 붙잡아주어 폭풍을 통과하게 해줄 것이다.

나의 두 팔과 다리는 그리스도의 십자가를 감싸고 있다. 십자가가 무너지면 나 또한 함께 무너질 것이다.

십자가는 네비게이션이다

네비게이션(GPS)은 인공위성의 신호를 받아 우리를 목적지로 안내한다. 이와 비슷하게, 십자가는 성령의 신호를 받아 우리의 발걸음을 의로운 길로 인도한다.

종종 "여기서 저기까지 어떻게 가야 하지?" 하고 물어볼 때가 있다. 십자가가 대답한다. "십자가의 길을 걸어가라." 또한 "어떻게 세상을 계속해서 변화시킬 수 있을까?" 하고 물을 때가 있다. 그럴 때 십자가는 답한다. "네 생명을 잃어버림으로써 변화시키라."

세상에서 가장 위대한 경주에서 발이 십자가에 못 박힌 분이 이기셨다. 그분이 그 십자가에서 여러분 또한 어떻게 경주해야 하는지 보여주고 계신다. 십자가의 지혜는 여러분이 인생을 어떻게 살아야 할지 알려준다. 그분의 피 묻은 발자취를 따라가면 마침내 영원한 목적지에 도달하게 될 것이다.

십자가는 계량봉이다

하나님은 십자가를 계량봉처럼 사용하셔서 세상을 향한 그분의 사랑을 보여주셨다. 계량봉(dipstick)은 자동차 엔진에 꽂아 넣어 엔진 오일량을 측정하는 긴 철 막대기를 말한다. 아버지께서 십자가를 갈보리의 피에 꽂아 측정하셔서 "내가 너희를 이처럼 사랑한다"고 보여주셨다.

또한, 십자가는 우리를 측정한다. 하나님 아버지께서는 십자가를 계량봉처럼 사용하셔서 각 사람의 마음과 영혼을 평가하신다. 허울뿐인 우리의 겉모습을 계량봉으로 관통해 찌르셔서 마음 깊은 곳에 무슨 일이 일어나고 있는지 드러내신다. 그리고는 우리의 딱딱한 마음을 찾아내고 확인시켜 주신다.

우리 자신을 벗어내지 않고는 십자가에 달리신 발가벗은 그리스도를 볼 수 없다. 십자가에 달린 구세주를 바라봤을 때 첫눈에 들어오는 것은 그분이 발가벗겨 있다는 것이다. 그리고 좀 더 둘러보면 그리스도만 발가벗은 것이 아니고 십자가 앞에 있는 모든 사람이 발가벗고 있다.

시므온이 이에 대해 예언한 바 있다. "여러 사람의 마음의 생각을 드러내려 함이니라"(눅 2:35) 십자가 앞에서는 모든 사람 이를테면 제사장, 군인, 빌라도, 죽어가던 강도, 그리고 구경하는 사람들의 생각이 모두 드러난다. 자기의 마음의 생각이 드러나고 측정되지 않고는 십자가를 바라볼 수 없다.

이 십자가의 계량봉이 동일하게 우리를 측정한다.

사실 십자가는 모든 것을 측정할 수 있는 측정기기이다. 계량봉처럼 사용해서 현재 일어나고 있는 형편과 상황과 사회적 이슈 등을 측정할 수 있다. 십자가를 사용하여 여러분의 모든 것을 측정하기 바란다.

아버지께로 가는 길은 예수님께서 달리신 십자가 나무만큼 좁다.

십자가는 상징이다

십자가는 우리 믿음의 상징이다.

어떤 사람이 나에게 이런 말을 한 적이 있다. "믿음의 상징으로는 십자가보다 예수님의 빈 무덤이 더 좋을 듯합니다. 우리 목에 무언가를 걸려고 한다면 십자가보다는 빈 무덤 모양이 좋겠습니다." 나는 그분의 진실성과 그리스도의 부활에 대한 열정을 높이 평가하지만, 그 의견에는 동의하지 않는다. 나는 십자가가 내 믿음의 상징이라고 주장한다. 우리 기독교의 두드러진 특징은 다른 많은 종교와 신앙이 주장하듯 우리가 믿는 신이 살아계시다는 것이 아니다. 우리 믿음의 두드러진 특징은 바로 하나님이 죽으셨다는 것이다.

하나님이 죽음의 사슬을 끊고 음부에서 부활하셔서 영생을 주셨다는 것보다 더 놀라운 것은, 그분이 죽으셨다는 것이다. 신이 죽었다는 것은 너무나 놀라운 반전이다. 신이 끔찍하고 처절한 죽임을 당했다는 이 개념은 너무 터무니없고 또한 수치스러워서 인간이 생각해낸 것이 아니다. 그 어느 종교가 자기가 믿는 신의 죽음을 자랑하고 다니겠는가? 이것은 땅에서 나온 생각이 아니라 하늘에서 내려온 것이다.

십자가는 문장이다

문장(coat of arms)은 가문이나 도시나 기업이나 국가를 상징하는 심볼을 말한다. 십자가는 우리의 문장이고, 어린 양을 향한 충성의 깃발이다.

십자가는 충성이다. 그 첫 번째 이유는, 예수님이 하나님 아버지께 충성을 다하셨기 때문이다. 예수님은 십자가를 지고 싶지 않으셨지만, 불타는 충성심으로 하나님 아버지의 뜻을 따르셨다. 하나님 아버지께서 그분을 버리셨을 때에도(마 27:46), 예수님은 목숨 바쳐 충성하셨다. 그래서 십자가는 최고의 충성을 보여준다.

두 번째 이유는, 예수님에 대한 우리의 충성심을 불러일으키기 때문이다. 아버지께 충성하시는 예수님을 나도 충성을 다해 섬기게 된다. 가슴에 십자가를 안고 다시 한번 십자가를 바라보며 다짐한다. 그가 나를 위해 죽으셨으므로 나 또한 그분을 위해 죽을 것이다. 〈믿는 사람들은 주의 군사니〉(새 찬송가 351장)라는 제목의 우리가 잘 아는 찬송가도 있지 않은가?

'악한 날'(엡 6:13)이나 '시험의 때'(계 3:10)가 오면 우리의 충성심이 시험받게 될 것이다. 그날에 우리의 마음을 붙잡아줄 강한 것은 단 한 가지이다. 지금 십자가를 여러분의 마음에 꼭 붙잡아 두라. 그래야 그때가 왔을 때 그분의 능력으로 여러분을 지켜줄 것이다. 그날에 사람들이 여러분을 고문하고 죽이려 할 때, 십자가에 대한 충성이 여러분의 결심을 인쳐주고 지켜줄 것이다. 여러분의 문장인 십자가를 항상 가슴에 두기 바란다.

십자가에 대해 판단하라

우리는 십자가를 떨쳐내고 무시할 수 없기에 십자가의 가치를 판단할 수 있어야 한다. 어느 누구도 십자가를 마주할 때 이도 저도 아닌 중립적인 입장을 취할 수 없다. 십자가는 여러분에게 무엇인가? 어떤 판단을 내리겠는가?

사실상 두 개의 선택만이 있다. 하나는 십자가를 짓밟힘과 경멸과 비방을 받을 만한 역사적으로 가장 엄청난 거짓된 사건이라 여기는 것이고, 다른 하나는 자기 삶을 바칠 충분한 가치가 있는 인류 역사상 가장 위대한 소망으로 여기는 것이다.

거짓으로 여길 것인가, 참으로 여길 것인가? 여러분이 판단하기 바란다.

대답하기 전에 이 판단이 지옥과 직접적인 관련이 있다는 것을 알려둔다. 만약에 지옥이 없다면 십자가는 허황된 소리가 되기 때문이다. 십자가는 우리를 지옥 같은 상황에서 건져낼 때 진정한 가치가 있다.

만일 여러분이 십자가를 거짓이라고 여긴다면, 지옥의 존재를 무시하고 원하는 대로 살아도 될 것이다. 그러나 십자가를 하나님의 위대한 개입으로 여긴다면, 십자가는 우리를 지옥에서 구원하는 핵심이 된다.

그 목수는 십자가의 나무로 그분의 가장 위대한 업적을 남기셨다.

그룹 공부와 토의

1. 마가복음 14-16장을 읽고 가장 감동받은 부분을 나누십시오.

2. 앞에서 설명한 비유(렌즈, 평균대, 닻, 네비게이션, 계량봉, 상징, 문장) 중에 가장 마음에 다가오는 것은 어느 것입니까? 왜 그렇습니까?

3. 이번 주에 갈라디아서를 읽고 바울이 십자가에 대해 말하는 구절을 찾아 나누십시오.

4. 어떻게 십자가가 우리의 믿음을 붙잡아줍니까(닻의 역할을 합니까)?

5. 믿지 않는 자들에게 십자가가 진짜인지 가짜인지 판단해 보라고 어떻게 대화해볼 수 있을까요?

6. '지옥이 없다면 십자가는 허황된 소리가 된다.'라는 문장을 생각해 보십시오. 십자가와 지옥의 연결성에 대해 나누십시오.

7. 토론을 마치면서 갈라디아서 2:20을 읽고 기도하십시오.

chapter 6

위험한 사랑

못 박힌 팔을 활짝 펴신 예수님께서는 "내가 너를 사랑한다"고 말씀하신다. 예수님은 99%의 마음으로 당신을 사랑하시는 것이 아니라, 그분의 전존재로 사랑하신다. 죽음이 그분의 생명을 빼앗아간 것이 아니라, 우리를 향하신 사랑이 그분의 생명을 빼앗아갔다.

우리를 위한 사랑!

그분은 프러포즈할 수 있는 정원이 있는 언덕을 찾으신다. 손에는 못 자국이 있고, 발에도 못 자국이 있고, 옆구리에는 창에 찔린 상처가 있다. 그분이 당신에게 "나와 결혼해 줄래? 너의 모든 것을 나에게 주면, 나도 나의 모든 것을 너에게 줄게."라고 하신다.

'사랑'이라는 단어의 뜻을 사전에서 찾지 말고 십자가를 바라보라. 스탠필(Stanphill)은 이렇게 찬송가를 썼다. "그분은 진홍색으로 당신의 사랑을 쓰셨습니다."

예수님, 이 사랑을 저에게 표시해주세요. 못을 가져다 피에 적셔서 제 마음에 주님의 이름을 새겨주세요.

강한 물결

사람들은 십자가가 올 때까지 한동안 꽤 괜찮아 보이는 종교들을 가지고 있었다. 하지만 십자가가 모든 것을 바꾸었다. 우리의 심장이 뜯겨나갔다. 터지는 댐처럼 신성한 사랑의 물결로 온 세상을 덮었다. 쓰나미처럼 덮쳐서 예의 바르고 위풍당당하고 겸손하게 보이던 곳을 쓸어버렸다.

십자가는 강한 사랑의 물결이다. 위험하고, 모든 것을 불사르고, 당신의 모든 것을 요구한다. 이제 그 앞에서는 안전한 곳이 없다. 사랑은 강한 물결처럼 다가왔고, 그리스도를 그 물결로 덮어서 십자가에 달리게 했다. 만일 그 동일한 사랑의 물결이 여러분을 덮친다면 여러분을 빨려 들어가게 하고 죽음으로 몰고 갈 것이다. 하지만 주님을 위해서 죽는다면 여러분은 영생할 것이다.

예수님은 돌아다니시며 "난 너를 사랑해"라고 말씀하지 않으셨다. 그것은 그분의 스타일이 아니다. 그분은 당신을 사랑하신다는 것을 직접 보여주셨다. 이를 보면 우리 또한 세상을 향해 "당신을 사랑합니다"라고 말하는 것이 효과적인지 모르겠다. 우리는 "당신을 사랑합니다"라고 직접 행동으로 보여주어야 한다.

예수님은 십자가의 사랑을 나에게 보여주셨다. 이 얼마나 큰 사랑인가. 나는 그분을 부인하고, 배반하고, 재판하고, 빌라도에게 넘겨주고, 채찍질하고, 때리고, 침 뱉고, 가시관을 씌우고, 손과 발에 못을 박고, 희롱하고, 창으로 옆구리를 찔렀다. 하지만 그분은 나를 씻기시고, 내 이름을 바꾸시고, 가장 좋은 옷을 주시고, 손가락에 반지를 끼우시고, 발에 신발을 신기시고, 식탁에 앉히시고, 감당할 수 없는 재산을 주셨다.

도대체 이것이 어떤 사랑인가?

나는 그분을 피 흘리게 했지만, 그분은 그 피로 나를 씻어 주셨다. 그래서 내가 그분을 그렇게 사랑하는 것은 당연하다. 그분에게 우리가 다른 무엇을 더 말할 수 있겠는가? 죽임을 당하신 어린 양은 능력과 부와 지혜와 힘과 존귀와 영광과 찬송을 받으시기에 합당하다(계 5:12).

가장 위대한 전쟁은 십자가에 계시던 인자가 싸워 이기신 승리이다.

맹렬한 불꽃

십자가는 우리를 향한 예수님의 뜨거운 사랑으로 타오르는 맹렬한 불꽃이다. 그분이 먼저 우리를 사랑하셨고, 우리도 불타는 열정으로 그분을 사랑한다.

십자가의 고통을 알게 되면 예수님이 얼마나 열정적으로 우리를 사랑하셨는지 알 수 있다. 그래서 예수님은 미지근한 것을 토해낸다고 하셨다(계 3:16). 주님은 주일 예배 시간에 하품하고 앉아있는 신부들을 위해 그분의 손과 발을 희생하지 않으셨다. 그분은 자기와 동일한 마음을 갖고 있는 신부들, 그분과 동일하게 마음이 불타오르는 신부들, 그분을 불타는 눈으로 바라보는 신부들, 그리고 충성심을 갖고 십자가를 지는 신부들을 찾으신다. 그분이 우리를 위해서 그렇게 하신 것처럼 말이다.

나는 십자가의 불타는 사랑을 보면 이 잠언 구절이 떠오른다.

거머리에게는 두 딸이 있어 다오 다오 하느니라 족한 줄을 알지 못하여 족하다 하지
아니하는 것 서넛이 있나니 곧 스올과 아이 배지 못하는 태와 물로 채울 수 없는 땅과
족하다 하지 아니하는 불이니라 (잠언 30:15-16)

불은 결코 "이만하면 충분해"라고 말하지 않는다. 산불이 스스로 만족해서 사그라지지 않는 것처럼, 그리스도의 사랑의 불은 쉬지 않고 계속해서 더 많은 것을 갈망한다. 그 사랑의 불이 우리에게 불을 붙여 불덩이가 되면 우리 또한 지치지 않고 만족하지 않는 사랑으로 가득하게 된다.

우리 안에 있는 하나님의 사랑은 항상 더 많은 것을 요구한다. 그분께 더 가까이 가기를 원하고, 그분의 아름다움을 더 분명하게 보기를 원하고, 그분의 임재를 더 실감 나게 느끼기를 원하고, 그분의 능력과 생명을 더 많이 받기를 원하고, 더 큰 사랑을 원한다. 우리의 사랑은 항상 그분께 "주님, 더 많이! 더 주세요!"라고 고백한다.

하나님도 불타는 마음으로 "나도 더 원한다."라고 말씀하신다. 우리가 어디를 가든지 "주님, 저는 주님을 더 원합니다."라고 말하면, 주님께서도 "그래, 나도 너를 더 원한다."라고 응답해주신다.

이것이 십자가의 로맨스이다. 서로 더 많이 사랑하고 더 많이 사랑받으려 한다. '어떻게 하면 가장 최소한의 것만 줄 수 있을까?'라고 묻지 않고 '어떻게 하면 더 많은 것을 줄 수 있을까?'라고 묻는다.

이것이 불타는 십자가의 놀라운 사랑이다.

> 십자가에서 그분은 우리의 사랑을 요구하지 않으셨지만, 얻어내셨다.

왜 이토록 강렬할까

우리가 십자가를 바라보면 왜 이토록 강렬할까를 생각하게 된다. 적어도 5가지 이유가 있다.

1. 십자가는 죄의 실재가 얼마나 어두운지를 드러내기 위해 그토록 강렬했다. 죄가 너무도 무섭게 어두웠기 때문에, 십자가도 이렇게 무섭게 강렬했다. 하나님은 우리에게 죄의 진정한 모습, 즉 지극히 악하다는 것을 보여주기 원하셨다(롬 7:13).

2. 십자가는 인간의 놀라운 가치를 보여주기 위해 그토록 강렬했다. 어떤 것의 가치는 누군가가 기꺼이 합당한 가격을 지불함으로 정해진다. 하나님께서 우리를 위해 지불하신 값을 보라. 시편 49:8에 이렇게 기록되었다. "그들의 생명을 속량하는 값이 너무 엄청나서 영원히 마련하지 못할 것임이니라" 우리가 얼마나 소중한지는 갈보리의 값을 통해 알 수 있다. 지혜로운 상인 되시는 예수님은 신부에게서 얻은 진주를 보시며 "내가 대가를 치르겠다. 그만큼 가치가 있다."라고 말씀하셨다. 예수님이 보시기에 우리의 가치는 돈으로 계산할 수 없다.

3. 십자가는 우리에 대한 하나님의 큰 사랑을 보여주기 위해 그토록 강렬했다. 이것은 우리가 잘 아는 요한복음 3:16 말씀이다. 십자가는 아버지의 우리를 향한 미친 듯한 사랑을 보여준다.

4. 십자가는 우리의 구원을 위한 대가가 완전히 지불되었음을 주장하기 위해 그토록 강렬했다. 사탄은 하나님께서 그분의 자녀들을 소중히 여기시는 것에 대해 항상 불평한다. 하나님이 불공평한 능력을 사용하셔서 가치 없는 인간들을 소중하게 여기신다며 비난한다(슥 3장). 하지만 하나님이 갈보리 십자가를 통하여 말도 안 되는 값을 지불하셨기 때문에 이제 사탄은 말문이 막혔다.

5. 십자가는 천국을 능력으로 취하신 우리 승리자의 능력을 보여주기 위해 그토록 강렬했다(마 11:12). 십자가는 사람들이 얼마나 하나님을 대적하는지를 보여주는 것이 아니라, 하나님이 원수에게 얼마나 강력하신

지를 보여주는 것이다. 그분은 우리의 구원을 강화하시기 위해 강력한 조치를 취하셨다.

악이 의로 변하다

그리스도의 십자가형은 인류 역사상 가장 큰 불의였다. 공의가 그분에게 적용되었다면 예수님은 역사상 가장 지혜롭고 친절하며 자비로운 교사로서 세세토록 영광과 존경을 받으셨을 것이다.

하나님에게 중요한 것이 있다면 그것은 정의이다(사 61:8). 하나님의 불타는 정의는 불의를 보고 그냥 지나칠 수 없다. 항상 정의를 요구하신다. 십자가의 심각한 불의에 대한 응답이 내려지고 정의가 수호되어야 했다. 또한 십자가의 불의가 너무나 단일적이어서 그 응답은 똑같이 거대하고 역사적이어야 했다. 하나님이 십자가의 불의에 어떻게 응답하시겠는가? 전 지구를 다 불태워 버리셔야 했을까? 그것으로는 충분하지 않다. 하나님은 더 큰 조치를 취하셔야 했다.

하나님께서 십자가의 불의에 응답하기 위해 행하신 일은 너무나 황당해서 어이가 없을 정도이다. 사탄에게는 정말 말도 안 되는 불공평 그 자체이다. 하나님은 십자가의 불의를 사용하셔서 악인을 그분의 임재 앞으로 부르시고 (그들이 회개할 때) 의롭게 하신다. 십자가는 고의적인 악인을 의롭게 만드는 어처구니없는 일을 했다. 십자가는 이 어처구니없는 일에 필요로 하는 법적인 자본을 하나님께 드렸다. 하나님은 이렇게 말씀하신다. "십자가만큼 무서운 불의에 답할 수 있는 것은 단 한 가지뿐이다. 사악한 죄인이 믿음으로 십자가를 자기 입으로 고백하면, 그들은 의롭다 함을 받는다." 오직 은혜만이 이토록 심각한 불의를 놀라운 방법으로 충족시킬 수 있다.

하나님의 구원은 너무나 극단적이어서 놀랍다. 십자가는 너무 어이가 없고, 신성모독이며, 무모하고 난폭한 사건이다. 그러나 이제 십자가를 통해서 하나님은 그분의 의에 타협하지 않으시면서 악인을 의인으로 만드신다(롬 3:26). 믿음으로 악한 죄인이 완전한 의인이 되며, 불의한 십자가의 사건이 마침내 완전해지는 것이다. 그 누가 이런 방법을 생각했겠는가? 구원을 베푸실 전능자, 건지실 능력자 하나님이시다.

하나님이 세상을 이처럼 사랑하신다.

> 우리는 예수님께서 흘리신 보혈로 피의 언약을 맺었다.

사멸하지 않는 십자가 사랑

마지막 성만찬을 보면 예수님의 본질을 볼 수 있다. 예수님은 성만찬을 하시면서 "이것은 내 몸이다. 이것은 나의 피다. 이것을 먹고 마셔라."라고 말씀하셨다. 그리고 그분이 직접 빵과 포도주를 나누어 주셨다. 우리가 성찬식을 할 때마다 여전히 그분께서는 몸과 피를 나누어 주고 계신다. 그분은 그분의 깨어진 몸을 우리에게 건네주신다. 그분이 흘리신 피를 모아 우리에게 담아주신다. 성찬식이 친밀하게 느껴지는 이유는 그분이 직접 그분의 몸과 피를 나누어 주시기 때문이다.

십자가는 하나님의 사랑을 찾고 탐구하고 발굴했다. 그것은 그분의 사랑의 한계를 측량하고 확인한다. 십자가는 이런 질문들을 던진다. '사랑이 십자가에서 무너지지 않고 살아남을 수 있을까? 사랑과 죽음의 이 거대한 대결에서 사

랑이 죽음을 이길 수 있을까? 사랑이 부서지지 않고 잔을 다 마실 수 있을까?'

십자가는 하나님의 사랑이 죽음보다 강하다는 것을 보여준다. 하나님의 사랑은 무궁하고 영원하다고 한 말씀이(애 3:22, 렘 31:3), 십자가를 통해 증명되었다. 죽음이 하나님의 영원한 사랑을 꺼뜨리지 못했다.

죽음조차 하나님의 사랑을 사멸하지 못했다면 그 무엇이 하나님의 사랑을 막을 수 있겠는가? 그 무엇도 우리를 우리 주 그리스도 예수 안에 있는 하나님의 사랑에서 끊을 수 없다(롬 8:39). 하나님의 사랑은 영원하다.

그룹 공부와 토의

1. 십자가를 사랑의 표현으로 보았을 때 이번 장에서 가장 눈에 띄는 문장은 무엇이며, 그 이유는 무엇입니까?

2. 십자가의 강렬하고 위험한 사랑에 대해 어떻게 생각합니까? 당신의 삶에 어떤 의미가 있습니까?

3. '주님은 주일 예배 시간에 하품하고 앉아있는 신부들을 위해 그분의 손과 발을 희생하지 않으셨다.' 이 문장에 대해서 어떻게 생각합니까?

4. 십자가가 강렬한 다섯 가지 이유 중 여러분의 관심을 가장 끈 것은 무엇입니까? 그리고 그 외의 다른 이유를 생각할 수 있습니까?

5. 잠언 17:15과 로마서 4:5 사이의 역설에 대해 나누어 보세요. 십자가를 인식하는 데에 어떤 도움이 됩니까?

6. 성찬식은 어떻게 십자가와 연결됩니까?

7. 그룹 공부 시간을 마치면서 가능하다면 성찬식에 참여하세요. 요한복음 3:16을 읽고 기도하십시오.

chapter 7

협력적 노력

갈보리 현장에서 삼위일체의 세 분이 함께 협력하여 우리의 구원을 이루고 계셨다. 그만큼 십자가 사건은 삼위일체 하나님이 다 같이 일하셔야 했던 큰 사건이다.

골고다에서 아버지 하나님은 무엇을 하고 계셨을까? 그분은 진노의 잔을 쏟음으로 세상을 사랑하고 계셨다. 아버지는 그분의 아들에게 모든 진노를 쏟아 놓고 계셨다. 잔을 기울여 그 내용물을 비우셨다. 그리고 그분의 아들이 절규할 때 우리를 구속하기 위한 사랑의 계획 때문에 얼굴을 돌리고 아들을 버리셨다. 이것이 아버지 하나님이 하고 계시던 일이다.

아들은 십자가에서 무엇을 하고 계셨을까? 그분은 진노의 잔을 마시고 계셨다(마 26:42). 손에 못이 박힌 채 서서, 찢긴 몸을 가지고 아버지의 슬픔의 잔을 받아 바닥에 쏟으셨다.

성령님은 무엇을 하고 계셨을까? 그분도 물론 일하고 계셨는데 성경의 기록이 다소 부족하다. 십자가에 못 박히실 때 성령님은 어떤 일을 하셨는가? 많이 알 수 없지만 히브리서 9:14에서 잠시 볼 수 있다. "… 성령으로 말미암아 흠 없는 자기를 하나님께 드린 그리스도의 피가 …" 성령님은 그리스도가 죽을 수 있도록 돕고 계셨다.

예수님은 성령님을 돕는 자, 곧 보혜사라고 부르셨다(요 14:26). 성령님은 돕는 분이시다. 그분이 하시는 일은 돕는 것이다. 누구든지 그분의 도움을 구하면 그분은 항상 어디서나 도와주신다. 성령님은 돕는 자로서 예수님이 십자가의 사역을 감당할 수 있도록 도와 아버지께 죄 없는 제물로 바쳐지게 하셨다.

인간의 제한된 이해력 안에서 생각해 본다. 아들이 십자가에 달려있는 동안에 아버지가 그분 자신에게 물어보신다. '내가 그토록 사랑하는 내 아들에게 죄에 대한 나의 진노를 어떻게 계속 내릴 수 있을까? 어떻게 이것을 지속한단 말인가?' 이럴 때 성령님이 옆에 오셔서 속삭이신 것 같다. '아버지, 하실 수 있습니다. 진노의 잔을 비우실 수 있습니다. 제가 도와드리겠습니다.'

그렇다. 십자가는 전체 삼위일체의 노력이 요구될 정도로 엄청난 큰 사건이었다. 하나님께서는 우리를 구원하시기 위해 온 힘을 다 사용하셨다.

어떤 사람은 아버지가 아들을 십자가에 죽였다는 이야기를 받아들이지 못한다. 그 극심한 십자가 고통의 가해자가 아버지라는 것을 상상할 수 없다는 것이다. 예를 들어 나는 어떤 설교자가, 하나님 아버지가 갈보리에서 자기 아들 예수를 죽였다는 것에 기분이 상했다고 말하는 것을 들은 적이 있다. 그러나 나는 바울이 '십자가의 걸림돌'에 대해 기록했기 때문에 십자가가 걸림돌이나 거리끼는 것이 될 때 놀라지 말아야 한다고 생각한다(갈 5:11, 고전 1:23). 하지만 그렇다고 아버지가 예수님의 고난으로부터 분리되어 있다고 생각하지 말라. 인간의 구원을 성취하기 위해 십자가에서 삼위일체가 고난을 당하셨다. 십자가는 삼위일체의 협력적 노력과 협력적 고통이다.

아버지는 예수님을 십자가에 못 박으셨을 뿐 아니라 기쁜 마음으로 하셨다. 하나님은 즐겨 내는 자를 사랑하시는데(고후 9:7), 아버지 또한 기쁜 마음으로 예수님을 내어주셨기 때문이다. 십자가에서 아버지께서는 억지로가 아니라 기쁘게 예수님을 우리에게 내어주셨다. 이사야 53:10에는 아들의 상함이 아버지의 기뻐하시는 뜻이라고 했다. 그렇지만 아버지께서 속상하지 않으셨을까? 그렇다. 하나님은 십자가의 사건을 보시며 괴로움과 즐거움을 동시에 나타내 보여주셨다. 이것은 아버지의 무한한 사랑을 증거한다.

아들은 아버지가 아들을 십자가에 기쁨으로 내주는 것에 대해 어떻게 느끼셨을까? 시편 18:35에 답이 있다. "주의 온유함이 나를 크게 하셨나이다" 예수님은 아버지의 잔을 온유함이라고 하셨다. 예수님께서는 십자가의 극심한 고통을 어떻게 아버지의 온유함이라고 할 수 있었을까? 타락한 세상을 구속하기 위한 아버지의 가장 부드러운 선택이었기 때문이다. 아마 예수님은 이렇게 생각하셨을 것이다. '아바 아버지, 그들의 죄가 너무나 끔찍해서 당신은 그들을 속죄하기 위해 실제로 저에게 온유하셨습니다. 이제 보십시오. 당신의 온유함이 저를 크게 하셨습니다.'

십자가의 사건만 보면 우리는 이렇게 생각할 수 있다. "당신은 도대체 어떤 아버지이시길래 당신의 자녀를 죽이십니까?" 하지만 부활을 통해 어떤 아버지인지 알게 되었다. "당신은 끝없이 자비롭고 온유하며 관대하십니다." 십자가의 위험한 사랑은 우리가 상상할 수 있는 가장 장엄한 영광을 위함이다. 아서 카츠(Arthur Katz)가 말했듯이 십자가는 하나님이 누구신지 알 수 있는 가장 완벽한 신학적 진술이다.

> 하나님께서 십자가에서 하루 동안 천 년의 사역을 행하실 수 있다면(벤후 3:8), 그분은 당신이 평생토록 다루어야 할 문제도 한순간에 해결하실 수 있다.

아버지를 향한 예수님의 사랑

십자가는 삼위일체 안에서 타오르는 뜨거운 사랑을 나타낸다. 십자가는 적어도 세 가지 사랑을 보여준다. 그 첫 번째로, 예수님께서 아버지를 사랑하는 마음을 보여준다.

예수님은 십자가를 지기 원하지 않으셨다. 인간의 몸을 가졌다면 그 누구도 십자가의 고난을 받는 것을 원하지 않기 때문이다. 하지만 예수님은 아버지를 너무나 사랑하셨기 때문에 십자가를 지셨다. 그분은 아버지의 뜻에 따라 절대적인 충성을 다해 죽으셨다. 십자가는 예수님께서 아버지에게 "내가 당신을 사랑합니다. 아버지를 위해서는 무엇이든지 할 것입니다."라는 고백이다.

예수님이 십자가에 못 박히실 때 아버지를 향해 고정된 사랑을 볼 수 있다. 그분은 6시간 동안 계속 아버지를 바라보며 말씀하셨다. 예를 들어, 십자가에서 그분이 하신 일곱 가지 말씀 중 네 가지는 아버지께 드리신 말씀이다. 마치, "아바 아버지 나는 당신만 바라봅니다." 하는 것 같다. 성경에서 아버지가 아들에게 어떻게 응답하셨는지 모르지만, 나는 아버지가 아가 6:5의 노래로 응답하셨다고 본다. "네 눈이 나를 놀라게 하니 돌이켜 나를 보지 말라" 예수님께서 물어보신다. "그러면 제가 어디를 봐야 합니까? 당신은 저의 유일한 생명이시며, 저의 근원이시고 온전함이시고 생존되십니다. 당신이 저의 지평선을 채우십니다. 저는 오직 당신만 바라봅니다."

그렇다. 십자가는 예수님의 아버지를 향한 사랑을 보여준다.

세상을 향한 아버지의 사랑

두 번째로, 십자가는 세상을 향한 아버지의 사랑을 보여준다. 정확히 아버지는 어떻게 세상을 사랑하셨는가? 세상을 사랑하시는 마음을 십자가에 담아 외아들을 주셨다(요 3:16). 십자가는 그분께서 세상을 민족, 경제 계층, 국가, 피부색, 연령 및 성별의 구분 없이 얼마나 열정적으로 사랑하시는지 보여주는 것이다. 그분은 모든 원수와 모든 반역자들이 얼마나 깊이 죄에 빠져있을지라도 관계없이 사랑하신다. 창조의 아버지는 당신의 모든 자녀들, 특히 그분에게서 멀어진 자들을 갈망하신다. 아버지는 그들을 너무도 사랑하셔서 그분께서 가장 좋아하시는 아들을 희생하셨다.

이것이 십자가가 세상에 전하는 사랑이다.

우리를 향한 예수님의 사랑

세 번째로, 십자가는 우리를 향한 그리스도의 사랑을 보여준다. 사도 요한은 이렇게 기록했다. "우리를 사랑하사 그의 피로 우리 죄에서 우리를 해방하시고"(계 1:5) 예수님께서 피를 흘리시기까지 우리를 사랑하셨다고 기록했다. 우리는 십자가를 보며 예수님이 우리를 얼마나 사랑하시는지 알게 된다.

사람들은 단순히 그분을 십자가에 죽이는 것만으로 만족하지 않았다. 그분께서 죽기 전에 최대한으로 괴롭히고 싶었고, 그래서 최대한의 고통을 주기 위해 못질을 했고 두들겨 팼다. 하지만 그분은 어떻게 반응하셨는가? 도리어 우리를 사랑하셨다. 사도 바울이 말했듯이 그분은 나를 사랑하셔서 나를 위하여 자기 자신을 버리신 하나님의 아들이시다(갈 2:20).

여러분을 향한 그분의 사랑이 너무나 커서 그분이 십자가에서 죽으셨고, 여러분이 그것을 개인적으로 받아들이기 원하신다.

예수님의 그 큰 사랑을 이해하려면 바울이 어떻게 설명했는지 생각해 보자. 바울은 설득력 있고 실질적인 방식으로 십자가의 사랑을 설명했다. 로마서 8장과 9장을 보면 예수님이 십자가에서 우리를 얼마나 사랑하셨는지 알 수 있다.

바울은 로마서 8장에서, 성경에서 찾아볼 수 있는 하나님의 사랑에 관한 가장 영광스러운 설명을 했다. 그 무엇도 하나님의 사랑에서 우리를 끊을 수 없다고 했다. 우리를 시험하는 모든 것은 도리어 우리를 넉넉하게 이기는 자로 만든다. 사망, 생명, 천사들, 권세자들, 현재 일, 장래 일, 능력, 높음, 깊음, 다른 어떤 피조물 중 어느 것도 우리를 우리 주 그리스도 예수 안에 있는 하나님의 사랑에서 끊을 수 없다(롬 8:38-39).

로마서의 다음 9장에서, 바울은 그가 하나님의 사랑으로 채워졌을 때 일어난 일을 설명했다. 하나님의 사랑은 바울에게 민족을 향한 하나님 같은 사랑을 부어주셨다. 바울은 이렇게 말한다. "나는 육신으로 내 동족인 내 겨레를 위하는 일이면 내가 저주를 받아서 그리스도에게서 끊어질지라도 달게 받겠다."(롬 9:3)

바울은 하나님의 사랑에 크게 감동받아 자기 민족을 놀랍게 사랑했다. 그들을 구원할 수 있다면 자기가 영원히 지옥에 떨어질지라도 달게 받겠다고 고백했다.

로마서 8장의 하나님의 사랑을 통해, 바울은 로마서 9장의 민족 사랑을 할 수 있게 되었다.

바울은 이 사랑을 십자가에서 받았다. 그러므로 나는 예수님께서 십자가 위에서 동일한 심정을 갖고 계셨다고 믿는다. 나는 예수님께서 "아바 아버지, 저는 당신께로부터 영원히 저주를 받아 끊어진다 할지라도 그로써 아버지께서 창조하신 모든 인류를 구원할 수 있다면 차라리 그렇게 되고 싶습니다."라고 말씀하셨을 것 같다. 그러나 구원은 사람들의 믿음을 요하기 때문에 이런 방식으로는 불가능했다. 그럼에도 불구하고 이것은 예수님이 십자가에서 보여주신 사랑이다. 예수님은 인류를 너무나 사랑하셔서 우리 대신 영원히 지옥에 갈 수 있다고 하셨다. 그렇지만 이것이 불가능했기에 현실적으로 가능한 십자가를 지셨다. 예수님의 이 큰 사랑이 바울의 마음을 사로잡았고, 그는 자기 민족을 동일한 마음으로 사랑할 수 있었다. 바울은 다른 사람이 구원받을 수 있다면 자기 자신을 버릴 준비가 되어있었다.

십자가의 사랑이 우리의 마음을 사로잡으면 민족의 구원을 위해 나도 그리스도로부터 영원히 저주받는 것까지 바랄 수 있다. 이로써 그리스도께서 우리를 얼마나 사랑하시는지, 그리고 우리가 이웃을 얼마나 사랑하는지 알 수 있다.

> 부활도 하나님의 능력의 한계를 보여주지는 못했다.
> 그분이 얼마나 능력 있으신지는 아무도 모른다.

사랑의 크기

그리스도의 사랑의 한계는 끝이 없고 우리의 지식을 초월한다. 바울은 다음과 같은 장엄한 말로 예수님의 사랑을 표현했다.

너희가 사랑 가운데서 뿌리가 박히고 터가 굳어져서 능히 모든 성도와 함께 지식에 넘

치는 그리스도의 사랑을 알고 그 너비와 길이와 높이와 깊이가 어떠함을 깨달아 하나

님의 모든 충만하신 것으로 너희에게 충만하게 하시기를 구하노라 (에베소서 3:17-19)

바울은 그리스도의 사랑이 너비와 길이와 높이와 깊이, 이 네 가지 방향으로 확장된다고 설명했다. 십자가는 네 가지 범위를 모두 보여준다. 그리고 이 네 가지 범위에는 끝이 없으므로 이 네 가지의 사랑을 이해하려면 우주까지 탐험해야 한다. 십자가의 사랑이 뻗어나가는 사방을 보라.

첫 번째로, 십자가의 가로는 하나님의 사랑의 '너비'를 의미한다. 팔이 십자가의 가로 기둥에 못을 박은 상태로 그분의 손은 밖으로 펼쳐지셨다. 이것은 수평선에서 수평선까지 펼쳐지는 그분의 사랑을 보여준다. 그분의 펴진 팔은 "내가 너희를 이만큼 사랑한다"고 말한다. 손에 박힌 못은 도리어 그분의 친구가 되어서 팔을 활짝 펼 수 있게 도와준다. 그분의 넓은 사랑은 모든 대륙, 국가, 종족, 섬, 부족, 언어, 민족을 감싸고 모든 사람을 포용한다.

두 번째로, 그분의 발이 못 박힌 십자가의 세로 기둥은 하나님의 사랑의 '길이'를 가리킨다. 그분의 사랑은 아래로 아래로 가장 낮은 구덩이로 내려간다. 정신적으로 고통받고 있는 사람들의 숨겨진 독방으로 내려간다. 가장 어둡고 가장 더러운 감옥으로, 팔려간 창녀에게, 알코올중독 노숙자의 텐트 안으로, 연쇄 살인범에게, 그리고 사형장으로 내려간다.

앞으로도 인류는 얼마나 더 추하게 낮아질까? 그럼에도 십자가는 더 낮아져 사회의 가장 추한 곳까지 도달한다. 여러분은 십자가보다 더 낮아질 수 없다.

예수님은 우리가 그분의 가족이 될 수 있도록, 가장 비천한 인간보다 더 낮게 내려가셨다. 십자가는 가장 낮은 인간 세상까지 내려가지만, 큰 국자

처럼 하나님의 아들들을 영광스러운 기업으로 끌어 올린다.

이것이 십자가가 우리의 복음을 만국의 것으로 만들 수 있는 이유이다. 이것이 하나님의 지혜이다. 이 메시지를 어디에나 가져갈 수 있다.

한번 해보라. 십자가의 메시지를 지구상에서 가장 나쁜 지옥 같은 곳으로 가져가 보라. 가장 궁핍하고, 죄로 상처 입고, 중독에 사로잡혀 있고, 사탄에 사로잡혀 있고, 더럽고 외로운 사람을 찾으라. 그러면 여러분은 이 복음이 품은 사람을 찾게 되는 것이다. 왜 그럴까? 나무에 달려 고난받으신 그분은 가장 추악한 죄인을 살려서 장엄한 영광으로 하나님의 식탁에 앉히기 위해, 모든 사람보다 더 낮은 곳으로 가셨기 때문이다. 십자가는 이만큼 길게 내려간다.

세 번째로, 십자가의 위쪽 기둥은 하나님의 사랑의 '높이'를 보여준다. 십자가의 윗부분은 그분의 가시관을 씌운 머리를 수용했으며, 십자가 위로 뻗어 있는 광대한 사랑의 우주를 가리킨다. 이 사랑은 하늘로 올라간다. 그것은 고상하고, 고귀하고, 위엄 있고, 영광스럽고, 숭고하다. 이 사랑이 당신을 사로잡아 하늘로 들어 올릴 때, 그 고귀함과 우월함이 여러분을 현기증 나게 할 것이다.

그리고 네 번째로, 십자가는 하나님의 사랑의 '깊이'를 보여준다. 나는 창에 찔려 튀어나온 그분의 흉부에서 사랑의 측면을 본다. 그 상처는 마치 우리가 그분의 마음속에 있는 사랑의 동굴 같은 깊이를 볼 수 있는 길을 열어준 것과 같다. 이 사랑의 깊이를 탐구하려면 평생 해도 모자랄 것이다.

오 말로 표현할 수 없는 그리스도의 그 크신 사랑이여! 십자가처럼 그분의 사랑은 넓고, 길고, 높고, 깊다.

십자가는 우리가 사방에서 사랑을 펼칠 수 있도록 뻗어 있다. 우리도 이렇게 사랑해야 한다. 하지만 우리는 이렇게 무한한 사랑을 할 수 있는 능력이 없고, 그렇기 때문에 하나님의 사랑이 있어야 우리가 그분을 사랑할 수 있다.

지금 십자가로 와서 기도하라. 그분의 사랑을 받고자 하는 열망을 표현하라. 그분의 사랑의 너비와 길이와 높이와 깊이를 구하라. 그리고 여러분도 이렇게 동서남북으로 사랑할 수 있도록 도와달라고 그분께 기도하기 바란다.

예수님, 당신의 십자가의 사랑으로 저를 채워주소서!

> 그분은 자신이 소유한 땅에 오셨지만 자신의 권리를 주장하지 않으시고
> 모든 것을 다시 피의 값으로 사셨다.

그룹 공부와 토의

1. 십자가에 못 박히실 때 성령님의 역할에 대해 나누십시오. 히브리서 9:14을 묵상하고 나누십시오.
2. 아버지는 사랑으로 그리스도의 십자가를 설계하셨습니다. 여러분 중에 이것을 받아들이기 어려워하는 사람이 있습니까? 이해할 수 있도록 서로 도와주기 바랍니다.
3. 아버지와 아들이 서로 나누는 사랑에 대해 나누십시오. 이 사랑을 설명하는 다른 구절이 있습니까?
4. 로마서 8장의 하나님의 사랑은 바울에게 로마서 9:3의 민족을 향한 사랑을 주었습니다. 어떻게 하면 우리가 로마서 9:3처럼 사랑할 수 있습니까?
5. 십자가의 사랑은 넓고 낮고 높고 깊습니다. 이 네 가지 중 어떤 것이 가장 마음에 듭니까?
6. 에베소서 3:17-19을 읽고 기도하면서 마무리하십시오.

chapter 8

베드로와 유다

베드로와 가룟 유다는 예수님과 가장 가까이 지낸 열두 제자에 속해 있었다. 이 둘은 십자가 사건과 관련해 큰 역할을 했다. 이 두 제자의 행적을 비교해보면 십자가가 어떻게 그들의 사랑의 본질을 드러냈는지 알 수 있다.

예수님의 체포와 재판 과정에서 베드로와 유다는 처참하게 넘어졌지만, 이 둘의 실패의 간극은 무척이나 컸다. 하나는 회복되었고, 다른 하나는 끝내 모든 것을 잃고 말았다. 믿음을 잃은 베드로는 회복되었지만, 유다는 사랑을 잃었다. 먼저 베드로를 시작으로 이 둘의 차이를 살펴보자.

베드로는 믿음을 잃었다

그리스도께서 붙잡히실 당시 베드로는 믿음의 위기를 겪었다. 예수님은 이미 그가 그럴 것이라 예언하셨기에 놀라지 않으셨다.

시몬아, 시몬아, 보라 사탄이 너희를 밀 까부르듯 하려고 요구하였으나 그러나 내가

너를 위하여 네 믿음이 떨어지지 않기를 기도하였노니 너는 돌이킨 후에 네 형제를 굳

게 하라 (누가복음 22:31-32)

베드로의 믿음은 비록 완전히 무너지지는 않았지만 약간의 흔들림이 있었다. 예수님 곁에 머물면 궁극적으로는 승리하리라는 믿음을 잃었다. 급변하는 상황 속에서 예수님이 패배하시는 것처럼 보였고, 베드로는 그 찰나의 불확실함 속에서 발을 뺐다. 순간의 압박은 그의 믿음이 생각했던 것만큼 견고하지 않았다는 것을 드러냈다.

그의 믿음이 흔들렸다는 것을 어떻게 알 수 있을까? 그는 예수님께서 체포당하실 때 그분을 버리고 도망쳤다. 그리고 예수님께서 재판받으실 때 그분을 세 번 부인했다. 이미 예수님께서는 베드로가 세 번 부인할 것이라고 예언하셨는데, 그러한 예수님의 말씀이 이루어진 것을 깨달은 후에도 베드로는 용기를 내어 그 부인을 돌이키지 못했다. 도망가던 발걸음을 돌이켜 법정의 한복판으로 들어가 예수님과 함께 서 있을 믿음과 용기가 없었다. 그럼에도 불구하고 그는 여전히 예수님을 사랑했다. 사랑했기에 사무치게 울었지만 그의 믿음이 무너졌던 것이다.

베드로는 밀 까부르듯 시험당했다

예수님의 말씀에 의하면, 사탄이 베드로를 밀 까부르듯 하려고 했다. 사탄은 모든 제자들을 흔들었지만 특히 먼저 리더를 표적으로 삼았다. 베드로의 시험에는 욥의 시험과 유사한 요소들이 있다. 욥기와 누가복음 22장에

나오는 사탄의 시험에 대해 아래와 같이 다섯 가지로 정리할 수 있다.

1. 사탄은 베드로와 욥을 시험할 수 있는 허락을 받아야 했다. 하나님의 허락 없이는 그가 하나님의 백성을 시험할 수 없다. 하나님께서는 그분의 택하신 백성을 보호벽으로 에워싸고 계시기 때문에, 마귀는 하나님의 허락 없이는 그 벽을 뚫을 수 없다.

2. 하나님께서는 종종 마귀의 시험을 허락하신다. 물론 매번 허락하지는 않으신다. 하나님께서는 각 개인의 역량과 부르심을 알고 계신다. 아마도 하나님께서는 마귀의 시험을 허락하시는 것보다 허락하지 않으시는 것이 훨씬 많으실 것이다. 하지만 종종 마귀에게 허락하신다.

3. 사탄과 하나님은 각각 이 과정을 통해 달성하고자 하는 목표가 있다. 사탄은 하나님의 종을 영적으로 진멸시키려 한다. 하나님은 그분의 종을 하나님 나라를 위해 더 놀랍게 쓰임 받는 자로 다듬기 원하신다.

4. 당신이 시험을 통과하는 중에 예수님께서는 당신을 위해 중보하고 계신다. 예수님께서 베드로가 통과할 때까지 기도하실 것이라고 말씀하신 것처럼 역시 당신을 위해 중보하실 것이다.

5. 당신이 회복되어 새로운 믿음으로 예수님께 돌아올 때 지체들을 세워주는 자가 될 것이다. 남을 격려하며 세워주는 자는 강한 사람이 아니라 시험을 통과한 자이다. 강한 자는 상대방에게 강한 인상을 남기거나 위압하지만, 시험을 통과한 자는 그 여정을 통해 얻은 귀한 교훈으로 남을 세워줄 수 있다.

베드로와 욥은 사탄의 시험을 통과함으로 삶이 더욱 다듬어진 예이다.

십자가의 사건은 우리로 하여금 하나님의 뜻을 사모하게 한다.

유다는 사랑을 잃었다

믿음을 잃은 베드로와는 대조적으로, 가롯 유다는 예수님을 향한 사랑을 잃었다. 그의 문제는 믿음의 위기보다 사랑의 위기에 더 가까웠다.

열두 제자 중 한 명으로서 유다는 소속감을 느끼기 위해 부단히 애썼다. 베드로와 야고보와 요한은 열두 제자 중에서도 예수님과 제일 친밀한 교제를 나눴지만, 유다는 제일 변두리에서 겉도는 것처럼 느꼈다. 회계를 담당하며 예수님께 인정받는다는 것을 느끼기 위해 애썼다. 그러던 중 결정적으로 베다니에서 일이 터졌다. 아주 특별한 식사 자리에서 마리아가 예수님께 매우 비싼 향유를 부은 것이다.

가난한 자들을 섬기길 원하는 자신의 열정을 뽐내기 위해 유다는 공개적으로 마리아를 비판했다(요 12:5). 그러자 예수님께서 즉각적으로 그를 꾸짖으셨다(요 12:7-8). 유다는 공개적으로 마리아를 비판했기 때문에 그에 대한 책망이 공개적으로 이루어지는 것 또한 합당한 것이었다. 하지만 그 공개적인 책망은 매우 쓰렸다.

예수님의 책망이 유다의 삶의 방향을 바꾼 것처럼 보인다. 그는 아마도 이렇게 생각했을 것이다. '확실하게 알 수 있는 것은, 나에게는 예수님과 함께 할 미래가 없다는 거야. 예수님은 정말 위대한 분이시지만 내가 이 조직에서 승진할 기회는 없는 것 같아. 난 이곳에서 제일 하위에 머무르게 될 거야. 내가 바라는 차원의 친밀함이나 애정을 얻을 방법이 보이지 않아. 이젠 현실을 직시하자. 이 조직을 떠나서 새롭게 시작하자.'

유다는 예수님을 사랑하지 않았고 자기 자신을 사랑했다. 그의 열정은 예수님의 뜻을 이루는 것이 아닌, 자신의 행복과 경력을 펼치는 것에 있었다. 예수님의 책망은 유다로 하여금 그가 더 이상 예수님을 사랑하지 않는다는 것을 깨닫게 했다.

왜 배신했을까

수백 년 동안 크리스천들은 유다가 예수님을 은 30냥에 배신한 이유를 궁금해했다. 나는 유다가 아마도 자기 자신과 예수님께도 이득이 되는 일을 하고 있다고 생각한 것 같다. 유다는 이렇게 생각했을 것이다. '어차피 이 조직을 떠나는 마당에 예수님이나 나나 서로 이득을 취할 수 있는 방향으로 하면 좋지 않을까? 서로에게 윈윈하는 방식으로 말이야.'

유다가 받은 돈은 그의 미래를 책임져줄 것이고, 또한 그의 배신으로 예수님께서 세상에 모습을 드러낼 수 있게 떠미는 역할을 하는 것이라 여겼을 것이다. 예수님은 지금껏 해오신 것처럼 체포를 피하실 것이고, 그 계기를 통해 그분의 뜻을 드러내어 밝히실 것이라고 생각했을 것이다.

유다가 예수님께 입맞춤한 이유 중 하나는 그가 예수님을 도와주고 있다고 생각했기 때문이 아닐까 싶다. '당신께서 움직이실 명분을 드리겠습니다. 당신이 정말 누구신지 온 세상에 보여주실 수 있는 판을 깔아드립니다. 지금은 이게 달갑지 않으실 수 있지만, 저는 정말이지 호의를 베풀어드리는 겁니다. 저에게 고마워하실 날이 올 겁니다.'

이런 사고방식은 이사야 66:5에 나오는 형제들의 생각과 동일하다. 이사야는 사람들이 자신의 형제들에게 "너희를 억압하는 것은 너희의 유익을 위한 것이야. 언젠간 우리에게 고마워하게 될 거야"라고 말한다고 했다. 하지만 성령님께서는 "그들이 그렇게 행하는 것은 너희를 미워하기 때문이다"라고 말씀하신다. 동일하게 유다도 예수님을 미워했기에 배신했다. 예수님을 향한 사랑을 잃었기 때문이다. 예수님에 대한 믿음이 여전히 좀 남아있었을 수 있지만, 사랑은 온데간데없었다.

당신이 믿음을 잃는다면 예수님께서는 당신을 위해 중보하실 수 있다. 하지만 당신이 사랑을 잃으면 그 누가 무엇을 해줄 수 있을까?

유다는 자신의 생명을 구하려다 자신의 삶을 잃고 말았다.

불의의 맘몬

유다에 대해 한마디 더하자면, 그는 십자가를 통해 수익을 냈다. 하나님의 아들이 십자가에 못 박히시는 것을 통해 수익을 창출해내는 것보다 더 끔찍한 것은 없을 것이다.

예수님께서는 돈을 '불의의 맘몬'이라고 하셨다(눅 16:9, KJV). 불의하다는 것은 본질적으로 악함이 있다는 것이다. 돈은 예수님을 십자가에 못 박는 것을 가능하게 했다. 우리가 돈을 관리할 때는 두렵고 떨리는 손과 입술로 해야 할 것이다.

베드로와 유다의 삶의 가장 큰 차이는 이것이다. 사탄은 베드로를 시험하기 위해 허락을 받아야 했지만, 유다의 경우에는 물어보지도 않고 그의 마음에 들어갔다(요 13:27). 사탄은 그때 왜 하나님의 허락이 필요하지 않았을까? 답은 돈 상자에 있다고 생각한다.

유다는 예수님의 회계였다. 사역의 재정을 관리하는 자로서 예수님께서 지시하시는 대로 단체의 재정을 분배하고 사용했을 것이다. 그런데 그가 횡령했다(요 12:6). 여기서 횡령 자체가 용서하지 못할 엄청난 죄였다고 말하는 것은 아니다. 그렇지만 그는 죄를 시인하고 회개하는 대신 감추고 계속 은

폐했다. 예수님은 그가 죄를 고백할 수 있는 기회를 많이 주셨지만, 유다는 그렇게 하기를 거부했다. 자신의 문제를 계속 숨기고 덮어놨다.

반면에 베드로는 예수님을 향해 열려 있었다. 유다만큼 베드로의 죄도 어둡고 심각했지만, 예수님께서 들여다보고 다루시는 것을 허락하였다. 베드로의 삶은 보이는 것이 전부였다. 많은 문제가 있었지만 비밀은 없었다.

비밀, 유다는 비밀을 지녔다. 충동적으로 훔치는 습관을 예수님께 숨겼다. 그는 이렇게 생각했을 것이다. '예수님은 내가 돈을 빼돌리는 걸 모르실 거야. 아신다면 내게 재정을 맡기지 않으셨겠지. 사람들은 모두 예수님께서 다 알고 계신다고 말하지만, 실상은 자신의 회계가 횡령하고 있다는 사실도 모르시는걸! 사람들이 생각하는 것처럼 모든 것을 다 아시는 분은 아니야.'

회개하고 빛으로 나오는 것을 거부하는 것은, 가장 결정적인 순간에 마귀가 동의 없이 쑥 들어와 멸망으로 끌고 갈 수 있다는 것을 의미한다.

유다를 통해 얻을 수 있는 교훈은 무엇일까? 예수님께 그 무엇도 숨기지 말라. 비밀을 지니지 말라. 죄에 갇혀서 어떻게 벗어나야 할지 모르는 그 순간에도 빛 가운데 거하겠다는 마음의 결정을 내리라. 이렇게 기도하라. "예수님, 어떻게 벗어날 수 있을지 모르겠지만 제 문제는 이렇습니다. 주님께 보여드립니다. 제가 변할 수 있도록 도와주세요. 제가 승리할 수 있도록 도와주세요!"

예수님을 사랑하고, 신뢰하고, 모든 걸 보여드리라. 그렇게 할 때 그 문제를 승리로 통과하게 하실 것이다.

십자가에 못 박히신 분은 모든 것을 다 가지신 분이었다.
모든 것을 다 가지셨기에 빈손으로 죽으실 수 있었다.

그룹 공부와 토의

1. 마귀의 시험과 같은 연단 과정을 체험한 적이 있습니까? 함께 나누십시오.

2. 베드로가 겪은 믿음의 위기에 대해 나누십시오. 이런 믿음의 위기를 겪은 적이 있습니까? 어떻게 통과했습니까?

3. 믿음 생활을 하면서 사랑의 위기를 체험한 적이 있습니까? 당신을 향한 예수님의 사랑을 의심했던 적이 있습니까? 어떻게 극복했습니까?

4. 유다가 예수님을 배신한 이유가 무엇이라 생각합니까?

5. 불의의 맘몬인 돈에 대해 나누십시오(눅 16:9). 돈을 사랑하는 것이 왜 악한 것인지 주님께서 가르쳐주신 것들이 있습니까?

6. 유다는 비밀을 숨겼습니다. 하나님과 지체 앞에 정직하게 행하는 것에 대해 성경은 어떻게 가르칩니까? 이것에 대한 성경 구절을 찾아보십시오.

7. 디모데후서 3:2 말씀을 중심으로 기도하며 마무리하십시오.

chapter 9
예수님의 가상칠언

이번 장에서는 예수께서 십자가에 달리신 동안 남기신 일곱 가지 말씀을 소개한다. 첫 번째 말씀은 누가가 기록하였다. "아버지 저들을 사하여 주옵소서 자기들이 하는 것을 알지 못함이니이다"(눅 23:34)

예수님의 이 말씀은 그분을 십자가에 못 박는 사람들이 자기들이 하는 일을 알지 못한다는 뜻이었다. 바울은 이에 대해 이렇게 기록했다. "이 지혜는 이 세대의 통치자들이 한 사람도 알지 못하였나니 만일 알았더라면 영광의 주를 십자가에 못 박지 아니하였으리라"(고전 2:8)

하지만 무엇을 하는지 알지 못했던 것은 예수님의 적들뿐만이 아니었다. 그날 그들이 무엇을 하고 있는지 아무도 알지 못했다. 대부분의 성경학자들은 그분의 원수들이 알지 못했던 것을 연구한다. 하지만 나는 그분의 친구들이 알지 못했던 것을 묵상할 때 그 묵상이 달콤해진다. 그분의 가장 가까운 동료와 친구들 중 일부는 당시 자기들이 알고 있던 것보다 더 중요한 일들을 십자가에서 했다.

이 책의 뒷부분에서 우리는 바울이 '십자가의 원수'(빌 3:18)라고 부른 것들을 살펴볼 것이다. 그러나 이 장에서는 먼저 십자가의 친구들에 관해서 보

겠다. 예수님의 동역자들 중에서 자기의 행위가 무슨 뜻인지 알지 못하면서
도 십자가의 친구가 되었던 세 사람을 소개하고 싶다.

십자가의 세 친구들

구레네 사람 시몬은 자기가 하는 일을 알지 못했던 십자가의 친구였다. 내
가 그를 '십자가의 친구'라고 부르는 이유는, 그가 십자가의 가로 기둥을 짊
어지고 십자가가 못 박히는 곳까지 갔기 때문이다. 그는 누구였는가? 구레
네(오늘날 리비아)에서 유월절을 지키러 온 여행자였을 것이다(유월절에는 각 지역
에서 순례자들이 예루살렘으로 모인다). 그는 예수님이 더 이상 십자가를 옮기지 못
해 고통받고 계실 때 우연히 그 근처를 지나고 있었다. 군인들이 군중 가운
데서 시몬을 끌어내어 십자가의 가로 기둥을 지고 골고다로 옮기게 했다.

그러나 시몬은 자신이 무엇을 하고 있는지 알지 못했다. 그는 약 2천 년
이 지난 오늘날에도 그 십자가에 대해 사람들이 찬양할 거라는 것도 알지
못했다. 자기 어깨에 짊어진 기둥이 죄에 대한 하나님의 진노의 피뢰침이
될 줄 알지 못했다.

당시 시몬은 십자가의 짐을 더 이상 질 수 없었던 예수님을 구하고 있다
고 생각했을 것이다. 하지만 그가 알지 못했던 것은, 사실 예수님께서 시몬
이 더 이상 질 수 없었던 짐 즉 그의 모든 죄에서 그를 구원하고 계신다는
것이었다.

시몬이 계속해서 기둥을 짊어지고 경사진 언덕을 따라 올라갈 때, 그의
짐이 더 무거워진 것 같고 이마에 땀이 맺혔을 것이다. 무게 때문에 허리가
구부러지고 호흡이 거칠어졌으며 다리가 무거워졌을 것이다. 힘겹게 앞으

로 나아가는 동안 그는 자기 앞에 있는 남자가 세상의 모든 죄를 짊어지고 훨씬 더 무거운 짐을 지고 있다는 것을 알지 못했다. 그날엔 비틀거리며 사형장으로 걸어가시는 그분에게만 죄가 지워졌고, 그 외 다른 이들에게는 없었다. 예수님은 우리의 죄를 담당하셨고 더 나아가 실제로 우리를 대신하여 죄가 되셨다(고후 5:21).

십자가의 가로 기둥을 들고 있는 동안 시몬은 지구를 구하기 위해 일하시는 하늘의 챔피언을 돕고 있다는 것을 전혀 몰랐다. 참으로 시몬은 자기들이 하는 일을 알지 못하는 사람들 중에 있었다(눅 23:34).

예수님의 고난 중에 무엇을 하고 있는지 몰랐던 십자가의 두 번째 친구를 보겠다. 그는 베다니에 살던 마리아이다. 나는 그녀가 예수님의 장사를 준비하는 것을 도왔기에 십자가의 친구로 여긴다. 그녀가 한 일을 말하겠다.

마리아는 여동생 마르다와 오빠 나사로와 함께 베다니라는 동네에서 살았다. 예수님께서 예루살렘으로 승리의 입성을 하시기 전날 저녁, 세 남매는 예수님을 위해 호화로운 잔치를 열었다. 예수님의 제자들과 여러 친구들도 초청받았다. 그 잔치는 아마도 예수님께 드리는 감사 잔치였을 것이다. 왜냐하면 불과 몇 주 전에 예수님께서 나사로를 죽은 자 가운데서 살리셨기 때문이다.

식사를 하는 동안 마리아는 자신이 소유한 것 중에 가장 가치 있었던 값비싼 향유병을 가져와 그 향유를 예수님께 부어드렸다. 예수님은 그녀와 그녀의 가족에게 헌신적인 친구임을 보여주셨고, 이에 마리아가 주님께 부어 드렸던 향유는 그녀의 감사와 사랑과 헌신을 보여주는 것이었다.

마리아는 마음속으로 예수님께 사랑과 예배를 드리고 있었지만, 실제로 자신이 무엇을 하고 있는지는 알지 못했다. 그녀는 자기의 행위가 그녀를 오랫동안 기억하게 할 기념비를 만들고 있다는 것을 알지 못했다. 더욱이 그녀는 일주일도 안 되어 예수님이 십자가에 못 박혀 죽게 되실 것도 알지 못했다. 또한 그분의 죽음이 해가 질 무렵인(안식일이 시작될 때) 오후 늦은 시간에 일어날 것임을 알지 못했다. 예수님의 죽음 이후 유대인 장례 절차에 사용되는 향신료를 준비하고 바를 충분한 시간이 따로 있지 않았던 것이다. 예수님은 마리아가 실제로 무엇을 하고 있었는지를 설명하셨다. "그를 가만 두어 나의 장례할 날을 위하여 그것을 간직하게 하라"(요 12:7)

마리아는 예수님의 장례가 급하게 이루어질 것이고 그녀가 그분의 몸에 미리 기름을 바르기 위해 준비되었다는 사실을 알지 못했다. 구레네 시몬과 마찬가지로 그녀도 십자가에서 자기들이 하는 것을 알지 못하는 또 다른 사람이었다(눅 23:34).

이제, 자기가 무엇을 하고 있는지 알지 못했던 세 번째 친구 아리마대 사람 요셉을 보자. 그는 유대 공동체의 최고 법원인 산헤드린의 멤버였다. 산헤드린은 70명의 저명한 멤버들로 구성되어 있었고, 아리마대도 그중 한 명이었다.

예수님이 돌아가시자 요셉은 빌라도에게 그분의 시신을 가져다 장례를 치르도록 허락을 받았다. 내가 그를 십자가의 친구로 여기는 이유는, 그가 십자가에서 시체를 내려서 씻기고 싸매어 무덤에 안치했기 때문이다.

그는 조심스럽게 예수님의 몸에서 가시를 제거하고, 박혔던 못에서 몸을 풀어내고, 시체를 어깨에 메고 조심스럽게 땅으로 내렸다. 아마 속으로는 이렇게 생각했을 것이다. '시체를 만졌기 때문에 나는 이제 율법적으로 부정해서 오늘은 성전에 들어가거나 안식일을 지킬 수 없게 되었다.'

그는 또한 그의 목과 팔, 옷이 예수님의 몸으로부터 흘러내려 와 떨어진 피로 더럽혀졌다는 것을 알고 있었다. 하지만 그가 예수님의 시체를 다룰 때 깨닫지 못한 것이 있다. 그는 새 언약의 피를 자기 몸에 바르고 있었던 것이다! 그는 자신이 더럽혀지고 있다고 생각했지만 실제로는 이 우주에서 가장 강력한 세제를 만지고 있었다.

시몬과 마리아처럼 요셉도 십자가형 당시 자기들이 하는 것을 알지 못하던 사람이었다(눅 23:34). 그는 세상의 모든 죄를 씻는 피로 자신을 덮고 있었다.

만약에 그가 무엇을 하고 있는지 알고 있었다면 그 피 묻은 옷을 세탁했을까?

나중에야 십자가의 이 세 친구들인 시몬, 마리아, 요셉은 그리스도께서 고난을 당하셨을 때 그분을 공경함으로 행했던 일의 중요성을 비로소 알게 되었다.

> 지금 나사렛 예수가 빌라도 앞에 서 계신다. 하지만 조심하라.
> 언젠가는 그가 그분 앞에 서야 할 때가 온다.

당신 또한 당신이 무엇을 하는지 알지 못한다

여러분이 십자가 앞에 무릎을 꿇었을 때 예수님이 "자기들이 하는 것을 알지 못한다"라는 말씀은 아마 여러분에게도 해당될 것이다. 여러분이 십자가의 친구들이 되어서 나의 죄를 씻기 위해 그분의 보혈을 구할 때, 아직 창조되지 않은 하나님의 존재를 만지고 있었다는 것을 알지 못했을 것이다.

이 십자가 사건보다 하나님께서 더 강렬하게 느끼시는 것은 없다. 그분의 마음을 이토록 깊이 움직이거나 강하게 영향을 준 그 어떤 것도 없다. 내가 왜 이런 말을 할까? 십자가를 믿는 자들에게는 은혜로 응답하시고, 무시하는 자들에게는 맹렬히 응답하시기 때문이다.

아버지께서 그분의 아들을 바라보실 때 무엇을 보셨을까 생각해 보라. 아들의 머리에는 피가 있었다. 얼굴에도, 목에도, 어깨, 팔, 손, 등, 가슴, 다리에도, 십자가에도 피, 또 땅 위에도 피가 있었다. 온 사방이 피로 덮였다. 그 순간 아버지의 심정을 누가 이해할 수 있겠는가?

여러분이 또 알지 못했던 것이 있다. 우리가 예수님을 의지하고 십자가에 입 맞출 때, 하나님 아버지는 그날 일어난 모든 일을 되새기신다. 마치 우주의 크기처럼, 영화관 스크린처럼 모든 것이 재생된다. 그날의 모든 일들이 눈앞에서 일어나고 있는 것처럼 모든 것이 바로 그 순간에 일어난다. 여러분이 예수님의 피를 부를 때 우주에서는 여러분이 모르는 큰 폭풍이 일어난다.

이것을 나는 성경 구절에서 본다. "주께는 하루가 천 년 같고 천 년이 하루 같다"(벧후 3:8) 우리가 십자가를 보면 연도상 2천 년 전에 일어난 사건을 본다. 그러나 하나님에게는 그것이 불과 며칠 전 일이었다. 그래서 마지막 때 예수님은 "어린 양이 서 있는데 일찍이 죽임을 당한 것 같더라"(계 5:6)로 묘사된다. 갈보리는 아버지의 기억 속에 여전히 생생해서 예수님은 이제 막 죽임을 당하셨다. 그것은 하나님이 그 황량한 언덕의 공포와 트라우마를 아직도 잊지 않고 계시다는 것을 의미한다. 십자가 사건은 마치 어제 일어난 일처럼 그분의 눈앞에 선하다. 그분의 감정은 그 당일에 겪은 것처럼 아직도 생생하고 잔인하다.

다시 말하지만, 여러분이 십자가를 바라볼 때 하나님의 가장 부드러운 곳을 만지고 있다는 것을 알지 못했을 것이다. 그래서 십자가가 이토록 강력한 것이다. 여러분이 예수님의 이름을 부르고 그분의 피 뿌림을 부르짖을 때, 하나님 아버지는 여러분을 위해 하늘을 뒤집어 흔드신다. 이것은 마치 하나님이 거대한 덤프트럭을 여러분의 삶에 주차해 놓으신 것과 같고, 잠자던 침대가 흔들리는 것과 같고, 하나님의 사랑의 부귀와 자비의 충만함 그리고 그분의 은혜의 풍성함을 여러분에게 다 흔들어 넘치게 부어주시는 것과 같다. 이 모든 것은 여러분이 예수님의 십자가의 피에 믿음을 두었기 때문이다.

여러분의 믿음이 하나님을 그토록 깊이 감동시킬 거라는 것을 어떻게 알 수 있을까?

"자기들이 하는 것을 알지 못함이니이다" 골고다에서 그 어느 누구도 정작 그들이 무슨 일을 저지르고 있는지 아무도 몰랐다는 것이다. 이 얼마나 깊이 헤아리신 총체적 말씀이신지. 이것이 예수님께서 십자가 위에서 하신 첫 번째 말씀이다. 그분의 일곱 말씀에 대해 계속 보도록 하겠다.

> 만일 당신이 세상의 모든 고통에 대한 책임을 하나님께로 돌린다 해도 옳다.
> 왜냐하면 예수님께서 십자가에서 모든 책임을 지셨기 때문이다.

내면의 것이 밖으로 나올 것이다

사람의 내면을 알고 싶다면 그 사람을 나무에 박아 보라. 창으로 찔러보면 외면이 사라질 것이다. 십자가에서 가식은 없다. 그 사람의 손과 발에 못을 박는다면 그의 내면에 있는 것들이 반드시 다 튀어나올 것이다.

당시 로마 군인들은 숙련된 처형자들이었다. 여러 번 십자가형을 치르면서 그들은 사람을 찌르면 진짜 내면의 것이 나온다는 것을 보아왔다. 다른 말로 하면 십자가에 못 박힌 희생자의 언어는 예수님께서 "마음에 가득한 것을 입으로 말함이라"(마 12:34)라고 말씀하신 것처럼 자신의 내면세계의 생각을 드러나게 한다.

군인들이 예수님을 찔렀을 때, 그분의 영혼은 노출되었고 그분의 마음에 있던 것들이 입으로 흘러나왔다. 십자가를 통해 하나님의 마음에서 울려 나오는 것을 보았다. 그분 안에 무엇이 있었을까? 십자가에서 하신 일곱 가지의 말씀을 묵상해 보면 알 수 있다. 사람들이 나사렛 예수를 찔렀을 때 이런 말씀이 나왔다.

> 예수님께서는 내일 일을 위하여 염려하지 말라고 하셨다.
> 그분은 몸소 이 가르침을 실천하셨다.
> 십자가에 달리시기 바로 전까지 겟세마네의 고통에 매달리지 않으셨다.

1. 용서

사람들이 그분의 손과 발에 못을 박았을 때, 예수님은 첫 번째로 "아버지 저들을 사하여 주옵소서 자기들이 하는 것을 알지 못함이니이다"라고 말씀하셨다. 그들이 예수님을 찔렀을 때 예수님은 용서를 흘려보내셨다.

2. 약속

예수님이 십자가에서 두 번째로 말씀하신 것은, 함께 십자가에 못 박힌 한 희생자에게 하신 약속이다. 두 강도가 그날 예수님 양편에 함께 못 박혔는데, 그중 한 명이 "예수여 당신의 나라에 임하실 때에 나를 기억하소서"(눅 23:42)라고 했다. 그 강도가 이런 말을 한 이유는 무엇일까? 아마도 그는 예수님의 머리 위에 적힌 죄패인 '유대인의 왕'(막 15:26)이라는 글자를 봤을

것이다. 못 박힌 예수님은 왕처럼 보이지는 않았지만 그래도 이상하게 가시
관은 왕관처럼 보였다. 강도의 마음에 믿음이 생겨서 자신이 지금 왕을 보
고 있다고 믿었다. 그는 예수님이 그분의 왕국에 임하실 것을 믿었기 때문
에 입으로 고백했다(롬 10:9 참조).

강도의 믿음 때문에 예수님은 그에게 놀라운 약속을 하셨다. "예수께서
이르시되 내가 진실로 네게 이르노니 오늘 네가 나와 함께 낙원에 있으리
라"(눅 23:43) 예수님은 감당할 수 없는 고난을 받으시면서도 그 안에서 약속
이 흘러나올 만큼 약속으로 충만하셨다.

3. 긍휼

예수님의 세 번째 말씀은 어머니에 대한 긍휼의 말씀이었다. 군인들이 예
수님의 어머니를 십자가 근처에 머물 수 있도록 허락한 것 같으며, 요한이
그녀를 부축하기 위해 그 옆에 섰다. 요한은 예수님께서 자기 어머니에게
말씀하신 것을 이렇게 기록했다.

> 예수께서 자기의 어머니와 사랑하시는 제자가 곁에 서 있는 것을 보시고 자기 어머니
> 께 말씀하시되 여자여 보소서 아들이니이다 하시고 또 그 제자에게 이르시되 보라 네
> 어머니라 하신대 그 때부터 그 제자가 자기 집에 모시니라 (요한복음 19:26-27)

헤아릴 수 없는 십자가의 고통 속에 갇혀있었지만, 예수님은 깊은 긍휼을
가지고 그분의 어머니의 안녕을 위해 지시를 내리셨다. 예수님께서 그분 자
신이 먼저 돌봄을 받고 싶다고 말씀하셔도 우리는 이해하겠지만 먼저 어머
니를 돌아보셨다. 예수님이 십자가에 찔리셨을 때 그분은 긍휼의 피를 흘리
시지 않을 수 없었다.

4. 충성

네 번째 말씀은 다윗의 말을 인용하셨다. "나의 하나님, 나의 하나님, 어찌하여 나를 버리셨나이까?"(마 27:46) 우리를 위해 죄와 저주가 되신 예수님은 아버지로부터 버림을 받으셨다. 아버지가 가까이 계시다는 것을 가장 느끼고 싶었을 때, 아버지는 아들을 뿔로 찔러대는 황소들에게 맡기셨다. 가장 암울한 시기에 아버지께 버림받았지만 여전히 예수님이 충성을 지키셨다는 사실이 놀라울 뿐이다. 예수님이 "나의 하나님, 나의 하나님"이라고 말씀하시는 것은 "당신은 나의 하나님이십니다"라는 고백이다. 예수님은 버림받는 시험을 받으셨지만 그분의 상처에서는 충성심이 흘러나오고 있었다.

5. 갈망

요한은 예수님의 다섯 번째 말씀을 이렇게 기록했다.

> 그 후에 예수께서 모든 일이 이미 이루어진 줄 아시고 성경을 응하게 하려 하사 이르시되 내가 목마르다 하시니 거기 신 포도주가 가득히 담긴 그릇이 있는지라 사람들이 신 포도주를 적신 해면을 우슬초에 매어 예수의 입에 대니 (요한복음 19:28-29)

다윗은 이렇게 기록했다. "그들이 쓸개를 나의 음식물로 주며 목마를 때에는 초를 마시게 하였사오니"(시 69:21) 대부분의 번역가들은 예수님이 "내가 목마르다"라고 이르셨을 때 위의 시편 말씀을 완성하려 신 포도주를 받으시기 위함이었다고 한다. 예수님께서는 그분의 육체적인 목마름에 대해 말씀하신 것뿐만 아니라, 아버지에 대한 타오르는 영적인 갈증 때문에 말씀하신 것이다. 그분의 몸에서 체액이 고갈되자 아버지의 임재를 갈망했다.

십자가에 찔린 제물로부터 나온 다섯 번째 말씀은 갈망이었다.

> 예수님은 그분의 십자가 사건을 세례라고 말씀하셨다.
> 왜냐하면 그의 몸 중에 고난을 받지 않은 부분이 없기 때문이다.

6. 확신

예수님이 돌아가시기 전에 여섯 번째 말씀을 하셨다. "다 이루었다"(요 19:30) 그 뜻은 십자가의 일이 완성되었고, 죄의 값이 완전히 지불되었음을 의미한다. 예수님은 아버지께서 시작하신 일을 다 마치셨다고 확신했다. 이 말은 예수님께서 기둥에 박히실 때 하나님을 향한 확신을 붙잡으신 것을 나타낸다.

7. 순복

사람들이 예수님을 찔렀을 때 그분의 입에서 나온 일곱 번째이자 마지막 말씀은 항복 선언이었다. 누가복음에 이렇게 기록되었다. "아버지 내 영혼을 아버지 손에 부탁하나이다"(눅 23:46) 그는 아버지의 뜻에 자신의 영을 맡기셨다. 이렇게 아름다운 순종을 통하여 예수님의 영혼을 천국으로 데리고 가실 것이라 생각할 수 있지만 그렇지 않았다. 예수님은 즉시 지옥으로 내려가셨다. 그분이 지옥에 내려가시더라도 예수님은 아버지를 믿고 자기 영혼을 포기하셨다. 그분의 순복은 놀랍고 완전하다.

예수님께서 숨을 거두실 때 하신 마지막 말씀은 너무나 강력해서, 십자가형을 담당했던 백부장이 감탄사를 내뱉었다. 백부장은 백 명의 병사를 거느린 노련한 장교를 말한다. 많은 십자가형을 담당하면서 희생자들로부터 상상할 수 없는 많은 것들을 들었지만, 십자가에 못 박힌 사람이 그런 말을 하는 것은 들어본 적이 없었다.

마가복음 15:39에 이렇게 기록되었다. "예수를 향하여 섰던 백부장이 그렇게 숨지심을 보고 이르되 이 사람은 진실로 하나님의 아들이었도다"

예수님의 처형의 책임을 맡은 장교 또한 예수님의 일곱 말씀이 모두 놀랍다는 데 동의했다.

요약하면, 그들이 예수님을 찔렀을 때 예수님에게서 나온 것은 용서, 약속, 긍휼, 충성, 갈망, 확신, 순복이었다. 이런 것들이 내가 십자가에 못 박힐 때 내 입에서 나오기 바라는 것들이다.

> 우리는 예수님을 십자가에 못 박을 수 있고,
> 여전히 그분의 마음을 아프게 할 수 있다.

환난 중에서 나를 아신다

일곱 번째 말씀인 "내 영혼을 아버지 손에 부탁하나이다"를 좀 더 살펴보자. 예수님은 시편 31:5 말씀 "나의 영을 주의 손에 부탁하나이다"를 인용하셨다. 그 뜻은 십자가에 달리실 때 시편 31장을 생각하고 계셨다는 것이다. 시편 31장을 볼 때 십자가의 렌즈를 통하여 볼 수 있다. 시간 내서 읽어보기 바란다. 각 구절에 십자가의 의미가 있고, 이 묵상이 여러분의 영혼에 단비를 내려줄 것이다.

성령께 여쭈어보라. 이 시편 중에서 예수님이 십자가에 달리실 때 속삭이신 다른 구절은 무엇인가? 예를 들어 예수님은 고난 중에 아버지께 7절을 말씀하셨을 것이다. "환난 중에 있는 내 영혼을 아십니다."

내가 십자가의 렌즈를 통해 얻은 시편 31:7 묵상을 나누겠다. 다윗이 "환난 중에 있는 내 영혼을 아십니다"(시 31:7)라고 기록했을 때 그는 우선 자기 자신에 관해 말하고 있었다. 다윗은 많은 역경을 겪었고, 그의 시련은 그의 마음속에 있는 것을 드러나게 했다. 그의 마음의 생각은 그의 시편에 기록된 말로 표현되었다(예, 시 31장). 자기 내면이 어떠한지 보여준다. 다윗이 말로 기도하고 마음의 느낌과 생각을 시편에 기록했을 때, 주님은 다윗의 참모습을 알 수 있었다. 역경은 진정한 관계의 문을 열어 준다.

그러나 다윗이 "환난 중에 있는 내 영혼을 아십니다"라는 말을 썼을 때, 자신만 바라보고 쓴 것이 아니다. 그는 또한 십자가를 보았던 것으로 보인다. 그는 그리스도의 말씀을 전하고 있었다. 십자가에 달리실 때 예수님은 아버지께 "환난 중에 있는 내 영혼을 아십니다"라고 말씀하셨다. 환난을 통하여 예수님은 아버지께 알려지셨다.

십자가에서 예수님의 일곱 말씀을 들었을 때 하나님 아버지는 아마도 이런 생각을 하셨을 것이다. '그래 맞아! 나는 네 안에 처음부터 끝까지 무엇이 있는지 알고 있었어! 십자가는 처음부터 끝까지 이것이 맞는다는 것을 확인시켜 주었지!' 항상 그랬듯이, 고통을 통해 배우게 된다. 십자가는 아버지와 아들 사이에 이전 어느 때보다 심오한 지식의 차원을 열어주었다.

또한 다윗이 "환난 중에 있는 내 영혼을 아십니다"라고 기록했을 때, 성령님께서 당신을 생각하고 계셨다. 당신이 환난을 겪을 때 당신 안에 있는 것이 입을 통하여 나온다. 환난을 겪을 때 당신이 내뱉는 말은 하나님 아버지께 당신의 영혼을 알 수 있게 드러내는 것이다. 환난은 진정한 당신을 보여준다. 여러분의 시련의 결과로, 전에는 알지 못하던 방법으로 더 풍부한 차원의 예수님과의 친밀감을 얻을 것이다. 다윗이 속삭였던 것처럼, 여러분도 예수님께 이렇게 속삭일 것이다. "환난 중에 있는 내 영혼을 아십니다"

또한 시편 31:7의 의미는 여기서 그치지 않는다. 우리가 시련 중에 괴로워하고 있을 때에 주의 깊게 귀를 기울이면 예수님께서 우리에게 다시 말씀하시는 것을 들을 수 있다. "환난 중에 있는 내 영혼을 안다" 이것은 '네가 은혜와 거룩함으로 역경을 겪으면서 나의 영혼을 더 온전히 알게 되었다'는 뜻이다. 고난의 과정을 통해 예수님이 당신의 영혼을 알게 되셨을 뿐 아니라, 여러분도 그분을 알게 되었다. 다시 말하지만, 환난을 통해 진정으로 알게 된다.

고통을 견디다 보면 "아 예수님, 이제 제가 당신이 견디고 계시는 시련에 대해 어떻게 느끼시는지 알겠습니다." 고통을 나누면 친밀감이 생긴다. 역경을 통해서만 예수님에 대해 알 수 있는 것들이 있다.

내가 시편 31:7을 묵상한 것들을 나누었다. 여러분도 십자가의 렌즈를 통해 시편 31절의 각 구절을 보기 바란다.

가상칠언의 시간적 순서

내가 예수님의 일곱 말씀의 시간대를 검토해보니, 크게 두 부분으로 나뉘었다. 앞의 세 가지는 예수님이 십자가에 매달리신 초반에 말씀하셨고, 한동안 침묵하셨다가 뒤에 네 가지 말씀으로 마무리하셨다.

처음 세 말씀은 십자가에 못 박히신 거의 처음 한 시간 동안 말씀하셨고, 뒤의 네 말씀은 거의 숨지시기 직전에 하셨다. 그 사이에 예수님께서 조용히 다섯 시간 동안 일하고 계셨다.

어떤 이는 왜 내가 예수님께서 그분의 어머니와 요한에게 하신 말씀을 십자가에 못 박히신 처음 한 시간에 하셨다고 생각하는지 의아해할 수 있을 것이다. 나는 요한이 기록했던 말을 액면 그대로 받아들여 십자가를 연구하는 사람들과 생각을 같이한다. "또 그 제자에게 이르시되 보라 네 어머니라 하신대 그 때부터 그 제자가 자기 집에 모시니라"(요 19:27) 그 뜻은 마리아가 사랑하는 아들의 고난에 너무 괴로워하고 힘들어해서 요한이 자비롭게 그녀를 자기 집으로 모셔갔다는 것이다. 요한은 "어머니, 이리로 오세요. 이 상황은 당신에게 너무나 힘듭니다. 여기 더 계시지 마세요. 저랑 같이 집으로 갑시다". 요한은 더 이상 서 있을 수도 없을 만큼 크게 상처받은 여인을 부드럽게 끌어당겨 집으로 모셔갔다. 그 시간부터 마리아가 십자가나 무덤에 함께 있었다는 언급은 더 이상 없다. 이 사건은 어머니로서는 감당하기가 너무나 힘들었다. 성경 말씀대로 칼이 마음을 찌르듯 하였다(눅 2:35).

그래서 나는 예수님께서 큰 소리로 말씀하시지 않은 시간이 대략 다섯 시간 정도였다고 생각한다. 그러나 그 다섯 시간 동안의 침묵하심 속에서 나에게 무엇인가가 들려온다. 그분이 말씀하시지 않은 많은 것들이다. 그분은 위협, 불평, 비통함, 분노, 화, 저주, 자기 연민, 공포 또는 비난의 말씀을 하지 않으셨다. 그저 묵묵부답으로 일관하셨다. 예수님 안에는 이런 것이 하나도 없었는데 어떻게 그런 것들이 나올 수 있겠는가?(요 14:30 참조)

우리의 마음에도 그러한 것들 중 어느 것도 집을 짓지 않기 바란다.

빌라도는 군중을 초대하며 이렇게 외쳤다. "보라 이 사람이로다"(요 19:5) 그 초대는 여전히 수 세기가 지난 오늘까지 메아리치고 있다.

예수님의 가상칠언은 여러분을 이끌어줄 것이다

이사야 선지자는 그분의 백성을 위한 놀라운 조언을 하시는 예수님을 가리켜 기묘자, 모사(놀라우신 조언자)라고 불렀다. 여러분이 어려움을 당할 때 예수님에게 상담을 구한다면, 예수님은 기꺼이 당신이 고난을 통과하도록 인도해주실 것이다. 어떻게 인도해주시는가? 가상칠언으로 인도하실 것이다.

사실 어려움에 압도당하면 예수님과 함께 십자가에 못 박힌 것처럼 느낄 수도 있다. 나는 십자가의 서쪽에 달려있고 예수님은 동쪽에 달려있는 것 같다. 내 손에 박힌 못이 나무를 뚫고 들어가 반대편에 달린 예수님의 손까지 맞닿는 것 같다.

당신이 고난 중에 달려있을 때 십자가 반대편에서 말씀하시는 예수님의 말씀을 주의 깊게 들어야 한다. 최고의 상담자께서 당신을 고난 가운데 지금 코치하시며 어떻게 해야 할지 가르쳐주고 계신다.

당신이 시험을 통과할 때 예수님께서 일곱 가지의 조언을 주신다.

1. 용서하라

주의를 기울이면 "저들을 사하여 주옵소서 자기들이 하는 것을 알지 못함이니이다"(눅 23:34)라고 예수님께서 기도하시는 것을 들을 수 있을 것이다. 여러분을 위한 예수님의 첫 번째 조언은 '용서'이다. 당신에게 잘못한 모든 사람을 용서하라. 용서해야만 하나님이 '거절'이라는 상처로 빚어가시는 바로 그 사람이 될 수 있다.

용서하지 않으면 여러분의 시야가 막힌다. 그러면 당신의 비전이 흐려지고, 하나님께서 당신의 시련 속에서 무엇을 하고 계시는지 깨닫지 못하게 된다. 그렇게 역경 속에서도 계속해서 역사하시는 하나님의 활동을 볼 수 없다면, 그분의 사역에 동참할 용기를 잃게 된다.

사탄은 여러분이 자신에게 잘못한 사람에 대한 원한을 계속 품어 영적인 희생자가 되도록 한다. 반면, 예수님은 여러분이 먼저 자유롭게 용서하기 원하신다. 그것을 통해 여러분이 하나님의 손에 붙들리어 다른 사람들을 구원하는 강력한 무기가 되기를 원하신다. 용서는 문을 열어주는 손잡이 역할을 한다. 내가 통과하는 불 같은 시련도 완전한 용서를 통해 하나님의 목적에 참여하게 된다.

예수님의 조언을 받아들여 모든 쓴 뿌리, 악, 분개, 적개심, 노함, 미움을 버리라. 여러분의 중심에서 용서가 가장 먼저 나오게 하라.

2. 약속을 붙잡으라

예수님께서 죽어가는 강도에게 목소리 높여 말씀하셨기 때문에, 우리는 이것을 쉽게 들을 수 있다. "내가 진실로 네게 이르노니 오늘 네가 나와 함께 낙원에 있으리라"(눅 23:43) 여러분이 십자가에 달리는 듯한 어려움을 통과할 때 예수님의 두 번째 조언은 무엇인가? 약속을 붙잡으라는 것이다.

여러분이 그리스도와 함께 십자가에 못 박힐 때 그분은 여러분에게 약속을 주실 것이다. 예수님은 인간이 되신 약속 그 자체이시기 때문에 항상 우리에게 약속하신다. 약속은 예수님이시다(눅 24:49). 그렇기 때문에 예수님은 여러분에게 계속해서 약속하실 수밖에 없으시다.

여러분의 불타는 시험 속에서도 그분의 보배롭고 지극히 큰 약속보다 더 귀한 것은 없다(벧후 1:4). 예수님의 약속은 그분의 긍휼, 자비, 친절, 선함, 능력, 온유, 관대함과 같은 그분의 신성한 본성을 경험할 수 있는 통로이다.

약속을 증명하고(말 3:10) 변호하고 지키라. 약속은 불가능한 일을 버틸 수 있도록 여러분을 지극히 대담하게 만들 것이다. 하나님의 약속은 시한폭탄이나 시간을 조절하는 기적과 같다. 하나님의 약속은 멈출 수 없다. 왜냐하면 하나님의 말씀은 매이지 않기 때문이다(딤후 2:9).

3. 교회를 바라보라

요한과 예수님의 어머니에게 하신 예수님의 세 번째 말씀을 다시 한번 소개한다.

> 예수께서 자기의 어머니와 사랑하시는 제자가 곁에 서 있는 것을 보시고 자기 어머니
> 께 말씀하시되 여자여 보소서 아들이니이다 하시고 또 그 제자에게 이르시되 보라 네
> 어머니라 하신대 그 때부터 그 제자가 자기 집에 모시니라 (요한복음 19:26-27)

여기서 여자는 한편으로 교회를 말한다. 예수님의 세 번째 말씀을 통해서 두 가지 조언이 주어진다. 첫째로, 예수님은 교회에 "여자여 보소서 아들이니이다"라고 말씀하신다. 예수님은 교회에게 고난받는 동안 그분을 바라보라고 말씀하신다. "우리는 세계 곧 천사와 사람에게 구경거리가 되었노라"(고전 4:9) 예수님은 교회에게 똑바로 서서 그분을 바라보라고 하신다. 왜 그럴까? 교회에게 주어지는 책망은 여러분에게도 꼭 필요한 책망이기 때문이다. 교회는 여러분을 오해하고 당혹스럽게 바라볼 것이며, 여러분을 향한 내적 판단을 내릴 것이다. 이 모든 것은 여러분의 영적 성장에 필요하다.

둘째, 예수님께서 요한에게 하신 말씀은 여러분에게도 적용되는 말씀이다. "보라, 네 어머니라" 이 뜻은 교회를 바라보고 더 잘 알라고 말씀하신 것이다. 고통 때문에 돌아서는 것이 아니라 더 가까이 가는 것이다. 예수님은 여러분이 고통의 장소에서 교회를 바라보기 원하신다. 그러면 여러분은

전에 본 적이 없는 교회를 보게 될 것이며, 나중에 교회를 돕는 데 도움이
될 이해력을 갖게 될 것이다.

나사렛의 목수는 심장에 있는 들보를 깎아내실 수 있다.

4. 목적을 물으라

예수님께서 "나의 하나님, 나의 하나님, 어찌하여 나를 버리셨나이까?"(마
27:46)라고 기도하실 때 그분은 여러분에게 하나님의 목적을 찾으라고 가르
치셨다. "왜?"라고 여쭈라고 조언하신다. 어려운 질문을 하라고 하신다. 그
분의 선하심을 의심하는 것이 아니라 그분의 목적을 이해하기 위해 질문하
라고 하신다. 하나님은 그분께서 하시는 모든 일에 전략적인 목적을 갖고
계신다. 예수님은 만일 여러분이 역경 속에서 하나님과 동행하려면 먼저 그분
의 목적을 이해할 필요가 있다는 것을 아신다.

예레미야 선지자는 "왜?"라고 질문하며 이렇게 말했다. "나의 고통이 계
속하며 상처가 중하여 낫지 아니함은 어찌 됨이니이까"(렘 15:18) 그는 왜 자
신이 이 고통에서 벗어날 수 없는지 이해하고 싶었다. 하나님은 우리의 어
려운 질문을 피하지 않으신다. 하지만 여러분이 직접 그 질문을 하나님께
개인적으로 하기 원하신다. 여러분은 하나님께 거의 모든 질문을 직접 그분
앞에서 할 수 있다. 다만 하나님은 여러분이 다른 사람들에게 그 질문에 대
해 불평하는 것은 원하지 않으신다.

자신에게 이렇게 말하라. "아버지께 직접 가서 '왜?'라고 물어보라. 하나
님이 그분의 목적을 보여주실 것이다."

5. 하나님을 갈망하라

예수님의 다섯 번째 조언은 "내가 목마르다"(요 19:28)이다. 여러분이 그분

과 함께 십자가에 못 박혔을 때, 예수님은 여러분에게 하나님을 갈망하라고 말씀하신다. 당신의 모든 갈망으로 그분을 추구하고 의에 주리고 목마르면 여러분은 채워질 것이다. 그분을 사랑하고 갈망하고 열망하고 사슴이 시냇물을 찾기에 갈급함 같이 그분을 갈급하라(시 42:1).

우리는 앞서 예수님께서 "내가 목마르다!"라고 말씀하셨을 때 시편 69:21을 염두에 두셨을 것이라고 언급했다. 이와 함께 두 팔을 벌리셨을 때는 시편 143:6을 염두에 두셨을지 궁금하다. "주를 향하여 손을 펴고 내 영혼이 마른 땅 같이 주를 사모하나이다 (셀라)" 이 부분이 내게는 십자가의 노래처럼 들린다. 셀라를 보라. 시편에 나오는 셀라의 거의 모든 경우는 십자가를 가리키는 것이라 할 수 있다. 이제부터 시편에서 셀라를 볼 때마다 십자가를 생각하라. 그리고 그를 따라 하나님을 갈망하기 바란다.

6. 끝까지 견디라

마지막에 예수님은 "다 이루었다"고 말씀하셨다. 예수님은 여러분에게 마지막까지 견디라고 말씀하신다. 여러분의 시련이 끝이 없는 것처럼 느껴질 수 있지만, 분명 끝날 때가 있고 여러분이 예수님과 함께 "다 이루었다"고 말할 때가 올 것이다. 그분은 여러분 안에서 시작하신 착한 일을 이루실 것이다(빌 1:6).

하나님은 욥에게 목적과 결말을 가지고 시련을 주셨고, 여러분에게도 의도된 목적과 결말을 가지고 시련을 주신다(약 5:11). 주어진 영적 유산을 얻을 때까지 포기하지 않기를 바란다. 인내를 통해서만 그 유업을 얻을 수 있다. 사가랴는 시련이 끝날 때까지 견디고 난 후 예언하면서 결실을 얻었다(눅 1:67). 이와 같이 여러분도 불의 시험의 끝나면 예언할 준비를 하기 바란다.

고난의 강도는 사랑의 강도를 보여준다.

7. 맡기라

예수님의 마지막 조언에 귀 기울여 보라. "아버지 내 영혼을 아버지 손에 부탁하나이다"(눅 23:46) 예수님은 사랑하는 아버지의 손에 여러분 자신을 완전히 맡기라고 말씀하신다. 하나님 아버지는 여러분 안에서 역사하고 있는 깊은 죽음을 취하시고는 부활의 생명으로 변화시키실 것이다. 여러분은 자기의 생명을 잃을 것이지만 영원한 생명을 얻을 것이다.

예수님은 가상칠언 중 네 가지 말씀을 아버지께 직접 하셨다. 이것은 예수님이 고난 중에 계속해서 아버지를 보고 계셨다는 것을 보여준다. 우리의 기묘자요 모사이신 '놀라우신 조언자'는 여러분이 고통 속에서 누구를 봐야 하는지 가르쳐주고 계시다. 아버지께만 완전히 시선을 고정하라.

요약하면, 예수님은 당신이 그분과 함께 십자가에 못 박힌 동안 여러분에게 조언하신다. 용서하라. 약속을 붙잡고, 교회를 바라보고, 목적을 물어보고, 하나님을 갈망하고, 끝까지 견디고, 모든 것을 아버지께 맡기기 바란다.

'놀라우신 조언자' 예수님, 경주를 잘 완주할 수 있게 일곱 가지 방법을 가르쳐주셔서 감사합니다.

그룹 공부와 토의

1. 십자가의 친구란 무슨 뜻입니까?

2. 하나님 아버지가 십자가보다 더 열정적으로 생각하시는 것이 있을까요? '우리가 예수님의 피로 기도할 때, 하나님 아버지는 그날 일어난 모든 일을 되새기신다.'라는 저자의 전제에 대해 나누십시오. 그래서 예수님의 피가 그렇게 능력이 있는 것일까요?

3. 베드로후서 3:8에서 가리키는 십자가는 무엇입니까?

4. '고난 중에 나의 참모습이 나온다.' 이 말이 당신의 하나님과의 신앙 여정에서 참됩니까?

5. 이번에 예수님의 가상칠언에 관해서 공부하고 묵상한 것을 나누십시오.

6. 예수님이 십자가 위에서 약 다섯 시간 동안 침묵하신 것에 대해 나누십시오.

7. 예수님의 가상칠언 중 하나를 택해서 그것을 중심으로 기도하며 마무리하십시오.

chapter 10

우리의 대속자

예수님께서 십자가에서 행하신 일은 흔히 대속이라 불리는데, 우리를 대신하여 십자가에 매달리셨기 때문이다. 우리는 죄로 인해 죽었어야 마땅한데, 우리를 대신하여 예수님께서 죽으셨다.

우리가 스스로 해결할 수 없는 문제를 하나님께서는 십자가를 통해 하신다. 우리가 자신을 구속하지 못하기에 하나님께서 우리를 건지셨다. 직접 스스로 나서서 하셨다. 이 부분은 히브리서 1:3에 "죄를 정결하게 하는 일을 [스스로] 하시고"라고 강조된다.[6] 이 문제는 오직 그분만이 해결하실 수 있는 것이었다. 우리의 죄를 정결케 하는 것이나 구속하시는 일에 대해 우리가 도와드릴 수 있는 부분이 없다. 시작부터 끝까지 전부 예수님께서 하셨다.

우리가 할 수 있는 전부는 예수님을 십자가에 못 박는 것이었다. 나머지는 예수님께서 행하셨다.

바울은 "그리스도께서 우리를 위하여 죽으셨다"(롬 5:8)고 말한다. 여기서

---

6 한글 번역엔 나오지 않지만 영어 KJV, NKJV 번역에는 "when He had **by Himself** purged our sins"라고 나온다. "by Himself"라고 기록함으로써 예수님께서 직접, 스스로, 혼자서 우리 죄를 씻기셨다는 의미가 강조된다. – 번역자 주

'위하여'라는 단어에 주목하라. 예수님께서 우리의 대속자가 되시는 것을 설명하는 성경 구절에 등장하는 핵심 단어이다. 우리가 고난받았어야 할 자리에서 우리를 '위하여' 고난받으셨다.

예수님께서 우리를 위해 죽으셨을 때 갈보리는 모순의 언덕이 되었다. 생명의 주가 죽으셨다. 선이 패배했으며, 의가 죄로 바뀌었고, 어둠이 빛을 가렸다. 예수님께서 하나님께 버림받으셨고, 존귀한 분이 저주받으셨다. 하지만 하나님께서는 그분의 능력으로 모든 모순을 바로잡으셨다. 생명의 주가 죽으셨지만 그것을 통해 죽어있던 우리가 이제 생명을 얻게 되었다. 의가 죄로 바뀌었지만, 죄에 묶여있던 우리가 믿음을 통해 하나님의 의가 되었다. 예수님께서는 죄의 저주 아래 있던 우리가 영원히 존귀한 자들로 살아갈 수 있게 대신 저주를 받으셨다. 우리를 위해 행하신 일의 영광이 이보다 놀라울 수 없다. 그리스도의 대속은 우리의 가장 높은 찬양과 깊은 감사를 받기 합당하시다!

우리가 오랫동안 예수님을 죽이려 했고 결국 그렇게 했을 때, 그분의 죽음이 우리의 생명을 뜻한다는 것을 발견하고 놀랐다. 이런 사랑을 우리가 다 이해할 수 있겠는가?

이것은 신학자들이 말하는 '십자가의 대속'이다. 베드로전서 3:18은 매우 명확하게 대속을 설명한다. "그리스도께서도 단번에 죄를 위하여 죽으사 의인으로서 불의한 자를 대신하셨으니 이는 우리를 하나님 앞으로 인도하려 하심이라" 예수님께서 우리 대신 죽으셔서 우리가 죽지 않아도 되게 하신 것이다.

예수님께서 우리를 대신해 고난받으신 것을 살펴볼 때 복음의 가장 아름다운 진리를 들여다보게 된다. 예수님께서 우리를 위해 행하신 것은 설교, 찬양, 서적, 시, 기도 등에 큰 영감을 준다. 우리가 죽지 않도록 예수님께서 우리를 '위하여' 대신 고난받으신 것들이 무엇인지 살펴보자.

나는 예수님의 피를 흘리게 했지만, 예수님께서는 그 보혈로 나를 씻기셨다.

예수님의 대속 사역

- 율법의 저주를 대신 짊어지셨다

  모세의 율법(토라)은 순종하는 자에게는 많은 놀라운 축복을, 순종하지 않는 자에게는 많은 저주를 부었다. 그런데 율법의 복을 받기 원하는 자에게는 치명적인 조건이 하나 있었다. 모든 율법을 토씨 하나 틀리지 않고 완벽하게 지켜야 한다는 것이었다. 그중 하나라도 어기면 복은 받지 못하고 불순종하는 자에게 내려지는 저주를 받게 되었다. 그것은 성과주의였고 그 누구도 완벽하게 수행할 수 없었다. 그래서 율법은 우리에게 저주가 되었고, 누군가가 우리를 그 저주에서 건져주어야만 했다.

  이것은 오직 예수님만이 하실 수 있는 일이었다. 무엇보다, 예수님은 사람으로 이 땅에 오셔서 율법을 완벽하게 지키셨다. 그리고 죽으셨을 때 죄가 없으셨기 때문에 그분의 죄를 위해 죽지 않아도 되셨다. 그분은 흠 없는 어린 양으로서 율법의 저주 아래 있지 않으셨다. 그래서 우리의 저주를 대신 짊어지시고, 우리가 받아야 할 형벌을 대신 받으실 수 있었던 것이다. 그분은 우리가 존귀한 자가 될 수 있도록, 대신 저주가 되어주셨다.

그리스도께서 우리를 위하여 저주를 받은 바 되사 율법의 저주에서 우리를 속량하셨

으니 기록된 바 나무에 달린 자마다 저주 아래에 있는 자라 하였음이라 이는 그리스도

예수 안에서 아브라함의 복이 이방인에게 미치게 하고 또 우리로 하여금 믿음으로 말

미암아 성령의 약속을 받게 하려 함이라 (갈라디아서 3:13-14)

 예수님께서 대신 저주가 되셨기에, 우리는 하나님 앞에서 영원히 존귀한

자로 서 있을 수 있다. 우리의 저주를 가져가신 예수님, 감사합니다!

• 우리의 애통함과 슬픔을 대신 짊어지셨다

  이사야는 이렇게 기록했다. "그는 실로 우리의 질고를 지고 우리의 슬

  픔을 당하였거늘"(사 53:4) 우리는 애통함과 슬픔에 갇혀있는 대신에,

  예수님께서 주시는 위로와 기쁨을 누릴 수 있게 되었다.

• 우리의 나음을 위하여 채찍 맞으셨다

  십자가에서 행하신 역사를 믿으면 모든 질병과 아픔에서 고침을 받는

  다. 베드로는 이사야 53:5을 인용하면서 이렇게 기록했다. "친히 나무

  에 달려 그 몸으로 우리 죄를 담당하셨으니 이는 우리로 죄에 대하여

  죽고 의에 대하여 살게 하려 하심이라 그가 채찍에 맞음으로 너희는

  나음을 얻었나니"(벧전 2:24) 예수님께서는 우리가 고침을 받고 온전함

  을 얻을 수 있도록 모든 질병과 아픔을 짊어지셨다. 정말로 놀라운 복

  음이다!

• 우리 죄의 형벌을 대신 받으셨다

  우리가 십자가에 믿음을 두면 죄 사함을 받고 죄의 형벌을 받지 않게

된다. 이 진리는 너무나 놀랍기 때문에 이사야는 이사야 53장에서 이것을 6번이나 언급한다(5, 6, 8, 10, 11, 12절). 예를 들어 8절에서는 "그가 살아 있는 자들의 땅에서 끊어짐은 마땅히 형벌 받을 내 백성의 허물 때문이라"라고 말한다. 예수님의 십자가 못 박히심은 매우 끔찍했다. 이것은 우리가 지은 죄의 형벌이 얼마나 끔찍한 것인지 보여준다. 주님은 우리가 그 끔찍한 형벌을 감당하지 않아도 되도록 대신 짊어지셨다. 이 얼마나 자비로우신가!

어떤 사람들은 세상의 아픔과 고통에 대해 하나님을 탓하며 화를 낸다. 예수님께서는 이런 원망과 비난까지도 다 감당하셨다. 우리 자신이 초래한 아픔이나 고통마저도 다 감당하셨기에 더 이상의 고통과 아픔은 없다.

• 하나님의 분노를 대신 감당하셨다

요한은 하나님이 우리 죄를 속하기 위하여 화목 제물로 그 아들을 보내셨다고 말한다(요일 4:10). 여기서 화목 제물은 화해를 의미한다. 예수님은 죄를 향한 하나님의 분노가 다 부어지는 동안 그것을 감당하셨다. 어윈 루처(Erwin Lutzer)의 말을 빌리자면, "하나님의 공의는 탄창을 다 소진했고 더 이상 우리에게 퍼부을 화력이 없었다." 십자가는 하나님의 분노를 받아내는 피뢰침이었고, 우리는 더 이상 그 분노의 번개를 감당하지 않아도 된다.

• 우리 대신 정죄함을 받으셨다

정죄함을 받는다는 것은 무슨 뜻인가? 성경에 의하면 그것은 영원한 죽음과 지옥의 고통을 선고받는 것이다. 예수님께서 정죄 받으셔서 우리 대신 지옥에 가셨기 때문에, 우리는 결코 지옥에 가지 않아도 된다. 그렇기에 로마서 8:1에 이렇게 기록되어 있다. "그러므로 이제 그리스도 예수 안에 있는 자에게는 결코 정죄함이 없나니" 예수님께서는 죽음을 선고받으셔서 지옥으로 내려가셨고, 음부와 사망을 이기셨으며, 능력으로 부활하셨다. 우리가 결코 정죄함을 받지 않도록 대신하셨다. 예수님 사랑합니다!

• 우리의 외로움을 가져가셨다

예수님은 철저히 외롭게 죽으셨다. 그렇기에 우리가 예수님을 믿으면 그분과 영원히 함께 살 수 있다. 우리가 그분 안에 거하면 "내가 결코 너희를 버리지 아니하고 너희를 떠나지 아니하리라"(히 13:5)라고 말씀해주신다. 예수님이 함께하시기에 우리는 결코 혼자가 아니다.

• 우리 대신 죄를 짊어지셨다

우리는 그리스도를 믿어 죄에서 자유함을 얻고 하나님의 의가 되었다. 바울은 이렇게 말한다. "하나님이 죄를 알지도 못하신 이를 우리를 대신하여 죄로 삼으신 것은 우리로 하여금 그 안에서 하나님의 의가 되게 하려 하심이라"(고후 5:21) 우리가 모든 것을 얻을 수 있도록, 그분은 모든 것을 잃으셨다. 나의 더러웠던 마음이 얼마나 고결한 차원의 의로움으로 올라갔는지 바라보면 십자가의 위엄은 정말 크게 다가온다. 십자가를 믿는 우리의 믿음은 하나님께서 우리를 영광과 기쁨으로 보좌 앞에 흠 없이 서 있게 하시기 위해 필요한 자본이 된다(유 1:24).

갈보리는 하나님께서 마음이 움직이실 때만 죄를 용서할 수 있는 가능성을 열어두는 것이 아니다. 십자가는 그분의 이름을 부르며 회개하고 돌아오는 모든 죄인을 용서하실 것을 요구한다. 공의의 십자가는 우리가 죄 사함 받을 것을 요구한다. 다시 말해, 우리가 죄를 회개할 때 죄 사함이 거절당하는 것은 불가능하다. 우리는 모두 예수님의 이름을 부르며 나아가야 한다!

> 예수님은 우리가 십자가를 바라보며 우는 것을 원하지 않으셨다(눅 23:28).
> 그분은 우리가 십자가를 바라보며 믿기를 원하셨다.

예수님은 우리를 위해 인종차별을 당하셨다

예수님께서 십자가에서 우리를 위해 고난받으신 많은 부분을 생각할 때, 우리를 대신해 인종차별을 당하신 것을 기억한다.

이 글을 쓰는 시점에 미국은 인종 갈등이 고조된 상황이다. 예수님께서는 십자가에서 인종차별을 당하셨다. 우리가 인종차별의 올무에서 벗어날 수 있도록 대신 짊어지셨다. 예수님께서 어떻게 인종차별 당하셨는지 설명하겠다.

인종차별의 이슈는 십자가 주변을 둘러싸고 있었다. 아시아인들이 예수님을 체포했고, 유럽인들이 그분을 십자가에 못 박았으며, 아프리카인이 그분의 십자가를 메고 갔다. 아시아인들은 대부분 피부가 갈색이고, 유럽인들은 대부분 피부가 하얗고, 아프리카인들은 대부분 피부가 까맣다. 다양한 피부색과 다양한 인종이 골고다에 모였다. 그리스도의 머리 위에 붙은 죄패는 헬라어, 라틴어, 히브리어 이렇게 세 가지 언어로 적혀 있었다. 정말 국제적인 사건이었다.

로마 군인들이 시몬에게 예수님의 십자가를 대신 메고 가게 한 이유도 그의 피부색에 있지 않았나 싶다. 소수인종으로서 그는 군중 속에서 눈에 띄었을 것이다. 오늘만큼 그 당시도 인종차별은 있었을 것이다.

로마인은 특히 유대인을 증오했다. 유대인은 지독하게도 협조하지 않는 민족이었기에 빌라도는 예루살렘으로 임명받은 것을 싫어했다. 당시 로마 군인이 예루살렘으로 배치받으면 자신의 불운을 탓했다고 한다. 이로 인해 십자가는 건드리면 터질 듯한 인종차별과 증오의 조건이 되기에 매우 알맞았다.

로마 군인들은 마음대로 예수님을 괴롭힐 수 있는 권한이 생기자 그분께 온갖 인종 혐오를 퍼부었다. 그들의 행동은 선을 넘었다. 머리에 가시관을 씌우고, 갈대로 머리를 때려 가시가 깊이 박히게 했다. 자색 옷, 채찍으로 때리는 것, 가시관 등. 이 모든 것은 인종차별 때문에 더욱 심화되었다.

예수님은 이런 증오를 다 받아내셨다. "너희가 하는 그 어떤 행동도 나로 하여금 너희를 미워하게 할 수 없다. 너희가 하는 그 어떤 행동도 나를 화나게 하거나 복수심에 타오르게 할 수 없다. 너희가 나에게 무엇을 하든 나는 너희를 사랑한다."라고 말씀하시는 듯했다.

예수님은 우리를 위해 인종차별을 당하시고 그 값을 지불하셨다. 그리스도 안에서 우리는 증오의 지배에서 해방되어 그리스도의 무한하신 사랑 가운데 자유함을 얻었다.

십자가는 인종차별의 해답이다(뿐만 아니라 모든 사회악에 대한 해답이 된다). 왜 그럴까? 십자가는 자기 자신을 부인하는 사랑을 나타내기 때문이다. 십자가의 사랑은 육체를 신뢰하는 것을 죽이고, 피부색과 혈통과 상관없이 모두를 위해 생명을 내려놓는다.

십자가 앞에서는 모두가 평등하다. 십자가 앞에서 우리는 피부색과 상관없이 모두 구세주가 필요한 죄인이다. 우리가 회개하면 동일한 보혈로 씻김을 받고 한 가족으로 입양된다. 천지창조가 우리 모두를 육체적으로 한 혈통이 되게 하신 것처럼, 십자가는 우리 모두를 성령 안에서 한 혈통이 되게 한다.

앞서 6장과 7장에서 말했듯이, 그리스도의 사랑이 우리를 채우면 내 자신이 저주를 받아 그리스도에게서 끊어질지라도 나의 형제의 구원을 위하게 된다(롬 9:3 참조). 이 사랑은 정치 성향, 피부색, 성별, 경제적 특권과 상관이 없다. 십자가의 사랑은 우리로 하여금 서로를 사랑할 수 있게 하는 능력을 부어준다. 우리 자신보다 먼저 남을 위하고, 자기보다 남을 높여주고, 서로를 위해 생명을 내려놓게 한다(빌 2:3).

다른 인종, 언어, 피부색의 사람을 만날 때, 그들이 구원받을 수만 있다면 나 스스로가 저주를 받아 그리스도에게서 끊어지는 것마저도 감당할 수 있다는 마음이 드는가? 그렇다면 십자가의 사랑이 당신의 마음을 채우고 있다는 것이다.

이 사랑이 모든 마음을 채우길 소망한다. 예수님은 그분의 사랑이 모든 족속과 모든 마음을 채울 수 있도록 인종차별과 증오를 당하셨다. 한 번 더 강조하기 원한다. 십자가의 사랑은 인종차별의 해답이다.

> 십자가는 상상할 수 있는 가장 파격적인 가능성을 열었다.
> 하나님께서 경건하지 아니한 자를 의롭게 하셨다(롬 4:5).

얼마나 영광스러운 소식인가!

그리스도의 대속 사역을 바라보면 우리는 엎드려 경배할 수밖에 없다. 십자가는 가장 높은 찬양과 경배의 주제가 된다. 그리스도의 대속을 찬양하고 감사하는 찬송가들이 많이 있다. 내 아버지가 가장 즐겨 부르는 찬송가를 소개한다.

> 속죄하신 구세주를 내가 찬송하리라
> 내게 자유 주시려고 주가 고난 당했네
> 크신 사랑 찬양하리 나의 죄 사하려고
> 십자가에 죽임당한 나의 주 찬양하리[7]

그리스도의 대속에 대한 가장 아름다운 글은 존 스토트(John R. W. Stott)의 『그리스도의 십자가』(The Cross of Christ)[8]에서 찾아볼 수 있다.

십자가가 없다면 나는 나 자신이 하나님을 믿는다고 결코 말할 수 없을 것이다. 고통으로 가득 찬 세상에서 어떻게 그 고통으로부터 면제된 신(神)을 경배할 수 있을 것인가? 부처는 다리를 꼬고, 팔짱을 끼고, 눈을 감고, 입가에는 보일 듯 말 듯 한 미소를 머금고, 얼굴에는 희미한 표정을 짓고, 세상의 고뇌에서 동떨어져 있다. 그 대신에 나는 상상 속에서 십자가에 달리신 외롭고 일그러지고 고문당한 인물, 손과 발에는 못이 박히고, 등은 찢기고, 팔다리는 뒤틀리고, 이마에는 가시에 찔린 자국에서 피가 흐르고, 견딜 수 없이 목이 마른 채 하나님께 버림받아 어둠에 빠져 계시는 그 인물을 의지한다. 그분이 바로 나를 위한 하나님이시다! 그분은 고통으로부터 면제되는 것을 포기하셨다. 그분은 혈과 육과 눈물과 죽음으로 된 우리의 세계에 들어오셨다. 그분은 우리를 위해 고난받으셨다. 그리스도의 십자가는 이 세상에서 하나님의 정당성을 나타내

---

7 새찬송가 298장 〈속죄하신 구세주를〉
8 존 스토트 지음 | 『그리스도의 십자가』(The Cross of Christ) | 황영철, 정옥배 옮김 | 한국기독한국기독학생회출판부(IVP) | 2007년 2월 10일 출간

주는 유일한 수단이다.

그렇다. 우리가 그리스도의 대속과 죽음을 묵상하면 복음의 가장 영광스러운 진리를 바라보게 된다. 우리가 죽어야 할 자리에서 대신 고난받으신 놀라운 십자가이다.

우리는 이런 십자가의 역사를 높이 찬양하고 전하고 기뻐한다. 하지만 이 또한 우리가 전하는 복음의 절반일 뿐이다. 십자가에 대해 우리가 짚고 넘어가야 할 또 다른 면을 다음 장에서 함께 살펴보자.

우리는 유다의 사자를 통해 구원받아 어린 양과 혼인할 수 있게 되었다.

그룹 공부와 토의

1. 누가복음 22-24장을 읽고 십자가 사건에 대해 읽으면서 가장 와닿은 것을 함께 나누십시오.
2. '우리의 대속자로서 그리스도께서 우리를 위하여 죽으셨다.' 이 진리를 설명하는 성경 구절을 최소 3개 찾아보고 함께 나누십시오.
3. 우리를 위한 예수 그리스도의 대속적 죽음에 대한 찬양 가사나 시를 나누십시오.
4. 우리가 어떻게 십자가를 인종차별과 증오에 대한 해답으로 제시할 수 있을지 나누십시오.
5. 존 스토트의 인용구를 다시 읽어보고 이것이 당신에게 어떤 의미로 다가오는지 나누십시오.
6. 몸의 치유가 필요한 지체를 위해 함께 기도하며 마무리합니다. 베드로전서 2:24을 읽고 기도하십시오.

chapter 11

십자가의 두 가지 측면

십자가에는 두 가지 측면이 있다. 먼저는 앞 장에서 다룬 것과 같이 십자가는 대속의 성격이 있다. 여기에는 십자가에서 예수님이 무지한 고난을 겪으심으로 성도들이 이러한 형벌에서 면제되었다고 하는, '그리스도의 고난'이라는 가장 무시무시한 측면이 있다. 이것은 불신자에게 복음을 증거할 때나 초신자에게 기독교리를 가르칠 때, 치유, 축사, 보급의 기도 응답을 받을 수 있는 믿음을 갖도록 격려할 때 우리가 말하게 되는 측면이다.

십자가의 이 측면은 정말 놀랍도록 장엄하기에 말로는 그 영광과 부와 의미를 다 표현할 수가 없다. 우리를 대신하여 죽으신 하나님의 어린 양을 찬양하라! 그러나 대속만이 십자가의 유일한 메시지는 아니다. 십자가의 다른 의미, 나는 이것을 '십자가를 성도 자신의 것으로 보게 하는 속성'이라고 말한다. 여기서 우리는 십자가와 하나 되고 주의 고난에 동참하는 것이다. 바울은 "내가 그리스도와 함께 십자가에 못 박혔나니"(갈 2:20)라고 쓰고 그 방법을 보여준다. 그는 믿음의 올림픽 우승자요 코치로서, 자신과 동일한 믿음의 삶을 어떻게 성공적으로 살 것인가를 보여주고 있다.

십자가에서 이루신 대속 사역은 말할 수 없이 중요한 일이다. 예수님께서 무거운 짐을 다 지셨다. 이에 비하면 십자가를 지라는 주님의 초대는 쉽고 가벼운 것이다(마 11:30). 우리가 겪는 환난은 잠깐 가볍게 겪는 것이기에, 주와 함께 십자가를 지는 것은 아주 영광스러운 것이다(고후 4:17).

십자가의 대속적 의미와 참여를 베드로는 다음과 같이 훌륭하게 표현한다. "이를 위하여 너희가 부르심을 받았으니 그리스도도 너희를 위하여 고난을 받으사 너희에게 본을 끼쳐 그 자취를 따라오게 하려 하셨느니라"(벧전 2:21) 베드로는 예수님께서 우리를 위하여 대속의 고난을 받으신 것을 언급한 후, 성도들 또한 따라야 할 십자가의 길 즉 '주께서 보이신 길'을 언급한다.

이 짧은 문장을 통해 베드로는, 십자가가 대속적일 뿐 아니라 성도가 삶으로 따라야 할 것임을 보게 한다. 베드로는 다시 "그리스도께서 이미 육체의 고난을 받으셨으니 너희도 같은 마음으로 갑옷을 삼으라 이는 육체의 고난을 받은 자는 죄를 그쳤음이니"(벧전 4:1)라고 하며, 대속하신 주의 마음을 본받아 고난에 동참하라고 권한다.

십자가의 대속과 동참을 구분하지 못했던 이유는 표면적으로 그것이 상반되는 것처럼 보이기 때문이다. 정말로 역설적이다. 역설은 두 가지 진리가 표면적으로 상충되는 것 같지만 결국은 이들이 만나 진리를 더욱 폭넓게 이해할 수 있게 한다. 모순을 느끼며 우리는 질문한다. "십자가는 고통에서 우리를 건집니까, 아니면 고통으로 인도합니까?" 역설적으로 그 대답은 모두 "그렇다"이다.

죄로 고통받는 자를 위하여 주께서 대속하시고 구원하셨다. 동시에 이 세상이라는 전쟁 지역에 사는 성도들은 주와 함께 고난받는 특권을 누리게 된다.

복음은 역설로 가득하다. 고린도서에서 바울은 많은 역설을 경험하며 적는다. 즉 죽음과 생명, 십자가의 죽음과 부활에 대하여 많은 개인적인 경험을 한 것이다. 기독교인이라면 일상생활에서 십자가의 죽음을 경험해야 할까, 부활의 능력을 기대해야 할까? 바울은 역설적으로 성도들이 이러한 것을 일상에서 경험할 수 있다고 말한다.

바울은 또 "나는 날마다 죽는다"고 말하고(고전 15:31), "예수 안에서 약하나 너희에게 대하여 하나님의 능력으로 그와 함께 산다"고 말한다(고후 13:4).

죽음과 부활이 바울에게는 정상적이고 일상적인 경험인 듯하다. "우리가 항상 예수의 죽음을 몸에 짊어짐은 예수의 생명이 또한 우리 몸에 나타나게 하려 함이라"(고후 4:10)

그는 항상 죽고 항상 살고 있다. 이 얼마나 역설적인가! 역설적으로 보일지라도 믿음으로 살다 보면 대속을 믿는 것과 십자가를 지는 일을 동시에 하게 된다.

> 역경에 파묻혀 있는가?
> 예수님은 너무나 잘 이해하시고 부활의 필요도 느끼신다.

십자가의 원수

예수님의 제자 중 누구라도 자신을 십자가의 원수로 생각할 사람은 없을 것이다. 그러나 바울은 십자가의 원수가 많다고 말한다.

내가 여러 번 너희에게 말하였거니와 이제도 눈물을 흘리며 말하노니 여러 사람들이 그리스도의 십자가의 원수로 행하느니라 그들의 마침은 멸망이요 그들의 신은 배요 그 영광은 그들의 부끄러움에 있고 땅의 일을 생각하는 자라 (빌립보서 3:18-19)

바울이 자주 '십자가의 원수'에 대해 언급했던 것으로 보아 사도의 가르침에 중요한 사항으로 보인다. 그리스도의 발자취를 따르지 않는 십자가의 원수가 많다고 말한다.

모든 성도는 십자가의 대속 때문에 원수 되는 일은 없다. 주께서 십자가의 고통을 당하셨기에, 우리는 고통을 당할 필요가 없다. 그분이 채찍에 맞으심으로 우리가 나음을 얻었고, 그분이 하나님의 진노를 받으심으로 우리는 화평을 누린다.

그렇다면 누가 십자가의 원수인가? 십자가가 우리에게 주와 함께 고난을 받으라고 하는데 이에 동참치 않는 사람들이 원수이다. 오해하지 말라. 나도 다른 사람들처럼 고난을 원하지 않는다. 심지어 예수님도 고난을 원하지 않으셨다. 육체를 가진 사람은 고난받는 것을 좋아하지 않는다. 그러나 우리가 그리스도의 고난에 동참하는 데에서 물러날 때, 십자가의 원수가 된다. 십자가의 원수는 파멸로 끝나게 된다. 이 문제는 영생이 걸린 중대한 문제이다. 바울은 위의 빌립보서 3:18-19 말씀과 함께 자신의 삶을 나눈다.

내가 그리스도와 그 부활의 권능과 그 고난에 참여함을 알고자 하여 그의 죽으심을 본받아 어떻게 해서든지 죽은 자 가운데서 부활에 이르려 하노니 (빌립보서 3:10-11)

십자가의 원수는 믿는다고 하지만 실지로는 믿지 않는 사람들이다. 이들은 십자가가 예수님이 보이신 최고의 길이라는 것을 알지만, 자신의 것으로는 받아들이지 않는다. 십자가를 자신의 유익을 위한 것이라고는 생각하나, 그 고난에는 참여하지 않는다. 주 예수님의 부활의 권능은 알기를 갈망하지만, 그 고난에 참여함을 알려고 하지 않는다. 이들의 마침은 멸망이다(빌 3:19).

십자가는 타협되지 않는 절대적인 진리와 흘러넘쳐서
마중 나오는 인애를 만나게 했다(시 85:10).

바라바는 십자가의 원수이다

가끔 나는 믿는 사람들이 예수보다 바라바를 더 닮지 않았나 하는 생각을 한다. 그는 주님의 십자가로 말미암아 십자가형을 면하자 신나게 자유를 찾는다. 막힘 없는 자유를 얻은 바라바와 하나님의 뜻에 따라 십자가에 못 박혀 창백한 예수. 나는 못 박히지 않은 바라바와 더 비슷하지는 않은가?

바울은 그저 자유를 찾아 기뻐하는 바라바와 닮는 것을 원하지 않았다. 그는 죽으신 예수를 닮기 원했다. "내가 그리스도와 그 부활의 권능과 그 고난에 참여함을 알고자 하여 그의 죽으심을 본받아 어떻게 해서든지 죽은 자 가운데서 부활에 이르려 하노니"(빌 3:10-11) 주께서 마지막 숨을 쉬고 계실 때 십자가에서 고통으로 뭉개진 그분의 몸을 상상해 보라. 바울은 자신의 삶이 예수님의 죽음을 본받기 원한다고 말했다. 왜 그럴까? 어떻게 해서든지 죽은 자 가운데서 부활에 이르려 했기 때문이다. 바울은 그러한 주님을 따라갈 때 주와 함께 부활을 누릴 것을 확신했다(롬 6:5).

가끔 나는 나의 삶을 거울로 비추어보며 묻는다. '너는 누구를 더 닮기 원하는가? 자유를 얻은 바라바인가, 못 박히신 예수님인가?'

우리는 십자가 형벌에서 풀려난 바라바들이나 다름없다. 우리의 육신이 십자가의 원수로 행하기 때문이다. 그리고 고린도서의 이 말씀을 인용하여 "모든 것이 내게 가하니"(고전 6:12)라고 말하기를 좋아한다. 육신은 십자가에서 주신 자유로 무엇이나 할 수 있다고 기뻐한다.

그러나 십자가의 친구들은 다르게 반응한다. 그리스도 예수의 사람들은 육체와 함께 그 정욕과 탐심을 십자가에 못 박았다(갈 5:24). 십자가의 친구들은 십자가로 말미암아 죄에서 자유함을 누릴 뿐 아니라 그 못 박힘의 속박에 순응한다. 바울이 눈물을 흘리며 십자가의 원수에 대해 슬퍼한 이유는 그들이 축복을 놓치는 것을 안타까워함이었다.

- 십자가의 원수는 예수님과 고통으로 결속되지 못한다.

  성도는 주님과 함께 십자가를 질 때 그리스도와 깊은 친밀함을 누린다. 십자가에 동참할 때 주님을 더 깊이 알게 된다. 같은 고난을 받으면서 형제애, 친밀감, 우정, 상호 이해를 얻게 된다. 반면에 십자가를 거절하는 원수는 이러한 은혜를 입지 못한다.

- 십자가의 원수는 삶을 영원한 관점에서 보지 못한다.

  사도 바울은 십자가의 원수를 이렇게 설명한다. "그들의 마침은 멸망이요 그들의 신은 배요 그 영광은 그들의 부끄러움에 있고 땅의 일을 생각하는 자라"(빌 3:19) 즉 그들은 영생을 살지 못하고 순간을 살아간다. 지금 여기서 잠정적인 보상을 얻고 부러움의 대상이 된다. 이에 반하여 영원한 보상을 추구하는 사람들은 그것이 현재 보이지 않고 경험할 수 없는 것일지라도 그것을 영원히 소유한다. 잠깐의 십자가 고통을 통하여 영원한 영광을 기대한다. "우리가 잠시 받는 환난의 경한 것이 지극히 크고 영원한 영광의 중한 것을 우리에게 이루게 함이니"(고후 4:17)

십자가의 원수 된 사람들은 영원한 관점에서 불 같은 시험을 이해하지 못한다.

- 십자가의 원수는 영적 유산을 받지 못한다.

예수님께서 십자가를 지심으로 인해 하나님의 유업이 주어졌다. "그러므로 내가 그에게 존귀한 자와 함께 몫을 받게 하며 강한 자와 함께 탈취한 것을 나누게 하리니 이는 그가 자기 영혼을 버려 사망에 이르게 하며 범죄자 중 하나로 헤아림을 받았음이니라"(사 53:12)

예수님께서 십자가를 통해 큰 기업을 얻으신 것처럼, 우리에게도 동일한 일이 있을 것이다. 그러나 십자가의 원수 된 자들은 하나님 아버지께서 준비하신 영적 기업을 받을 수 없다.

- 십자가의 원수 된 자들은 부활이 없다.

바울은 그들의 마침이 멸망이라고 말했다(빌 3:19). 십자가를 통과하지 않으면 부활이 없다. 바울은 십자가의 원수가 겪는 이런 엄청난 상실에 대하여 쓰며 눈물을 흘렸던 것이다.

주님, 나로 하여금 주의 십자가의 친구가 되게 하소서!

손에 못이 박히면 당신은 세상의 어떤 것도 잡을 수 없다.

복음의 불쾌한 진실

십자가의 고난에 동참할 것을 고려할 때, 보통은 누구나 육신이 거절하는 것을 느낀다. 복음을 깊이 받아들이는 것은 어렵다. 다시 말하지만, 누구나 고난받기를 좋아하지 않는다.

모든 복음의 진리가 달콤하지만은 않다. 대개는 기쁘고 흥분되지만, 어떤 것은 받아들이기에 쓰고 어렵다. 대속해주신 진리는 기쁜 일이지만, 십자가에 동참하라는 말씀은 어렵다. 우리 복음전파자는 부르심에 충실하여, 청중이 좋아하든 그렇지 않든 상관없이 십자가의 대속과 동참을 다 알려야 한다.

유월절 어린 양을 설명할 때 유쾌치 않은 복음의 진리를 말하게 된다. 유월절 때는 양을 불에 구워 내장까지 모두 먹으라고 하셨다(출 12:8-10). 양의 어떤 부위는 맛이 있고 어떤 부위는 역한 냄새가 나지만 모두 먹어야 한다. 복음 또한 순종하기에 즐거운 부분과 어려운 부분이 있으나 모두 감당해야 한다. 바울은 에베소 장로들과 헤어지면서, 그들 중에서도 제자들을 끌어 자기를 따르게 하려고 어그러진 말을 하는 사람들이 일어날 줄을 안다고 하였다(행 20:30). 자기를 따르는 무리가 많아지기를 원하는 사람들은 사람들이 힘들어 떠나게 하는 어려운 복음 진리를 지나치게 된다. 예수님은 돈 한 푼 없이 옷 벗기어 순교를 당하셨다. 제자들 또한 그 길을 따랐다. 그러한 삶이 육신에는 거부감을 준다.

제자의 도가 거부감을 주는 다른 예는, 금식이다. 예수님도 그분의 제자들도 금식했다(막 2:20). 십자가의 원수는 배를 자기 신으로 삼았기 때문에 금식을 원하지 않는다(빌 3:19). 세상은 다 먹으라고 했지만, 제자들은 이 땅에서 예수님의 목적에 온전히 헌신하고 싶어 금식한다. 금식은 어려운 것이지만 많은 열매라는 달콤한 보답을 준다.

고난이라면 사람들은 병적이나 불쾌한 상황을 생각하지만, 고난의 결말은 항상 부활 즉 강력하고 힘을 주고 살리는 참 생명이다! 십자가의 두 가지 측면을 잘 조절해야 하는 작가들, 음악가들, 설교자들은 보통 십자가의 대속만을 강조하곤 한다. 이들이 간과하고 있는 것들을 찾아내어 십자가의 두 측면을 보충할 필요가 있다.

독자들이여! 앞으로 이어질 네 장을 통해 십자가를 지는 삶을 알아볼 때까지 계속해서 읽기를 바란다.

> 예수님은 돈 한 푼 없이 옷 벗기어 순교를 당하셨다!
> 당신은 정말 그분을 따르기 원하는가?

그룹 공부와 토의

1. 십자가의 대속과 십자가를 지는 삶의 차이를 당신의 말로 어떻게 정의하겠습니까? 이것을 구분함으로 얻은 유익은 무엇입니까?

2. 예수님의 대속을 통하여 죄값을 면제받게 된 우리가 그분의 고난에 동참하여 십자가를 지는 삶을 살아야 한다는 역설에 대해 논의하십시오. 이 역설을 통하여 어떻게 십자가를 더 깊이 이해하게 되었습니까?

3. 어떤 방법으로 예수님의 죽음과 부활을 동일한 시기에 경험하게 되었습니까?

4. 십자가의 원수가 되지 않으려면 어떻게 해야 합니까?

5. 이번 장에서 어떤 말이 인상에 남습니까?

6. 복음의 피하고 싶은 진리에는 어떤 것이 있습니까?

7. 베드로전서 2:21로 서로를 위해 기도하며 마무리하십시오.

chapter 12
함께하는 고난

예수님께서는 우리에게 십자가를 지고 그분을 따르도록 초대하셨다. 우리는 그 초대에 기꺼이 응하길 원한다. 사랑하는 사람들은 힘든 일이라도 모든 것을 함께하기를 원하기 때문이다. 예수님께서 우리 대신 고난받으셨기에 우리는 그 고난을 겪지 않아도 된다. 벅찬 감사와 사랑을 담아 우리는 그분과 이 여정을 함께 걸어가고 싶어 한다. 동행하는 삶을 쌓아가면서 우리의 삶은 사랑의 모험이 되어간다.

이미 언급한 것처럼, 함께하는 고난은 특별한 충성과 동지애의 결속을 만들어낸다. 이것은 많은 영화에서 친근한 주제이기도 하다. 예를 들어 〈웨이백〉(The Way Back, 2010), 〈로빈 훗〉(Robin Hood Prince of Thieves), 〈쇼생크 탈출〉(Shawshank Redemption)과 같은 영화 말이다. 적은 무리가 함께 겪는 어려움을 통해 특별한 동지애를 형성하는 이야기이다. 이와 같이 우리도 그리스도와 함께 고난을 받으면 그분과 특별한 관계를 맺게 된다.

이런 모형을 내 결혼생활에서도 볼 수 있다. 결혼 11년 만에 내게 닥친 심각한 성대 손상은 우리 가정을 뒤흔들었다. 아내는 내가 처해있는 수렁에 뛰어들었고, 우린 그 누구도 알 수 없는 여정을 함께해 왔다. 내 인생에서 그 누구도 아내를 대신할 수 없다. 함께 나눈 고난의 역사는 우리에게 대체 불가한 유대를 선물했다.

그리스도와 그의 신부에게도 동일한 일이 일어난다. 그분의 고난에 동참하고 그분의 뜻을 함께 이루어나갈 때 그 어느 피조물도 (천사든 그룹이든 세랍이든) 나눌 수 없는 동지애를 형성하게 된다. 이런 피조물은 우리가 예수님과 함께하는 사랑의 여정을 호기심이 찬 시선으로 바라본다.

2천 년 동안 교회는 그리스도와 함께 고난을 받아왔다. 핍박이 심했던 초대교회 시절 교회 지도자들은 그리스도를 위해 죽을 수 있겠느냐는 질문을 받았다. 그들의 헌신의 맹세는 이러했다. "내가 마시는 잔을 네가 마실 수 있겠느냐? 내가 받는 세례를 너희도 받을 수 있겠느냐?" "네 그렇습니다. 저는 우리의 중보자가 되시는 주님과 거룩한 공회가 받은 채찍질, 투옥, 고문, 핍박, 십자가, 매질, 환난과 모든 시험을 기꺼이 받겠습니다." 그리스도를 위해 고난받는 것은 당연한 것이었다.

동일하게 존 웨슬리(John Wesley)도 급성장하는 그의 사역에 동참하는 목사들에게 이렇게 말했다. "항상 기도할 준비가 되어있어야 합니다. 언제든지 복음을 전할 준비가 되어있어야 합니다. 언제든지 죽을 준비가 되어있어야 합니다."

그리스도와 함께 고난받으면 그분의 잔을 이미 마신 구름 같이 허다한 증인들의 무리에 참여하게 된다. 삶 가운데 증거된 하나님의 신실하심과 은혜에 대한 놀라운 이야기를 전할 수 있게 된다.

자신의 큰 어려움을 앞두고 어떤 사람이 하나님께 감사할 수 있을까?(눅 22:19)

십자가를 통해 말씀을 읽는 법

나의 말씀 묵상은 이런 식으로 하며 달콤해졌다. 내가 읽고 있는 말씀을 십자가 위에 겹쳐놓고 선명하게 새기는 모습을 상상한다. 그런 그림을 떠올리며 다시 묵상한다. 그 말씀이 십자가에 대한 새로운 계시를 주기도 한다. 예를 들면 히브리서 1:5에서 "나는 그에게 아버지가 되고 그는 내게 아들이 되리라"라는 말씀을 생각해 보자.

십자가에 겹쳐놓고 이 말씀을 묵상할 때 하나님께서 골고다에서 예수님을 아들로 낳으신 것을 본다. 또한 예수님께서 진정한 아들이 되신 것을 본다. 하나님께서 그분의 아들들을 어떻게 낳으시는가? 대답은 십자가에서 찾을 수 있다. 위대한 죽음을 통과하게 하시고, 그것을 통해 위대한 부활로 일으키신다. 예수님을 그렇게 다루셨으며, 모든 자녀들에게도 동일하게 행하실 것이다.

이런 방식으로 하나님 아버지께서 당신을 아들로 삼으실 때, 모두가 당신을 쳐다보며 수군거릴 것이다. 그러다 적절한 때에 아버지께서 당신을 일으켜 세우시고, 영광과 존귀의 면류관을 씌워주실 것이다. 비웃는 자들 앞에서 당신의 명예를 회복시켜 주신다. 예수님도 이런 방식으로 다루셨고, 당신에게도 그렇게 하실 것이다.

하나님께선 당신의 신실한 아버지이시다. 고난을 맞이하게 될 때 진정한 아들딸의 모습으로 통과하길 바란다.

> 고통스러운 십자가에 못 박힘을 경험하지 않고서야
> 어떻게 놀라운 부활을 체험할 수 있겠는가!

참소하는 자는 당신의 아버지를 증오한다

참소하는 자는 아바 아버지가 우리를 숨 막히게 통제하는 폭군이라고 말한다. 예수님께서 40일 동안 광야에 계실 때 마귀는 대놓고 하지는 않았지만 은연중에 아버지를 그런 모습으로 묘사했다. "네 아버지는 네가 십자가를 지면 온 세상을 주겠다고 하셨지? 나는 더 좋은 제안을 하지. 나를 경배하면 그 모든 것을 지금 이곳에서 바로 네게 다 넘겨주겠다. 내가 딱 하나 요구하는 것은, 네가 나를 경배하는 것이다. 네 아버지는 그것만으로는 만족하시지 못하지만, 나는 그거면 충분해. 네가 승낙만 한다면 네 아바 아버지보다 더 나은 아비가 되어주겠다. 나를 경배하라. 그럼 짜잔! 지금 당장 이 모든 것이 네 소유가 될 것이다."

여기에 대한 예수님의 응답은 간단했다. "나는 내 하늘의 아버지와 함께할 것이다. 아버지의 방식대로 십자가의 길을 걸을 것이다. 아버지의 인도하심이 온전하다는 것을 안다."

사탄의 지혜는 "네 삶을 내려놓으면, 네 삶을 잃을 것이다."라고 말한다.

아버지의 지혜는 "네 삶을 내려놓으면, 생명을 얻을 것이다."라고 말한다.

불신자들은 십자가에서의 아버지의 양육방식을 보며 전무후무한 자녀 학대라고 말한다. 나는 그들에게 이렇게 말해주고 싶다. "만일 예수님의 삶이 십자가로 끝났다면 그것을 자녀 학대라고 볼 수 있겠다. 하지만 십자가는 예수님의 이야기의 한 장일 뿐이다. 그리스도를 죽은 자 가운데서 살리시고 모든 이름 위에 뛰어난 이름을 주심으로, 아버지는 그분의 인자하심을 나타내셨다." 그렇다. 아버지는 아들들이 십자가의 길을 걷게 하시지만, 그들을 다시 살리신다.

십자가는 절대로 당신 삶의 마지막 장이 아니다!

우리는 십자가를 도서관에 앉아 학문적인 지식으로 배우지 않는다. 삶의 경험으로 깨달아 알게 된다. 하나님께서는 십자가에 대한 계시를 우리에게 한순간에 휙 던져놓고 가시지 않는다. 우리 안에 십자가에 대한 계시를 점진적으로 일궈내신다. 우리는 삶의 경험을 통하여 십자가의 고난을 동일시하게 된다.

어느 분량까지만

우리는 십자가를 어느 분량까지만 경험한다. 이 말을 이해하기 위해 베드로전서 4:13을 살펴보자. "그만큼 여러분은 그리스도의 고난에 동참하는 것이니, 기뻐하십시오. 그러면 그의 영광이 나타날 때에 여러분은 또한 기뻐 뛰며 즐거워하게 될 것입니다."(새번역) 여기서 '그만큼'이라는 단어를 주시하라. 그리스도와 함께 고난받을 때 우리는 그분의 고난의 특정 분량만큼만 참여하게 된다.

그 누구도 그리스도의 십자가에 100% 동참할 수는 없을 것이다. 우리는 그런 무게를 짊어지기에 턱없이 부족하다. 우리는 한계선이 분명한 특정 분량만큼 그리스도의 고난에 참여하게 된다.

우리가 불 같은 시험을 통과할 때 그리스도의 고난의 어느 정도까지만 동참하게 된다. 예를 들자면, 주님께서 우리를 이런 관점으로 보실 것으로 생각된다. 우리가 겪는 어려움의 10~20%(수치가 그렇게 중요하지는 않다)는 그리스도의 고난에 참여하는 것일 것이다. 다른 80~90%는 내 실수, 죄, 남의 죄, 우연적으로 벌어진 일에서 기인한다. 하지만 우리가 그리스도의 고난에 참여하는 정도가 얼마이든 간에 베드로는 우리에게 기뻐하라고 권면한다. "그러면 그의 영광이 나타날 때에 여러분은 또한 기뻐 뛰며 즐거워하게 될 것입니다"(벧전 4:13)

우리가 겪는 어려움 속에서 어느 분량만큼이 그리스도의 고난에 참여하고 있는 것인지 알 방법이 있을까? 베드로전서 4장을 이어서 읽어보면 답이 나온다. "그러므로 하나님의 뜻대로 고난을 받는 자들은 또한 선을 행하는 가운데에 그 영혼을 미쁘신 창조주께 의탁할지어다"(벧전 4:19) 우리가 하나님의 뜻대로 고난을 받을 때 그리스도의 고난에 동참하게 된다.

하나님의 뜻대로 고난받을 준비가 되어있는가? 다른 말로, 당신이 이 어려움을 겪는 것이 하나님의 뜻인가? 그렇다면 기뻐하라. 어느 분량만큼은 그리스도의 십자가의 고난에 참여하고 있는 것이다. 이것이 십자가의 동일시하는 본질이다.

> 바울은 육체에 가시를 지녔지만(고후 12:7), 예수님께서는 육체에 많은 가시를 지니셨다. 우리의 고난은 예수님의 고난의 지극히 일부분일 뿐이다.

참는 것과 품는 것

그리스도의 고난에 참여하는 것에 대해 '십자가를 품으라'는 말을 들어보았을 것이다. 오늘날 교회 내 가르침과 형성된 분위기가 그렇다. 이런 표현을 사용한다. '깨어짐의 자리를 기꺼이 받아들이라. 훈계를 사모하라. 불 같은 시험을 기꺼이 끌어안으라.'

사람들이 내게 그렇게 조언했을 때 나는 그걸 어떻게 소화해야 할지 몰랐다. 내게는 질병으로부터 고침을 받는다는 약속의 말씀이 있었기 때문이다. 질병으로부터 고침을 받을 것이라는 믿음의 싸움을 싸우면서 어떻게 질병을 품고 받아들이라는 것일까?

이 갈등은 수년 동안 내 영혼을 괴롭혔다. 그러다가 히브리서의 두 구절을 통하여 주님께서 내게 답을 주셨다. 첫 번째 구절은 히브리서 12장에 나온다.

믿음의 주요 또 온전하게 하시는 이인 예수를 바라보자 그는 그 앞에 있는 기쁨을 위하여 십자가를 참으사 부끄러움을 개의치 아니하시더니 하나님 보좌 우편에 앉으셨느니라 (히브리서 12:2)

예수님께서 십자가를 품으셨다고 나오지 않고, 십자가를 참으셨다고 나온다. 십자가에 매달려 손에 못이 박혀있는 상태로 어떻게 십자가를 품을 수 있겠는가? 갈보리로 올라가시면서 십자가를 품으셨다고 표현할 수는 있겠다. 하지만 십자가에 못 박힘에 있어서는 그 나무를 품지 않으셨고, 나무에 달리셨다.

두 번째 구절은 이와 같다.

이 사람들은 다 믿음을 따라 죽었으며 약속을 받지 못하였으되 그것들을 멀리서 보고 환영하며 또 땅에서는 외국인과 나그네임을 증언하였으니 (히브리서 11:13)

이 구절은 믿음의 선진들이 약속을 환영했다고 말한다. 이것은 약속을 품속에 꼭 끌어안고 절대로 떠나보내지 않는 것을 말한다. 하나님께서 당신에게 소중한 약속을 주실 때 그것을 절대로 놓치지 말라. 약속은 환영하고 십자가는 참는 것이다.

이 두 구절을 함께 놓고 보았을 때 주님께서 내게 주신 지혜는 바로 이것이다. 훈계는 인내하며 참고, 약속은 환영하여 끌어안으라.

우리에겐 십자가가 있다. 성경이 있다. 우리 가운데 왕이 계신다.
이것으로 족하다.

시편 91편

시편 91편에서는 십자가의 동일시하는 본질이 아름답게 묘사된다.

아브라함에게 주신 하나님의 약속은 먼저는 아브라함이 아닌 예수님에게 주어진 것이다. 갈라디아서 3:16에서 바울은 이렇게 말한다. "이 약속들은 아브라함과 그 자손에게 말씀하신 것인데 여럿을 가리켜 그 자손들이라 하지 아니하시고 오직 한 사람을 가리켜 네 자손이라 하셨으니 곧 그리스도라" 하나님께서 아브라함에게 약속하셨을 때 그분께서는 아브라함의 후손이신 예수님을 염두에 두셨다. 사실 구약의 모든 약속은 무엇보다 예수님을 위한 것이다.

그렇기 때문에 시편 91편의 약속을 살펴볼 때 우리는 이것이 무엇보다 그리스도에게 주어진 것이라는 관점으로 바라보아야 한다. 즉 시편 91:11-12의 말씀은 먼저 예수님께 주어진 약속이다.

그가 너를 위하여 그의 천사들을 명령하사 네 모든 길에서 너를 지키게 하심이라 그들이 그들의 손으로 너를 붙들어 발이 돌에 부딪히지 아니하게 하리로다 사탄이 광야의 시험 중에 이 구절을 인용하며, 이 말씀이 예수님께 약속된 것이라 암시한 것은 분명 틀리지 않았다(마 4:6). 하지만 사탄은 자기 편의대로 다음 구절은 인용하지 않았다! "네가 사자와 독사를 밟으며 젊은 사자와 뱀을 발로 누르리로다"(시 91:13) 왜 사탄은 약속의 말씀 중 그 부분 또한 예수님께 상기시키지 않았을까? 사탄은 자기 입맛대로 성경 구절을 골라서 사용하는 '악마의 편집'에 능통한 것 같다.

여기서 특히 강조하고 싶은 시편 91편의 말씀은 아래와 같다.

> 하나님이 이르시되 그가 나를 사랑한즉 내가 그를 건지리라 그가 내 이름을 안즉 내가
> 그를 높이리라 그가 내게 간구하리니 내가 그에게 응답하리라 그들이 환난 당할 때에
> 내가 그와 함께 하여 그를 건지고 영화롭게 하리라 내가 그를 장수하게 함으로 그를
> 만족하게 하며 나의 구원을 그에게 보이리라 하시도다 (시편 91:14-16)

이 본문은 하나님 아버지께서 십자가에 매달려 계신 예수님에 대하여 예언하신 말씀이다. 육으로는 그런 관점으로 이 말씀이 해석되지 않는다. 육신의 생각으로는 십자가에서 이런 약속의 말씀이 성취된 것이 보이지 않는다. 표면적으로 이 말씀이 십자가에서 성취된 것처럼 보이지 않는 부분들은 이러하다.

1. "내가 그를 건지리라": 예수님께서는 십자가의 죽음에서 건짐을 받지 않으셨다.
2. "내가 그에게 응답하리라": 예수님께서 십자가에 매달려 계시는 동안 아버지께서 그분에게 응답하셨다는 기록이 없다.
3. "환난 당할 때에 내가 그와 함께 하여": 함께 하시는 게 아니라 오히려

아버지는 아들을 버리셨다.

4. "내가 그를 장수하게 함으로 그를 만족하게 하며": 예수님은 33세로 삶을 마감하셨다.

하지만 십자가와 부활이 하나로 묶여있는 어마어마한 사건이라는 것을 깨달을 때, 시편 91:14-16 말씀이 십자가에 적용되는 것을 보게 된다. 내가 보는 약속의 말씀의 성취는 이러하다.

1. "내가 그를 건지리라": 예수님께서 십자가의 죽음에서 건지심을 받지 않은 것은 사실이다. 하지만 그것은 아버지께서 그분을 보다 더 큰 것에서 건지기 원하셨기 때문이다. 아버지의 눈에는 십자가에서 건지시는 것은 너무나 사소한 것이었다. 아버지는 그분의 사랑하는 아들을 향해 더 위대한 계획을 가지고 계셨다. 그분의 아들을 죽음, 음부와 무덤에서 건지기 원하셨다.

2. "내가 그에게 응답하리라": 예수님께서 십자가에 매달려 계시는 동안 아버지께서 그에게 응답하지 않으셨다. 하지만 그것은 예수님께서 더 낮은 곳으로 내려가시지 않았기 때문이다. 아버지는 예수님께서 음부까지 내려가기를 기다리셨고, 그곳에서 아들에게 응답하셨다(시 22:21). 아들을 음부에서 건지심으로 응답하셨다.

3. "환난 당할 때에 내가 그와 함께 하여": 아버지는 십자가에서 아들을 버리셨다. 하지만 우리가 이해하지 못하는 하나님의 신비와 위대하심 가운데, 아버지께서는 아들의 체포부터 부활까지의 모든 과정을 함께 하셨다. 예수님께서 경주를 온전히 마치실 수 있도록 성령님께서 함께 하셨다.

4. "내가 그를 장수하게 함으로 그를 만족하게 하며": 예수님은 이 세상에

서 33세로 삶을 마감하셨고, 이것은 장수라고 보기는 어렵다. 하지만 하나님께서 그분을 죽음에서 살리셨고, 이제는 영원히 사신다. 더 이상 죽음을 경험하지 않으실 것이다. 아버지께서는 아들을 영원히 살게 하심으로 그분을 만족하게 하신다.

부활을 통하여 시편 91편에 나오는 모든 약속은 그리스도 안에서 성취되었다. 아버지께서 아들을 통해 놀라운 구원을 보여주셨다!

이 본문을 우리에게 동일시해서 어떻게 적용되는지 살펴보자. 우리가 그리스도와 함께 십자가에 못 박힐 때, 아버지께서 예수님에게 주신 놀라운 약속을 이제는 예수님께서 우리에게 전부 약속하신다. 고난 가운데 예수님께서 우리에게 이렇게 말씀하시는 음성을 듣기 바란다.

> 하나님이 이르시되 그가 나를 사랑한즉 내가 그를 건지리라 그가 내 이름을 안즉 내가 그를 높이리라 그가 내게 간구하리니 내가 그에게 응답하리라 그들이 환난 당할 때에 내가 그와 함께 하여 그를 건지고 영화롭게 하리라 내가 그를 장수하게 함으로 그를 만족하게 하며 나의 구원을 그에게 보이리라 하시도다 (시편 91:14-16)

불 같은 고난을 겪고 있을 때 당신은 어떻게 반응하고 있는가? 예수님께서 십자가에서 아버지를 사랑하신 것처럼 당신도 아버지를 사랑하고 있는가? 고난을 직접 손과 발로 겪으며 사람들의 비난을 받아내고 있는가? 조롱하는 마귀와 씨름하며 하나님께서 얼굴을 숨기신 외로움을 견디고 있는가? 못 박힌 발로 서서 하나님께 당신의 사랑을 부어드리고 있는가? 예수님께서 하신 것처럼 말이다. 이것이 십자가의 동일시하는 본질이다.

예수님께서 당신의 삶 위에 선포하시는 약속이 들리는가? 당신이 예수님을 사랑했기에 그분께서는 당신을 건지겠다고 약속하신다. 만일 지금 구하지 않으신다면 더 위대한 구원을 계획해놓고 계시기 때문이다. 이 여정을 통해 그분을 알게 되었기 때문에 하나님께서는 당신을 높이실 것이다. 당신이 하나님께 계속 구했기에 "내가 네게 응답하리라!"고 약속하신다. 고난의 모든 과정 가운데 함께 하시겠다고 약속하신다. 그리고 당신을 건지시고 영화롭게 하신다고 말씀하신다. 장수하게 함으로 만족하게 하신다. 이 말은 당신에게 주어진 수명을 다 채우신다는 것뿐만이 아니라, 그 삶이 매우 만족스러운 삶이 될 것이라는 말이다. 이 모든 축복 위에 하나님께서는 그분의 위대한 구원을 당신에게 보이시리라고 약속하신다. 하나님께서 그분의 구원을 보여주신다는 것이 어떤 모습일까? 이 얼마나 기대되는가!

당신이 그리스도의 고난에 함께 참여했기에 시편 91편의 모든 놀라운 약속도 예수님과 함께 참여하게 될 것이다. 절대로 하나님의 약속을 놓치지 말라!

어떤 열쇠는 그것을 다루기 위해 먼저 고난의 증거인 흉터가 요구된다.

네 군데 위로의 자리

내가 젊고 활력이 넘칠 때는 솔직히 십자가가 그렇게 와닿지 않았다. 그리스도의 고난에 참여한다는 것이 나의 삶과 직결되지 않았다. 하지만 35세에 내 삶에 비극이 들이닥쳤을 때, 성경 네 군데를 반복적으로 묵상하는 나 자신을 발견했다. 그곳은 시편, 욥기, 예레미야애가 3장, 그리고 십자가이다. 간략하게 설명하겠다.

먼저, 시편이다. 고난 속에서 나는 시편 말씀에 파묻혀 살았다. 항상 시편 말씀을 좋아했지만 비극적인 상황 속에서는 더욱더 붙잡게 되었다. 시편 91 편의 약속이 내 생명줄이 되었다. 예전에는 특정 시편 말씀이 너무 기괴하고 음울하다고 생각했었는데, 예를 들면 시편 88편이 그렇다. 하지만 갑자기 모든 시편 말씀이 강력한 생명력을 뿜어내는 것을 발견하게 되었다. 이제는 시편 말씀과 사랑에 빠져버렸다! 하나님께 그분의 약속대로 행하실 것을 부르짖는 내 마음의 간구함을 거듭해서 표현하는 말씀임을 발견했다.

욥기도 내게 생명줄과 같은 책이다. 욥기는 평소에도 흥미롭게 여겼던 책이었지만 내가 트라우마를 겪을 때 놀라운 방법으로 내 마음을 만져주었다. 욥의 이야기는 인생의 비극 속에서 하나님께서 그분의 뜻을 관철시키시며 원수의 악한 공격을 반전시키셔서 놀랍게 회복시키시는 것을 보여준다. 욥기의 서사가 끝날 때 즈음이면 원수가 그를 표적 삼아 공격했던 것을 후회하게 될 정도이다. 욥의 이야기는 하나님께서 나를 방문하시는 것을 기다리겠다는 내 결심을 굳히도록 도와준다.

나는 예레미야애가 3장에도 끌렸다. 예레미야애가 말씀은 전부 다 좋지만 특히 3장이 더 와닿았던 이유는 예레미야가 예루살렘 성전의 파괴에 대한 괴로움을 토로하기 때문이다. 이 말씀은 내게 친구와도 같은 말씀이 되었다.

불 같은 고난 속에서 내 마음이 끌린 네 번째 성경 본문은 십자가에 관한 말씀이다. 내 삶이 어둠의 수렁에 빠졌을 때 갑자기 십자가는 내 생명줄이 되어버렸다. 우리의 어려움이 어느 정도까지는 그리스도의 고난과 동일시되는 거라는 것을 보게 되었을 때, 내 고난에는 명분과 당당함이 깃들었다. 십자가는 하나님 아버지께서 나를 아들로서 어떻게 다루시는지 이해할 수 있는 렌즈가 되었다. 십자가가 없었다면 나는 진작에 무너져 내렸을 것이다.

고통스러운 고난을 통과하고 있을 때 이 네 군데 말씀(예레미야애가 3장, 욥기, 십자가, 시편)을 깊이 묵상하기를 추천한다. 십자가의 동일시하는 본질을 이해하는 데 도움이 될 것이다.

다음 장에서 시편 74편에 나오는 십자가의 동일시하는 고난에 대해 살펴보자.

> 예수님은 어린 양의 소리를 내며 죽으셨지만(눅 23:46),
>
> 사자의 소리로 부활하셨다(계 1:15).

그룹 공부와 토의

1. "항상 기도할 준비가 되어있어야 합니다. 언제든지 복음을 전할 준비가 되어있어야 합니다. 언제든지 죽을 준비가 되어있어야 합니다." 존 웨슬리의 이 말이 당신에게 어떤 의미로 다가오는지 나누십시오.

2. 성경을 읽을 때 십자가 위에 겹쳐놓고 새로운 관점으로 바라볼 수 있는 구절을 찾아봅시다. 그 구절을 함께 나누고 받은 은혜를 나누십시오.

3. 당신은 어느 정도까지 그리스도의 고난에 참여했다고 생각합니까?(벧전 4:13) 하나님의 뜻대로 고난을 받았습니까? 함께 나누십시오.

4. '훈계는 인내하며 참고, 약속은 환영하여 끌어안으라.' 이 문장이 당신에게 유의미하게 와닿습니까? 당신의 삶 가운데 어떻게 적용되는지 나누십시오.

5. 고난 가운데 저자는 예레미야애가 3장, 욥기, 십자가와 시편 말씀에 끌렸다고 합니다. 고난 가운데 당신에게 도움이 된 성경 본문은 어디입니까?

6. 마무리하면서 시편 91:14-16 말씀으로 기도하십시오.

Chapter 13
무척 사랑하신다면서, 왜 이렇게 고통 속에 내버려 두십니까?"

시편 74편은 애가(哀歌)이다. 이 시는 버림받은 슬픔을 주제로 예루살렘이 바벨론 사람들에게 황폐케 되는 모습을 읊조리는 시이기에, 거의 아무도 이 시를 설교 재료로 쓰지 않는다. 저자 아삽은 바벨론의 예루살렘 침략을 예견한 듯이 성전의 불타버리는 것과, 도시의 파괴와, 대중학살과, 남은 자들이 바벨론으로 포로가 되어 끌려가는 모습을 언급한다. 예루살렘의 고통은 극심할 것이다. 시편 74편은 그 아픔을 의인화하여 표현한다.

1 하나님이여 주께서 어찌하여 우리를 영원히 버리시나이까 어찌하여 주께서 기르시는 양을 향하여 진노의 연기를 뿜으시나이까 2 옛적부터 얻으시고 속량하사 주의 기업의 지파로 삼으신 주의 회중을 기억하시며 주께서 계시던 시온 산도 생각하소서 3 영구히 파멸된 곳을 향하여 주의 발을 옮겨 놓으소서 원수가 성소에서 모든 악을 행하였나이다 4 주의 대적이 주의 회중 가운데에서 떠들며 자기들의 깃발을 세워 표적으로 삼았으니 5 그들은 마치 도끼를 들어 삼림을 베는 사람 같으니이다 6 이제 그들

이 도끼와 철퇴로 성소의 모든 조각품을 쳐서 부수고 7 주의 성소를 불사르며 주의 이름이 계신 곳을 더럽혀 땅에 엎었나이다 8 그들이 마음속으로 이르기를 우리가 그들을 진멸하자 하고 이 땅에 있는 하나님의 모든 회당을 불살랐나이다 9 우리의 표적은 보이지 아니하며 선지자도 더 이상 없으며 이런 일이 얼마나 오랠는지 우리 중에 아는 자도 없나이다 10 하나님이여 대적이 언제까지 비방하겠으며 원수가 주의 이름을 영원히 능욕하리이까 (시편 74:1-10)

예루살렘은 우리가 우리의 대적들에게 고난을 겪듯이 바벨론에 의해 고난을 겪었다.

- 우리는 버림받았다(1절).
- 우리는 영구히 파멸되었고 회복 불가능한 상태이다(3절).
- 우리는 도끼로 나무가 찍혀 나가듯 베임을 당했다(5절).
- 변화할 징조도 보이지 않고, 어려운 때 상담하던 영적 지도자들도 아무 답을 못하며, 우리가 얼마나 오래 어려움을 당할지 알지 못한다(9절).
- 대적이 비방하고 주의 이름이 능욕을 당한다(10절).

이 큰 고통 속에 기자는 말한다. "주의 멧비둘기의 생명을 들짐승에게 주지 마소서"(시 74:19) 심한 고난 중에도 주께 자신을 멧비둘기라고 하고 있다. 멧비둘기는 성경 전체에서 예수님과 달콤한 관계를 나타내는 말이고, 즉 하나님이 소중히 여기시는 자라는 것이다.

시편 기자는 모든 것이 파괴된 세상과는 대조적으로, 자신을 달콤하고 개인적으로 사랑하시는 주님을 느끼게 된다. 처절한 고통을 겪는 그때 어떻게 주님이 기뻐하시는 것을 분명하게 느낄 수 있었을까? 그는 황폐함과 친밀함 또 기쁨과 두려움의 섞인 감정을 조화시킬 방법을 알지 못했다. 주님의 상처받은 멧비둘기였다. 이 가장 고통스러운 상황에서 멧비둘기가 언급된다. 십자가에서 고통과 친밀함이 만나는 것이다.

고난을 통해 우리 안에 깊은 친밀함이 일깨워진다. 왜 그럴까? 말하자면 고난이 사람을 하나님께로 인도한다는 것이다. 우리가 영구히 황폐하게 되면 하나님을 간절히 찾게 된다. 이때 필사적으로 하나님 나라의 충만함을 향해 배고프고 목마른 자가 되어 그분을 찾는 것이다(잠 16:26). 기도의 응답을 받으려는 간절함이 주께 가까이 인도한다(마 5:6).

고통 중에 하나님을 찾으면 삶이 변화한다. 몇 가지 변화를 예로 들겠다.

- 기도 생활이 강건해진다.
- 황폐하기 전 알지 못했던 하나님과의 친밀함을 경험한다.
- 하나님과 그분의 행사에 대한 지식이 증가한다.
- 말씀이 깊이 깨달아진다.
- 인격이 순결해진다.
- 주의 거룩하심에 참여하게 된다(히 12:10).
- 고난받는 사람들을 향한 연민이 커진다.
- 이 땅에서 행하시는 하나님의 역사를 깨닫고 그분의 음성을 듣는 데 더욱 예민하게 된다.
- 하늘과 사람들과 귀신들에 대한 영적인 권세를 얻게 된다.

그리스도와 함께 고난받는 것이 주님 나라의 고지로 가게 하는 관문이다. 버림받고, 꺾이고, 배척받을 때에 어느 때보다 주와 친근하게 느낀다. 고통으로 망가져 갈 때 주님을 어느 때보다 더욱 사랑하게 된다.

당연히 당신은 하나님께 물을 것이다. "저를 무척 사랑하신다면서, 왜 이렇게 고통 속에 내버려 두십니까?" 당신이 고통을 이기느라 애쓰며 태아처럼 몸을 구부리고 죽어갈 즈음, 하나님이 다가오셔서 "나의 멧비둘기야"라고 속삭이신다.

"정말 주님의 사랑받는 멧비둘기가 되기 원합니다. 그렇지만 주님이 저를 사랑하신다면, 진짜 그러신다면 이 고통을 멈춰주지 않으시겠습니까?" 십자가에서 예수님도 하나님께 이렇게 질문하셨을지 궁금하다. 심령 깊은 곳의 질문에 대하여 십자가에서 아무 대답을 받지 못한 채 "너는 나의 멧비둘기란다. 너를 사랑한다!" 하는 말씀만 들릴 때가 있을 것이다. 이것이 십자가에 달린 예수님을 향한 하나님 아버지의 마음이었고, 지금 당신에게도 똑같이 느끼신다. 이것이 십자가의 동일시하는 본성이다.

> 하나님께서 십자가에 죽이실 계획이 있으시면, 반드시 부활도 계획하신다.

나의 멧비둘기 이야기

멧비둘기는 은회색 날개에 눈이 까만 아름다운 새이다. 온 세계 어디에서나 살며, 풀씨를 먹고 일생 동안 변함없이 짝지어 정답게 다닌다. 그들은 떼려야 뗄 수 없는 사랑꾼이다. 나는 젊은 시절 도로를 달리며 앞을 보니 멧비둘기 한 쌍이 길 위에 있었다. 운전교육을 받았을 때 강사가 나에게 강습하며 고양이나 개 때문에 차를 돌리지 말라고, 그렇게 하다가 다른 차나 사람을 치게 된 사례를 들려준 기억이 났다. 멧비둘기 한 쌍이 풀씨를 찾으러 길로 들어서는 것을 보고 나는 '너희가 비켜야지. 나는 차를 돌리지 않을 거야'

하고 생각했다. 그들이 내 차를 보고 도망치려 할 때는 이미 늦었다. 차에 깔려 깃털이 차 뒤에 구름처럼 피어올랐다. 나는 그곳을 빠져나오며 생각했다. '너희가 좀 피했어야지!'

나중에 멧비둘기에 대하여 좀 더 알게 되었다. 한 쌍으로 그들이 다닐 때는 서로에게 집중하고 풀씨를 찾는 일에 몰두하여, 눈이 곁을 감지하지 못하고 앞만 보게 된다. 그들은 옆으로 차가 오는 것도 못 보고 서로를 보다가 일을 당한 것이다.

이것은 우리와 예수님과의 관계와도 같다. 우리는 주님께 온전히 매혹되어 있다. 우리는 주님과 모든 일을 같이 하며 서로 눈을 떼지 못하는 멧비둘기이다.

당신이 십자가 위에 있을 때, 주님은 당신을 그분의 사랑으로 취하게 하는 말씀을 하실 것이다. "나의 사랑아, 사랑받는 자야, 최고이고, 눈동자 같은 자야! 내가 네 곁에 있다! 항상 있다! 너를 위해 내가 있다! 우리가 같이 대사를 쓰는 것이다! 식사도 같이하자! 아침도 같이! 점심도 같이! 저녁도 같이! 사람들도 같이 보자! 삶을 같이하자!"

당신은 이처럼 말할 것이다. "지금까지 왜 제가 깨닫지 못했는지 모르겠습니다. 제가 주님의 멧비둘기지요?"

주께서 대답하신다. "네가 일들이 잘되고 삶이 편할 때는 우리 사이가 이렇게 뜨겁지 않았지. 네가 여러 가지에 마음을 쓰며 차가워졌다. 나를 별로 필요로 하지 않고, 이런 우리 관계를 만족하게 여겼다. 그러나 지금 네가 십자가에 달렸다. 보라! 너의 열정과 뜨거움! 네 눈은 멧비둘기 같다. 나의 사랑아! 이 버려짐 속에서 이제서야 이처럼 나를 갈구하는구나! 욕을 먹고 베임을 당하고 나니 내게서 눈을 떼지 않는구나! 놀랍구나! 네 눈이 나를 삼킬 것 같구나!"

예수님은 그분의 십자가에서 이 잔을 받으셨고, 당신은 지금 당신의 십자가에서 당신의 잔을 마시는 중이다. 이제 예수님과 당신을 볼 때 삶과 고통과 죽음과 부활에서 분리할 수 없게 된 것이다.

고난의 잔에 대해 언급하자면, 성찬은 주의 고난에 동참하는 아름다운 예식이다. 그분의 몸을 상징하여 떡을 주실 때, 우리도 우리의 몸과 시간과 열성과 힘을 드린다. 그분께서 잔을 주시며 마시라고 하시면, 우리도 주님께 우리의 피를 흘리기까지 충성하겠다고 선언하는 것이다(계 12:11). 성찬에서 주께서는 전부 주시고, 받는 성도들은 충성을 맹세한다.

십자가에 동참하는 고상한 일에 대해 한 장을 더 기술해야겠다.

십자가가 작으면 부활도 작다. 아마도 그래서 당신의 시험이 그렇게 큰가 보다.

그룹 공부와 토의

1. 많은 시편은 애가입니다. 당신이 기도할 때, 이러한 애가가 어떤 역할을 합니까? 당신이 괴로울 때 주님의 위로를 어떻게 경험합니까?

2. 고난 중에 주님께서 "나의 멧비둘기야"라고 부르시거나 기도를 기뻐 받으신 경험이 있습니까? 이번 장의 제목과 관련된 경험이 있습니까?

3. 멧비둘기를 검색하여 공부해보세요. 공부한 내용을 나누며 어떤 것이 흥미로웠는지 나누십시오.

4. 시편 74편을 천천히 읽으며 중점을 두고 공부할 구절을 찾아보세요. 자신에게 가장 의미 있는 구절을 나누십시오.

5. 시편 74편을 펴놓고 선택한 구절을 선포하며 마무리 기도를 하십시오.

chapter 14
다윗의 최고의 영예

다윗은 성경의 많은 시편을 기록했다. 이스라엘의 왕이었고, 영원한 보좌를 약속받았다. 그중에서도 다윗의 가장 큰 영예는 그의 말이 십자가에서 세 번이나 인용되었다는 것이다.

> "내 하나님이여 내 하나님이여 어찌 나를 버리셨나이까"(시 22:1)
> "내 영혼이 마른 땅 같이 주를 사모하나이다"(시 143:6)
> "내가 나의 영을 주의 손에 부탁하나이다"(시 31:5)

예수님께서 극심한 고통 가운데 그분의 영혼의 괴로움을 표현할 말씀을 찾으셨을 때, 다윗의 표현을 빌리셨다. '내가 지금 느끼는 심정을 다윗이 정확히 표현했어.'

다윗에게 물어보고 싶다. 어떤 삶의 굴곡을 지나왔기에 예수님께서 십자가에서 인용하고 싶으실 정도의 시가 나왔을까?

다윗은 아마 이렇게 답하지 않을까 싶다. "나는 버림받았고, 철저히 배척당했고, 꺾였고, 비판받았다. 그런 어려움이 호전될 기미가 보이지 않았고,

누구도 그 상황이 언제까지 지속될지 알지 못했다. 그런 때를 보내며 나는 예수님께서 십자가에서 인용하셨던 시편 말씀을 기록했다."

다윗은 왜 자신의 훈련이 그토록이나 혹독한지 이해하지 못했을 것이다. 그는 궁금했을 것이다. '왜 시련의 불은 꺼지지 않는가? 내 고통은 왜 이리 지독할까? 내 주변 사람들 중에서 왜 나 혼자만 이렇게 아파야 하는 걸까? 하나님, 제 고난은 왜 이리 끊임없고 고통스러운 건가요?'

당시 다윗은 왜 그렇게 힘든 고난을 겪어야 하는지 이해하지 못했다. 하지만 예수님께서 십자가에 달리셨을 때 모든 게 명확해졌을 것이다. 다윗이 이렇게 생각하지 않았을까 상상해 본다. '그래서 내가 그렇게 힘들었던 거구나! 예수님께서 십자가에서 인용하실 수 있는 시편 말씀이 내 고난의 자리에서 나왔구나.' 다윗의 고난은 십자가를 통해 그가 전혀 기대할 수도 없던 영광으로 덧입혀졌다.

우리가 어린 양의 혼인 잔치에 들어가서 모두 다 함께 둘러앉아 하나님 나라에 대한 이런저런 이야기를 나눌 때, "예수님께서 내가 한 말을 십자가에서 세 번이나 인용하셨어"라고 말할 수 있는 사람은 딱 한 사람이다.

다윗이 예수님을 바라보며 느낄 동질감을 생각해 보라. 이 모든 것의 핵심은 동일시하는 고난과 유일무이한 친밀감이다. 예수님은 이런 친밀감을 우리와 함께 나누고 싶어 하신다. 우리의 육신은 고난을 통과하는 그 순간에는 움츠러들 수 있지만, 언젠가는 하나님의 거룩하신 목적에 대한 명확한 답을 보게 될 날이 올 것이다.

'다윗, 당신은 버림받고 외면당하고 꺾임 당한 외톨이 인생인 줄 알았지만, 이제 당신은 예수님을 잘 아는 특별한 관계를 맺고 있죠. 당신의 육은 이런 고난을 피하려고 애썼지만, 지금 당신은 삶 가운데 역사하신 아버지의 온전한 인도하심을 감사하게 여기고 있죠. 고난은 가장 높은 단계의 친밀감

을 향하는 관문이었죠.'

이것은 내가 사랑하고 섬기는 하나님께서 왜 그분의 사랑하시는 자들로 하여금 고난을 통과하게 하시는지 이해할 수 있게 한다. 하나님 아버지께서 아들을 다루시는 패러다임을 이해할 수 있게 한다. 십자가의 동일시하는 본질로의 초대이다.

그 어떤 천사도 십자가를 짊어지지 않는다. 십자가는 천사들에게 너무나 큰 영예이다. 그 어느 천사도 십자가나 부활을 얻지 않는다. 하지만 당신은 두 개 다 얻는다. 그것이 당신의 가장 큰 영예이다.

> 나는 십자가를 믿는다. 십자가는 무한한 하나님만이 주실 수 있는,
> 값을 매길 수 없는 복음을 선물로 주시기 때문이다.

고난은 우리를 성숙하게 한다

하나님께서는 고난을 통하여 우리를 성숙하게 하시고 어린 양의 혼인 잔치에 참여할 수 있게 준비시키신다. 예수님께서 이렇게 생각하실 수도 있다고 상상해 본다. '내가 십자가에서 그렇게 고생한 건 저렇게 버릇없고 자기밖에 모르는 꼬맹이랑 혼인하려고 그런 게 아닌데!'

예수님은 결혼 첫날밤에 인형을 꺼내놓고 구석에서 심술 난 채로 손가락 빨고 있는 철부지를 신부로 맞이하기를 원하지 않으신다. 동등한 파트너로서 함께 멍에를 메고, 같이 온 만물을 다스릴 신부를 얻기 위해 죽으셨다.

그런 파트너를 어떻게 얻으실까? 예수님은 그분께서 마신 잔을 신부에게

도 주신다. 고난은 신부가 온전히 성숙할 수 있도록 앞으로 전진시키는 동력이 될 것이다.

우리가 예수님과 온전히 하나가 되는 어린 양의 혼인 잔치에서의 대화는, 아래와 같지 않을 것이라 본다. 신부가 신랑에게 이런 말을 건네지는 않을 것이다.

"예수님, 오늘은 우리가 결혼하는 날이에요. 행복하고 기쁜 날이죠. 이런 날에 십자가에 대해 얘기하지 말아요. 있죠, 전 당신이 하는 이야기 중 그 부분은 그렇게 공감이 되지 않았어요. 항상 좀 끔찍하고 음울한 이야기라고 생각이 들곤 했어요. 지금 이 이야기를 꺼내면 분위기가 가라앉을 것 같아요. 전 우리가 이 순간을 즐겼으면 좋겠어요. 그러니 그 얘기는 접어두고 지금은 이 기쁜 순간의 찬란함을 만끽해요."

내 생각에 그날 있을 대화는 아래처럼 펼쳐지지 않을까 싶다.

신랑: 내 삶을 향한 아바 아버지의 뜻을 말해줄게.

신부: 저도 제 삶을 향한 아버지의 뜻을 당신께 말해주고 싶어요.

신랑: 아버지가 내게 주신 잔에 대해 말해주고 싶어.

신부: 아버지께서 제게도 쓴 잔을 주셨죠. 당신에게 그것에 대해 말하길 고대하고 있었어요.

신랑: 내가 세상에서 사는 시간 동안 모든 것은 나를 반대하고 대적했어.

신부: 저도 그랬어요.

신랑: 나는 전쟁하면서 상처를 입었고 이런 흔적이 남아있지.

신부: 전 당신을 바라보며 항상 이 부분에 대해 존경해왔어요. 저도 전쟁을 하며 이런 흔적이 남았어요.

신랑: 여기, 내 흉터를 보여줄게.

신부: 이 흉터는 제게 너무 고결한 것이에요. 당신의 사랑이 제게 닿을 수 있는 계기를 마련한 흉터니까요. 제 흉터도 보여드릴게요.

도마가 요한복음 20:27에서 했던 것처럼, 내가 손을 내밀어 그분의 옆구리에 넣어볼 수 있는 날이 올 것이다. 나를 그분의 품으로 인도한 그 흉터를 그날 어루만질 수 있을 것이다.

예수님께선 그분의 손을 뻗으셔서 신부의 흉터를 어루만지실 것이다. 예수님의 신부도 몸에 그분의 흔적을 지니고 있기 때문이다(갈 6:17). 그 순간에 우리가 나눌 친밀감은 우리가 함께 통과한 고난의 흔적에 근거할 것이다.

어느 누가 어린 양의 혼인 잔치에 그 어떤 흉터도 없이 참석하려고 하겠는가?

우리의 상처가 우리에게 수치였던 시절도 있었다. 하지만 그날 예수님께서는 그 흉터를 친밀감과 함께 이루어낸 하나됨의 증표로 영화롭게 바꾸어 주실 것이다. 우리의 고난의 흔적은 명예 훈장이자 신방(신랑과 신부가 거처하도록 새롭게 꾸민 방)의 상징이 될 것이다

> 지옥이 없다면 십자가는 허무맹랑한 것이다.
> 끔찍한 형벌에서부터 구원받음이 필요하지 않다면 왜 이런 극단적인 지불을 할까?

고난은 창의성을 풀어놓는다

에이미 카마이클(Amy Carmichael)은 쇠약한 몸으로 고난 가운데서 사역한 선교사이다. 많은 시를 쓴 저자인 그녀는 아래의 시처럼 그리스도의 고난에

동참하는 것에 대해 잘 표현했다.

〈너는 흉터가 없느냐〉

너는 흉터가 없느냐

손발과 옆구리에 숨은 흉터가 없느냐

현지인들이 너를 훌륭하다고 말하고

밝게 뜨는 네 별을 환호하는 소리 들린다마는

네게 흉터가 없느냐

너는 상처가 없느냐

나는 활 쏘는 자들에게 상하여 지쳤고

나무에 달려 죽었거늘

에워싸는 사나운 짐승들에게 찢겨 기절하였거늘

너는 상처가 없느냐

상처가 없느냐 흉터가 없느냐

종은 주인과 같아야 하고

나를 따르는 발들은 찔려 있건만

네 발은 성하구나

상처도 흉터도 없는 자가

나를 멀리까지 따를 수 있겠느냐

고난은 에이미의 시적 재능을 풀어놓았다. 다른 사람들도 마찬가지이다. 그리스도의 신부의 가장 뛰어난 시와 노래들은 대부분 고난의 자리에서 비롯되었다. 대표적으로, 시편의 상당 부분은 고난과 역경의 자리에서 기록되었다. 우리가 부르는 찬송가 또한 그러하다. 우리가 부르는 찬양의 탄생 배경 즉 노래의 작가가 그 곡을 쓰게 된 환경을 살펴보면, 가장 뛰어난 곡들은 역경 가운데서 만들어졌다는 깨달음을 얻게 된다. 비극과 고난 속에서 피어난 곡은 역사적으로 봤을 때 가장 힘이 되는 곡들이 되어서 신부가 주님께 전심을 다할 수 있게 해주었다.

삶이 윤택하고 환경이 안락할 때는 곡이 잘 써지지 않는다. 그리고 나오는 곡들도 동일한 깊이나 강렬함을 지니지 않는다. 성경적인 예로, 다윗이 시글락에서 보낸 16개월을 살펴보자. 이것은 다윗에게 비교적 순탄한 시즌이었다. 다윗이 시글락에 거했던 시절에 쓰였다고 여겨지는 시편은 없다. 안락함과 편안함 속에선 새로운 노래가 나오지 않는다. 역경이 심해질 때에 그의 창작활동이 꽃피었다.

고난은 작가들을 탄생시킨다. 역경 속에서 주의 폭포 소리에 깊은 바다가 서로 부른다(시 42:7). 우리 속의 깊은 것들은 하나님의 깊은 것들을 갈망한다. 십자가를 진 작가들은 그리스도의 신부가 부를 수 있는 가장 아름답고 달콤한 사랑 노래를 쓴다. 고난을 통해 십자가의 동일시하는 본질을 체험하기 때문이다.

인류 역사상 가장 위대한 경주는 인자가 발이 나무에 못 박힌 채 뛴 것이다.

예수님은 십자가의 못 박힘을 위해 인체를 창조하셨다

예수님은 인체를 십자가의 못 박힘 속에서 최대치의 고난을 느낄 수 있도록 창조하셨다.

삼위일체 하나님께서 천지창조 당시 함께 모여 사람을 만드실 때, 예수님은 그분이, 땅에서 33년간 사람과 더불어 사실 동안 거하실 몸을 만들고 있다는 것을 알고 계셨다.

아래의 대화는 실제로 일어나지 않은 허구이다. 하지만 내 거룩한 상상력은 창조 과정 가운데 아버지께서 예수님에게 이렇게 물어보지 않으셨을까 생각해 본다.

"아들아, 너 정말 손이랑 발에 저렇게 신경을 둘 거야? 거기다 못을 박을 텐데?!"

거기에 아들은 이렇게 답하지 않으셨을까 상상해 본다.

"네 아버지, 저도 알아요. 신경을 거기다 둔 이유는, 그들의 슬픔을 제가 직접 느끼고 싶기 때문이에요. 그들이 느끼는 것을 온몸을 다해 전부 끌어안고 싶어요."

그 누구도 하나님처럼 고난을 겪지 않았다. 하나님께서는 그 어느 누구보다 가장 쓰고 큰 슬픔과 고통의 잔을 마신 분이시다. 그 누구도 십자가를 바라보며 "당신께서는 제가 겪고 있는 이 고난이 얼마나 고통스러운지 알지 못하십니다. 당신께서는 제가 겪는 아픔을 이해할 수 없으십니다."라고 말할 수 없다. 십자가의 고통이 너무나 강렬했기에, 예수님께서는 가장 깊은 음부의 수렁에 빠져있는 사람의 고통도 공감하실 수 있다. 하나님은 십자가에서 그 누구보다도 가장 극심한 고난을 당하셨고, 이것으로 인해 모든 사람을 구원하실 수 있게 되었다.

예수님께서 당신에 대해 어떤 마음을 품고 계신지 알기 원하는가? 예수님은 그분의 두피와, 관자놀이와, 뺨, 눈, 목, 어깨, 팔, 손목, 손, 가슴, 등, 배, 허리, 허벅지, 무릎, 종아리, 발목과 발 등에서 당신에 대해 느끼신다. 머리의 모낭에서 발끝까지 당신을 느끼고 계신다. 당신을 향한 사랑이 하나님의 전 존재를 관통하고 있다.

이런 사랑에 내가 어떻게 반응할 수 있을까? 분명한 것은, 하나님은 주일 예배 찬양 시간 중 팔꿈치를 45도로 굽혀서 손드는 정도 이상은 받기에 합당하신 분이다. 내 몸의 모든 세포에서 터져 나오는 사랑을 받기에 합당하시다.

예수님, 제 온몸—제 머리, 머리카락, 귀, 눈, 혀, 목, 어깨, 팔, 손, 몸통, 허리, 다리, 발—을 다하여 사랑합니다. 예수님, 제 온몸과 영혼과 마음과 뜻과 힘을 다해 당신을 사랑합니다.

십자가에 달리면 사역이 시작된다. 30년을 기다릴 필요가 없다.

전부 아낌없이 내어주신 분

나는 고난 가운데 있을 때 십자가로 돌아간다. 내 여정 가운데 직면하는 어려움을 어떻게 해결할 방법이 없을 때, 그저 십자가로 돌아간다. 앞으로 헤쳐나갈 길이 보이지 않을 때, 십자가로 돌아간다. 도무지 감당할 수 없는 고통이 밀려올 때, 십자가로 돌아간다.

내가 "하나님은 당신에게 (주셔야 할 것을) 안 주고 계셔."라는 오래된 참소를 들을 때마다, 십자가로 돌아간다. 참소하는 자가 그렇게 비방하는 것을 많이 듣는다. 그것은 마귀가 사용하는 가장 흔한 거짓말이기 때문이다. 이 거짓말은 참소하는 자가 에덴 동산에서 하와에게 "너희가 그것을 먹는 날에는 너희 눈이 밝아져 하나님과 같이 되어 선악을 알 줄 하나님이 아심이 니라"(창 3:5)라고 말한 시절까지 거슬러 올라간다. 마귀의 참소는 바로 이렇다. "하나님께선 당신이 이 열매를 먹으면 부르심의 자리에 들어서게 될 것을 아셔. 하나님께선 당신이 잠재력을 최대한 발휘해 가장 최고의 모습이 되는 것을 원치 않으셔. 그렇기 때문에 이 열매를 먹지 못하게 막으시는 거야." 그는 하와에게 이 참소를 속삭였고, 오늘날 우리에게 여전히 동일하게 거짓말하고 있다. 이것은 사실 마귀가 하나님을 대적하는 데 제일 애용하는 참소 중 하나이다.

마귀는 내게 이 참소를 갖고 종종 이렇게 공격한다. "하나님께서는 네 간증과 목적과 부르심을 온전케 할 치유의 역사를 가로막고 계셔."

나는 그 오래된 참소를 들을 때마다 다시 십자가로 돌아간다. 십자가는 그 참소를 못 박아서 그것이 위력을 발하지 못하게 한다. 나는 십자가를 바라볼 때 내게로부터 무언가를 빼앗아가시는 하나님을 보지 않는다. 오히려 내게 모든 것을 부어주고 계시는 하나님을 본다. 하나님께서는 그분이 주실 수 있는 가장 최고의 것인 독생자 아들을 내게 주신다. 십자가에서 하나님께서 두 팔을 벌리시고 손과 발에 못이 박힌 채 내게 이렇게 말씀하신다. "온 마음과 뜻과 혼과 몸과 힘을 다해 너를 사랑한다. 숨 쉬는 마지막 순간까지 널 사랑한다. 내 마지막 핏방울까지 너를 사랑한다."

이런 사랑을 바라보며, 이제 내가 못 위에 서서 두 팔 벌리고 고백할 용기를 얻는다. "제 온 마음과 혼과 뜻과 힘을 다해 당신을 사랑합니다. 제 시간과 우선순위와 힘과 재능과 은사와 물질을 바쳐 하나님을 사랑합니다. 제 입술의 모든 말을 다해 사랑합니다. 제 생명보다 당신을 사랑합니다. 저는 하나님의 것이고, 하나님께선 제 전부이십니다."

이것이 십자가의 동일시하는 본질이다.

나의 하나님은 내게 그 무엇도 아끼지 않으신다고 모든 천사와 피조물 앞에서 선포하신다! 하나님께서는 이미 전부를 내게 주셨다. 이 땅 가운데 여생 동안 하나님께서 내게 더 이상 복을 내리지 않으신다 할지라도, 나는 이미 내가 받을 자격이 있는 것보다 훨씬 많은 것을 받았다.

하나님께서는 우리의 기도에 응답하시는 것을 늦추고 계실 수 있다. 그것은 우리의 기도에 대한 응답을 주지 않으시려는 것이 아니다. 하나님께서 이 시즌 가운데 우리의 구원을 전략적으로 늦추고 계신다면, 그것은 우리가 생각했던 것보다 더 강력한 역사를 예비해 놓으셨기 때문이다.

예수님은 우리의 운동 코치로서
경주를 어떻게 달려야 하는지 가르쳐주신다(히 12:1-2).

그룹 공부와 토의

1. 예수님께서 십자가에서 다윗의 시를 세 번이나 인용하신 것에 대해 다윗이 느낄 친밀감과 동질감에 대해 나누십시오.

2. 예수님께서 인용하신 다윗의 시를 더 자세히 살펴봅시다. 이 말씀이 당신의 하나님과의 동행에 대해 무엇을 드러내는지 나누십시오.

3. 고난은 우리를 성숙하게 합니다. 어느 부분에 있어서 동의를 하고 동의하지 않는지 나누십시오.

4. 전쟁을 치르면서 어떤 흉터를 얻게 되었습니까? 우리 몸에 예수님의 흔적을 지니고 있다는 것이 무슨 뜻이라고 생각됩니까?(갈 6:17)

5. 하나님께서 당신에게서 무언가를 금하거나 가로막고 있다고 원망한 적이 있습니까? 그런 시즌을 어떻게 통과하고 나왔습니까?

6. 마무리하면서 당신이 하나님께로부터 그 무엇도 아끼지 않고 전부 내어드리겠다는 헌신의 기도를 올려드리십시오(막 12:30).

chapter 15

욥기에서 보는 십자가

예수님의 가르침이나 기적을 공부하는 이들이 욥기를 통하여서 비슷한 것을 찾으려 애쓰지만 거의가 찾지 못한다. 한 예로, 욥은 악창으로 고생했다. 그러나 예수님은 악창이나 다른 병으로 고생하지 않으셨고, 두루 다니시며 마귀에게 눌린 사람을 고치셨다(행 10:38). 욥의 열 자녀는 폭풍으로 죽었으나, 예수님은 자녀가 있지 않으셨고 죽은 아이를 살리셨다. 이러한 이유로 욥기에서 예수를 발견하지 못할 뿐 아니라, 이 책을 중요하지 않게 여기는 이들도 있다. 그러나 예수님의 가르침과 기적을 베푸시는 사역에만 비추어보며, 욥기에 대해 너무 성급히 판단한 것 같다. 예수님의 십자가와 욥의 경험이 합쳐질 때, 욥기는 놀라운 의미를 갖게 된다.

욥기를 갈보리 십자가의 관점에서 살펴보면, 욥의 삶은 성경에서 십자가를 가리키는 첫 이정표라 할 수 있다. 정말 놀라운 유산이 아닌가! 바라기는 내가 여러분이 그것을 볼 수 있도록 돕고자 한다.

욥은 열 명의 자녀들을 거느린 사람이었다. 많은 수입원을 소유한 부유한 사업가였고, 풍족한 집과 땅과 재물과 가축과 종들이 있었다. 하늘의 하나님께서도 그의 의로움을 즐거워하시고 위험과 해를 초자연적으로 막아주

섰다. 그런데 이야기가 갑자기 바뀌어 욥이 모든 자녀, 소유, 가축, 종들을 하루아침에 잃게 된다. 그리고는 건강에 치명적인 공격을 받는다. 그러다가 친구들과 긴 변론적이고 신학적인 토론을 마친 후에는, 갑작스럽게 초자연적으로 잃은 것을 모두 되찾고 회복을 경험한다. 구속함으로 고난이 끝난 것이다.

욥의 이야기에서 예수를 어떻게 찾을 수 있을까? 나는 여러분이 욥의 처음 성공적 삶을 예수님의 지상 사역으로, 시험당함을 십자가로, 회복을 예수님의 부활로 보기 바란다. 욥의 불 같은 시험을 예수님의 십자가로 보면, 욥기에서 십자가를 찾게 되는 것이다.

> 사람들이 할 수 있던 것은 주님을 십자가에 못 박은 것이다.
> 나머지는 주님이 하셨다.

욥기에서 십자가를 찾는 25가지 방법

욥의 시험을 통하여 예수 그리스도와 그 십자가를 다음과 같이 볼 수 있다.

1. 욥 시대에 땅에서 가장 경건한 사람이었던 욥이, 땅에서 가장 큰 고통을 당했다(욥 1:8). ⇒ 예수님 또한 이 땅에서 가장 경건한 분께서 십자가를 지셨다.
2. "내가 모태에서 알몸으로 나왔사온즉 또한 알몸이 그리로 돌아갈지라"(욥 1:21) ⇒ 예수님 또한 벗은 몸으로 태어나셔서 십자가에 달리셨다.
3. 욥은 고난으로 모습을 알아볼 수 없게 되었다(욥 2:12). ⇒ 예수님이 처형

당하실 때의 모습을 이사야는 이렇게 예언한다. "그의 모양이 타인보다 상하였고"(사 52:14)

4. 욥의 친구 엘리바스는 욥에게 하나님을 불러 도움을 청하라고 재촉했다. 엘리바스는 욥의 악함으로 인하여 하나님이 응답하지 않으실 것이라고 비웃었다. ⇒ 십자가에 달린 예수님을 보며 사람들이 조롱했다. "그가 하나님을 신뢰하니 하나님이 원하시면 이제 그를 구원하실지라" (마 27:43)

5. 자신을 공격하는 친구들에 대해 욥이 말했다. "무리들은 나를 향하여 입을 크게 벌리며 나를 모욕하여 **뺨**을 치며 함께 모여 나를 대적하는구나"(욥 16:10) ⇒ 이것은 다윗이 예언한 예수님의 고난을 생각나게 한다. "내게 그 입을 벌림이 찢으며 부르짖는 사자 같으니이다"(시 22:13) 그들은 예수님의 **뺨**을 쳤다(눅 22:64).

6. 욥은 땅이 자기 피를 가리지 말라며 부르짖었다(욥 16:18). ⇒ 이것은 예수님이 갈보리에서 흘리신 피를 땅이 가리지 않았다는 것을 기억하게 한다. 지금은 예수님의 피가 하나님의 보좌 앞에서 우리를 위해 증거하고 있다(히 12:24).

7. 욥은 주께서 얼굴을 가리시고 자기를 주의 원수로 여기신다고 탄식했다(욥 13:24). ⇒ 십자가에서 예수님도 하나님께서 자신을 버리셨다며 부르짖으셨다(마 27:46). 주님도 욥도 하나님으로부터 버림받음을 느끼며 이유를 묻는다.

8. 욥에게 친구가 가장 필요할 때, 친구들은 욥을 실망시켰다. ⇒ 예수님도 같은 경험을 하셨다. 그분이 잡히셨을 때 그분의 친구들은 도망했다(마 26:56).

9. 욥은 주께서 자신의 발을 차꼬에 채우신다고 말했다(욥 13:27). ⇒ 예수

님도 발이 못에 박힘으로 이 말씀이 실현되었다.

10. 욥의 시련은 하나님과 사탄과 사람들로부터 왔다. ⇒ 십자가도 그러하
다. 이들이 어떻게 예수를 십자가에 달았는지 살펴보자.

　사람들: 유대 지도자들이 예수님을 체포하고, 로마 군인들이 십자가
　　　　에 처형했다.

　사탄: 사탄은 유대 지도자들에게 마귀적인 시기심을 주고, 유다가 예
　　　 수님을 배신하게 유도했다.

　하나님: 하나님께서는 세상을 사랑하셔서 독생자를 주셨다(요 3:16). 욥
　　　　도 예수님도 시련 당한 원인은 사람, 사탄, 하나님 때문이다.

11. 욥의 가장 가까운 친구였던 엘리바스는 모든 것을 욥의 잘못 때문이라
며 덮어씌웠다(욥 22:6-9). ⇒ 예수님도 대제사장 앞에서 재판받으실 때
거짓 증인들이 참소했다(막 14:56).

12. 욥이 친구들을 위하여 기도하였고, 이후 고난에서 벗어났다(욥 42:7-10).
⇒ 예수님은 십자가에서 우리를 위하여 기도하셨고(사 53:12), 부활하셔
서 우리의 위대한 중보자와 대제사장이 되셨다(히 7:25-26).

13. 하나님께서 욥을 받으시고 회복시키셨다(욥 42:9). ⇒ 하나님께서 그리
스도의 희생을 받으시고 부활하게 하셨다(롬 4:25).

14. 욥은 심령이 괴로워서 하나님이 온전한 자나 악한 자나 멸망시키신다
며 부르짖었다(욥 9:22). ⇒ 골고다 언덕에 세워진 세 개의 십자가를 보
라. 그곳에서 온전한 자와 악한 자 모두 처형당했다.

15. 욥도 예수님도 모두 모퉁잇돌이다. 욥기는 성경에서 최초로 기록되었
다. 성령님께서 성경이라는 구조를 세우실 때 모퉁잇돌로 삼으신 것이
다. ⇒ 예수님 또한 모퉁잇돌이 되신다. 예수님은 교회의 모퉁잇돌이시
다(사 28:16, 행 4:11). 욥기가 성경의 모퉁잇돌이라는 사실에 대해 어떤 사

람들은 거부할 것이지만, 나는 건축자들이 보통 모퉁잇돌을 버린다는 것을 알기에 놀라지 않는다(시 118:22).

16. 욥기가 최초로 문서화된 성경이고 십자가를 가리키는 책이므로, 욥의 삶은 성경에서 십자가를 가리키는 첫 표지판이라 할 수 있다.

17. 예수님도 고난을 받으심으로 예수님으로, 욥도 고난을 받음으로 욥으로 설 수 있었다. 욥은 시험을 통해 어떤 자격을 얻었을까? 성경의 첫 책으로 쓰이고, 십자가를 가리키는 첫 표지판으로 사용되고, 세대마다 따르는 자들을 얻고, 위대한 믿음의 족장이 되었다. ⇒ 고난 중에 죽으신 예수님은 어떤 자격을 얻으셨는가? 우리의 구원자, 대제사장, 고백의 사도로 자격을 얻으셨다. 하나님의 나라에서는 고난을 통하여 높은 지위를 얻게 된다.

18. 예수님도 욥도 고통을 유발할 잘못을 범하지 않으셨다. 성령님께서 욥의 이야기를 시작하실 때 그의 의로움을 증거하셨다. "우스 땅에 욥이라 불리는 사람이 있었는데 그 사람은 온전하고 정직하여 하나님을 경외하며 악에서 떠난 자더라"(욥 1:1) 욥의 고난은 그의 잘못 때문이 아니었다. ⇒ 예수님 또한 잘못한 것 없이 십자가형을 받으셨다. 그분은 죄 없고 흠 없는 하나님의 어린 양이셨다(벧전 1:19).

19. 욥은 자기의 고난을 수고라 말했다(욥 9:29). ⇒ 주님의 고난 역시 수고로 불렸다. 주님께서 십자가에서 수고하심으로 우리가 구원을 얻었다(사 53:11).

20. 이 세상에서 사람들은 삶의 전반에서 어려움을 겪는다. 그들은 삶의 모든 중요한 영역에서 어려움을 겪었던 욥의 예를 통해 위로를 받는다. 욥이 고난 당한 영역은 결혼, 가족, 관계, 재정, 생계, 육신의 건강 등이다. 그렇게 광범위하기에 어떤 어려움을 겪는 사람이라도 욥의 이야기

를 통해 의미 있고 도움이 되는 증거를 얻는다. ⇒ 예수님 또한 우리가 생각할 만한 모든 일을 겪으셨기에 사람들을 구원, 치유, 축사해주실 수 있다.

21. 예수님과 욥 모두 하나님의 뜻대로 고통을 겪으셨다. 사탄이 아니라 하나님께서 먼저 시험해보자고 하셨기에 욥이 고통을 당한 것이다. ⇒ 하나님께서는 인류를 구원하시고자 예수님을 십자가에서 고난 당하게 하셨다(계 14:1).

22. 하나님께서는 욥도 예수님도 그들의 깊은 고통에서 건지지 않으셨다. 욥은 자신이 두려워하는 것이 어둠 때문이나 흑암이 자기 얼굴을 가렸기 때문이 아니라고 말한다(욥 23:17). ⇒ 하나님께서는 그분의 아들을 아끼지 않으셨다(롬 8:32).

23. 욥은 하나님 앞에 자신을 대변할 중재자가 있기를 바랐다(욥 9:33). ⇒ 십자가를 통하여 욥이 찾던 바로 그 중재자가 나오게 되었다. 십자가의 중보로 예수님은 하나님 앞에 우리의 중재자가 되셨다. 바울은 이에 대하여 이렇게 증거한다. "하나님은 한 분이시요 또 하나님과 사람 사이에 중보자도 한 분이시니 곧 사람이신 그리스도 예수라"(딤전 2:5) 하나님께 감사하자! 이제 중보자가 계신다!

24. 욥은 "그가 나를 죽이시리니 내가 희망이 없노라 그러나 그의 앞에서 내 행위를 아뢰리라"(욥 13:15)며 부르짖었다. ⇒ 십자가에서 예수님도 죽이시는 하나님을 신뢰하며 마지막 숨을 쉬면서 이렇게 기도하셨다. "예수께서 큰 소리로 불러 이르시되 아버지 내 영혼을 아버지 손에 부탁하나이다"(눅 23:46)

25. 욥에 대한 시험을 끝내시고 예수님이 직접 욥에게 말씀하신 것 같다. 여호와께서 폭풍 가운데에서 욥에게 말씀하셨다(욥 38:1). 욥에게 자신

을 보이셨고, 욥이 말한다. "내가 주께 대하여 귀로 듣기만 하였사오나 이제는 눈으로 주를 뵈옵나이다"(욥 42:5) 욥은 자신의 눈으로 주를 뵈었다! 그런데 요한은 이렇게 기록했다. "본래 하나님을 본 사람이 없으되 아버지 품 속에 있는 독생하신 하나님이 나타내셨느니라"(요 1:18, 요일 4:12) 이것은 하나님 아버지를 아무도 보지 못했다는 의미이다. 성경에서 성자의 얼굴을 성육신하신 때와 그 전후로 본 경우는 몇 번 있다. 그러므로 욥은 성부 하나님이 아니라 성자 하나님을 눈으로 보고 그분의 목소리를 들은 듯하다. 내가 생각하기에는 욥기 38-42장에서 예수님이 직접 욥에게 물으시고 용서하셨다. 그러므로 욥기에 예수님이 나타났다는 것은 잘못된 말이 아니고 부인할 수도 없는 놀라운 일이다.

> 사람들은 지도자를 십자가에 못 박은 후에야
> 그들이 누구를 핍박했는지 깨달았다.

어떤 사람들은 욥기에서 십자가가 언급되지 않았기에 그 책은 쓸모없고 우리 삶과 관계없다고 말해왔다. 그러나 욥기는 십자가로 욥의 이야기의 영광을 확인한다. 십자가를 당한 욥을 통해 신약의 성도들에게 십자가의 영광을 강조한다. 이번 장의 내용이 새롭게 느껴진다 해도 앞으로 성경의 모퉁잇돌 같은 놀라운 욥기를 읽을 때 예수님을 더 많이 발견할 수 있을 것이라 기대한다.

그룹 공부와 토의

1. 요한복음 18-20장을 읽고 십자가 사건에서 가장 인상적인 것을 나누십시오.

2. 그동안 욥기에서 예수님을 찾을 수 없었다면, 그 어려웠던 점들을 나누십시오. 욥기를 십자가의 보충적인 기록으로 보면서 어떤 도움을 얻게 되었습니까?

3. 기술한 25가지 중 하나를 골라 깊이 공부해보세요. 내용을 다음 시간에 나누십시오.

4. 25가지의 유사점 중에 당신에게 가장 놀라움을 준 것은 무엇입니까?

5. 책에 언급되지는 않았으나 욥기를 통하여 새롭게 찾을 수 있는 십자가의 흔적이 있다면 나누십시오.

6. 이번 장의 내용으로 당신의 신앙생활에 도움을 받은 것은 무엇입니까? 내용을 같이 나누십시오.

7. 욥기 19:23-27의 말씀으로 같이 기도하고 마칩니다.

chapter 16
십자가의 수고

하나님께서 당신에게 오셔서 구원하기 위해 모든 힘을 다 쓰신다면 어떤 모습일까? 이 질문에 대한 답은 갈보리에서 얻을 수 있다. 십자가는 하나님이 수리하시는 거룩한 공사현장이었다. 하나님께서 우리를 위해 아주 위대한 일을 이루시려고 온 힘을 다해 수고하신 현장이다.

예수님도 갈보리의 공사현장에서 애쓰며 일하셨다. 온 마음과 혼과 몸과 뜻을 다해 수고하셨다. 피와 땀과 눈물을 흘려가며 고생하셨다. 죄의 형벌을 받아내시고 우리의 구원을 얻는 데 온 힘을 다하셨다. 이사야는 아버지께서 예수님을 바라보시며 자기 영혼의 수고한 것을 보고 만족하게 여길 것이라고 예언하면서 십자가를 수고라고 불렀다(사 53:11).

예수님께서 십자가의 사역을 다 감당하신 후 하나님께서 공사장 사후검사를 진행하셨다. 현장을 방문해서 점검하시고는 허가 승인 인장을 찍으셨다. 그리고 아들을 부활시키셨다. "훌륭해. 네가 해냈구나. 아주 탁월하게 해냈구나. 네가 이 일을 마쳤구나." 아버지는 예수님을 곤란한 상황 가운데서 꺼내기 위해 부활시키신 것이 아니다. 예수님께서 그분의 임무를 성공적으로 완수하셨다는 것을 보여주시기 위한 것이었다.

예수님은 십자가에서 힘든 노동을 하셨다. 그리고 부활하심으로 급여를 수령하셨다.

갈보리는 마라톤 경주였고, 부활은 시상식이었다.

당신의 무덤은 태(胎)이다

십자가는 태(胎)이다. 예수님은 환난 중에 산고를 치르셨고, 부활하시면서 해산을 기뻐하셨다. 예수님께서 십자가를 해산으로 비유하시며 이렇게 말씀하셨다. "여자가 해산하게 되면 그 때가 이르렀으므로 근심하나 아기를 낳으면 세상에 사람 난 기쁨으로 말미암아 그 고통을 다시 기억하지 아니하느니라"(요 16:21) 십자가에서 예수님은 온 세상의 구속을 위해 산고의 고통을 겪으셨다. 예수님께서 그분의 임무를 완수하시고 부활하시며 기뻐하라고 하신 것은 교회가 태어났기 때문이다(마 28:9).

예수님에게도 그랬던 것처럼 당신의 무덤은 태이다. 사형선고처럼 느껴지는 상황을 사용하셔서 새로운 삶으로 바꿔주신다. 불 같은 환난 가운데서 당신은 사실 산고의 고통을 겪고 있는 것이다. 오랜 시간 동안 품어온 것을, 이제 해산할 시간이 임박해 진통을 겪고 있는 것이다. 무언가를 해산할 것처럼 느낀다면 당신은 지금 실제로 해산 중이기 때문이다!

불 같은 환난 가운데 있는가? 십자가를 느끼고 있는가? 그렇다면 중노동할 준비를 하기 바란다. 엄청난 노력이 없이는 그 어떠한 위대한 것도 해산할 수 없을 것이다! 겪고 있는 어려움 가운데서 당신은 온몸과 뜻과 영혼을 다해 하나님의 목적을 붙잡기 위해 애쓸 것이다. 약속을 꽉 붙잡고 있기 위해 말씀과 금식과 기도 가운데서 진통할 것이다. 믿음을 지키고 거룩함 가운데 서 있으며 불로 연단한 금을 사고(계 3:18), 하나님의 사랑 안에서 자신을 지키기 위해 애쓸 것이다(유 1:21).

모든 사람이 십자가를 바라보며 그것이 큰 패배였다고 생각했다. 당신도 환난 가운데서 동일하게 느낄 수 있다. 겪고 있는 그 어려운 상황이 당신의 발목을 붙잡는 실패라고 생각할 수 있다. 하지만 하나님께서는 이런 인생의 좌절을 들어 사용하신다. 무덤을 태로 바꾸신다. 사실 하나님 나라에서는 그 무엇도 초기의 퇴보가 없이 전진하지 않는다. 궁극적인 사례로 십자가가 있다.

해산할 때까지 어떻게 진통을 견딜까? 예수님을 바라봄으로 우리는 이겨낼 수 있다(히 12:2). 앞서가신 예수님을 바라보면 진통 가운데 인내할 수 있게 도와준다. 예수님의 부활은 당신의 부활도 도래할 것이라는 확신을 준다. 하나님께서는 당신의 환난을 통해 아주 영광스러운 것을 탄생시키실 것이다. 그것으로 인해 모든 진통의 슬픔을 잊게 하실 것이다.

그렇기 때문에 영에 있어서도 힘을 주라! 그 일이 태어날 때까지 진통 가운데서 인내하라. 예수님도 "다 이루었다"고 말씀하실 수 있을 때까지 십자가에서 수고하셨다.

예수님께서 십자가에서 수고하신 많은 이유 중 한 가지는, 하나님 나라에서 더 높은 계급의 자격을 얻기 위해서였다.

부활은 인류를 구원하기 위한 아들의 죽음에 대한 아버지의 상급이다.

예수님께선 더 높은 계급의 자격을 얻으셨다

십자가는 자격시험이었다. 예수님께서는 하나님 나라의 더 높은 계급과 지위에 들어설 자격을 얻기 위해 십자가에서 수고하셨다.

십자가 이전에도 예수님께서는 이미 많은 지위를 가지고 계셨다. 하늘과 땅의 주, 왕의 왕, 주의 주, 유대인의 왕, 전능자, 알파와 오메가, 목자장, 여호와의 군대대장, 임마누엘, 세상의 빛, 메시야, 하나님의 말씀 등.

하지만 십자가에서 예수님은 그 이상의 것을 위해 노력하셨다. 이미 가지고 계신 영광스러운 지위에도 불구하고, 십자가에서의 수고를 마치셔야만 성취하실 수 있는 직분과 사역이 있었다. 온 세상을 구원하고 싶으셨지만 그 지위를 얻기 위해선 먼저 진급하셔야 했다. 고난의 잔을 마시고 경주를 끝까지 달리셔야 했다. 즉 더 높은 계급으로 진급할 자격을 얻으셔야 했다.

그리고 실제로 그렇게 하셨다! 고통스러운 죽음을 통과하시며 우리의 구속자, 대제사장, 구원의 창시자, 사도, 부활의 첫 열매, 세상의 구세주의 자격을 얻으셨다.

우리의 대제사장이 될 자격을 얻으신 예수님께 우리는 "죽임 당한 존귀하신 어린 양이시여!"라고 외친다. 우리가 '존귀하시다'라고 외칠 때 그것은 '합당하신'을 뜻한다. 고난을 통해 하나님의 어린 양은 세상 죄를 지고 가기에 합당한 분이 되셨다. 십자가의 수고를 마치셨기에 우리의 모든 찬양을 받기 합당한 존귀하신 분이 되셨다!

더 높은 지위로 승진할 자격을 갖추는 것은 많은 수고를 수반한다. 예를 들어 학사, 석사, 박사 학위를 받기 위해서는 많은 노력을 쏟아부을 각오를 해야 한다. 그 학위를 받는 방법은 단 한 가지이다. 부지런하고 성실하게 노력하는 것밖에 없다.

모든 직업군이 자격시험이나 절차를 밟을 것을 요구하지는 않지만, 그런 절차를 요구하는 직업들이 있다. 예를 들면 변호사, 경찰, 의사, 치과 의사, 간호사, 심리학자, 구급대원, 항공 교통 관제사, 소방관, 준공 검사원, 화물

차 운전기사 등이다. 이런 직업군에서는 요구되는 공부나 자격증을 이수해야만 그 분야에서 일할 수 있다.

십자가에서 예수님은 우리 구원의 창시자의 자격증을 얻기 위해 수고하셨다.

하나님 나라 군대에 더 높은 계급으로 진급하기 위해 수고한 믿음의 선진들을 함께 살펴보자.

> 십자가는 당신의 생명나무이다. 먹고 생명을 얻으라.

욥과 갈렙

오늘날 우리는 욥을 하나님 나라의 장군으로 보지만 그가 그 위치로 올라가기 위해서는 그만큼의 수고를 해야 했다. 그의 고난은 자격시험과도 같았다. 그는 믿음으로 인내했고, 하나님 나라에 보다 높은 지위로 올라갈 자격을 얻게 되었다. 욥이 시험을 통과했기 때문에 우리는 그의 이야기를 좋아한다.

누군가는 이렇게 물어볼 수 있다. '욥이 무슨 자격을 얻었지?' 그의 업적 중 몇 가지를 들자면 십자가를 가리키는 첫 예표가 되었고, 성경의 첫 번째 책을 기록했으며, 그의 이야기는 모든 성경 말씀의 모퉁잇돌이 되었고, 모든 세대에서 영적인 유업을 얻는 믿음의 아비가 되었다. 그중 제일 근사한 것은 두 눈으로 직접 하나님을 뵈었다는 것이다(욥 42:5). 그를 욥 장군이라 부르는 것은 아주 적절하다. 그는 고난을 통과하는 힘든 수고를 인내함으로, 모든 세대의 고난 가운데 있는 자들을 격려할 자격을 얻었다.

욥이 성도들을 어떻게 권면하는지 보기 바란다. 당신이 결혼생활의 갈등으로 어려워한다면, 그가 당신을 위로하고 도울 것이다. 혹여나 당신이 자녀를 잃었다면, 욥을 바라보라. 친구들이 당신을 거절할 때의 고통을 욥은 공감해준다. 재정이 완전히 파탄 났을 때, 욥은 그 문제에 대해 해줄 수 있는 이야기가 있다.

만일 목숨을 위협하는 육체의 질병 가운데 있다면, 그것도 욥이 도와줄 수 있는 문제이다. 욥의 고난을 통해 그는 많은 종류의 어려움에 대해 말할 수 있는 권위가 생겼다. 이것이 그를 진정한 믿음의 아비로 만들었다.

갈렙도 고난을 통해 더 높은 지위로 승진한 인물이다. 그의 고난은 무엇이었을까? 그는 이스라엘 백성과 함께 40년 동안 광야를 돌아야 했다. 40년 동안 광야생활을 하며 믿음을 지키는 것은 그의 삶 속에서 가장 힘든 일이었다! 그러나 그는 하나님께서 그로 하여금 광야를 통과하게 하시고 약속의 땅에서 산지를 주실 것이라는 약속을 계속 붙잡기 위해 애썼다. 그가 지나온 광야는 자격시험이었다. 이것은 가나안 산지를 취하기 위한 영적 권위의 자리에 들어서는 훈련과정이었다. 그는 광야에서 하나님과 백성을 대상으로 산지를 구하고 취하기 위한 영적 권위를 얻고 있었던 것이다.

그가 그렇게 오랫동안 광야에 있어야 했던 이유는, 그가 권위를 얻고 있었기 때문이다. 믿음 안에서 40년 동안 인내한 후 여호수아가 갈렙에게 산지를 주었을 때, 그 누구도 그것을 문제 삼지 않았다. 왜 그럴까? 그는 광야에서 이수해야 할 과정을 다 마쳤기 때문이다.

이런 권위의 위치에 들어서기 위해서는 요구되는 훈련의 시간을 거쳐야 한다.

이것은 불 같은 고난을 통과하고 있는 당신에게 전부 적용된다.

지금으로부터 한참 후에, 당신이 지금보다 더 분명하게
하나님의 거룩하심을 바라볼 수 있을 때,
당신을 그러한 거룩함의 자리로 옮겨놓은 보혈의 능력에 놀라게 될 것이다.

당신의 고난은 자격시험이다

종종 우리가 통과하는 고난은 하나님께서 우리에게 더 높은 지위로 진급할 자격을 주시기 위해 뜻하신 것이다. 하나님 나라의 계급과 지위 중에는 자격을 갖춰야만 들어설 수 있는 자리가 있다.

십자가를 자격시험으로 여기라. 하나님께서는 당신을 그저 벌하시거나 정결하게 하시는 것이 아니다. 당신이 삶의 주권을 온전히 내려놓고 헌신적인 종으로 쓰임 받을 수 있도록, 보다 높은 지위에 들어설 수 있게 준비시키시는 것이다.[9]

우리가 살아가는 마지막 때에는 그 어느 때보다도, 십자가의 큰 고난을 통과하여 몸 된 교회를 섬길 자격을 갖춘 훈련된 장교들이 더 필요하다.

이것이 당신의 환난이 왜 그렇게 강렬한지에 대한 설명이 될 것이다. 높은 지위의 자격을 갖추려면 항상 철저한 과정을 거쳐야 한다. 예수님에게는 십자가를 의미했고, 욥에게는 모든 것을 잃어버린 참담한 상실을, 갈렙에게는 40년의 광야생활을 의미했다. 계급의 진급을 위해 이들은 믿음 가운데서 인내해야 했다. 인내, 이것은 엄청난 단어이다.

인내에 대해 더 살펴보겠다.

---

9 이 주제에 관해 내가 쓴 책 『The Chastening of the Lord: The Forgotten Doctrine』에 더 자세히 집필해 두었다.

인내는 우리를 온전하고 완전하게 한다

인내는 그리스도의 십자가에서 가장 두드러진 미덕이지 않을까 싶다(히 12:2). 십자가에서 가장 큰 쟁점은 과연 예수님께서 십자가의 임무가 마무리될 때까지 인내하실 수 있는가였다. 십자가의 고난을 이겨내실 유일한 방법은 인내였다.

우리도 마찬가지이다. 불 같은 고난을 이겨내고 높은 지위에 들어설 수 있는 유일한 길은 인내를 통한 것이다.

우리는 적응하는 게 아니라 인내하는 것이다. 이 두 가지에는 큰 차이점이 있다. 세상은 어둠의 손아귀에서 벗어날 방법이 없기 때문에 비극에 적응한다. 그러나 믿음의 성도는 승리의 약속이 있기에 믿음 가운데서 인내한다. 우리는 예수님처럼 승리하기 위해 계속 수고하고 인내하며 애쓰고 전진한다. 예수님은 거룩함 속에서 십자가를 인내하시며, 다가올 미래에 대한 아버지의 계획이 담긴 두루마리를 펴실 합당한 분으로 승리하셨다(계 5:5). 예수님께서 당신에게 이렇게 말씀하신다. "이기는 그에게는 내가 내 보좌에 함께 앉게 하여 주기를 내가 이기고 아버지 보좌에 함께 앉은 것과 같이 하리라"(계 3:21)

승리의 핵심 요소는 인내이다. 교부들은 인내를 '미덕의 여왕'이라 칭했다. 예를 들면 앙카라(Ancyra)의 성 닐루스(St. Nilus)는 이렇게 기록했다.

> 인내는 미덕의 여왕으로, 모든 미덕의 기초이고 평안의 안식처이다. 전시 중에 평화이
> 며, 풍랑 속 고요함이며, 위험 속 안전함이다. 인내하는 자들은 강철보다 강하다. 그 어
> 떤 무기나 활이나 난폭한 군사들이나 날아오는 창이나 화살도 흔들 수 없다. 그 어떠
> 한 귀신이나 흑암의 권세나 자기가 호령하는 모든 군대와 궤계를 동원한 마귀도, 그리

스도를 통해 이 미덕을 얻은 자를 해할 능력이 없다.[10]

아래의 본문에서 야고보는 인내가 미덕의 여왕이라는 말을 뒷받침한다.

내 형제들아 너희가 여러 가지 시험을 당하거든 온전히 기쁘게 여기라 이는 너희 믿음
의 시련이 인내를 만들어 내는 줄 너희가 앎이라 인내를 온전히 이루라 이는 너희로
온전하고 구비하여 조금도 부족함이 없게 하려 함이라 (야고보서 1:2-4)

"너희가 여러 가지 시험을 당하거든 온전히 기쁘게 여기라"(약 1:2) 나에게
는 이 말씀이 성경 전체를 통틀어 가장 도전적이라고 느껴진다. '여러 가지
시험'이라는 표현은 가장 끔찍한 상황까지도 다 포함하는 포괄적인 말이기
때문이다. 만일 당신의 배우자가 암에 걸리면, 온전히 기쁘게 여기라. 당신
의 자녀가 교통사고로 목숨이 위중하거든, 이마저도 온전히 기쁘게 여기라.
당신의 집이 경매로 넘어가거든, 온전히 기쁘게 여기라. 당신이 실직하고
파산신청을 해야 하거든, 온전히 기쁘게 여기라. 당신에게 심장마비가 오거
든, 온전히 기쁘게 여기라. 교통사고로 사지가 마비되고 시력을 잃더라도,
온전히 기쁘게 여기라.
　만일 야고보서에서 '온전히 좌절로 여기라'고 말했다면, 자신 있게 그 말
씀을 지킬 수 있을 것이다. 하지만 우리가 엄청난 상실을 경험할 때 어떻게
온전히 기쁘게 여기라는 말일까?
　첫 번째 열쇠는, '아는 것'이다(약 1:3). 야고보는 우리가 무언가를 알아야
한다고 했다. 고난 가운데 기쁠 수 있는 유일한 방법은, 하나님께서 주시는

10　St. Nilus of Ancyra | 『Endurance is the queen of virtues, the foundation of virtue, a haven of
tranquility』 | Eclectic Orthodoxy

깨달음을 얻는 것이다. 고난 가운데 하나님의 목적을 알아야 한다.

1960년대 어느 복음성가의 가사는 이렇다. "전 이해할 필요가 없어요, 전 그분의 손을 잡기만 하면 돼요." 이 곡은 가사도 입에 잘 붙고 곡조도 듣기 좋았지만, 거기에는 오류가 있다. 우리가 겪는 상황에 대한 이해가 없으면 우울감에 파묻히게 된다. 온전히 기쁘게 여기기 위해서는 먼저 인지하고 깨달아야 하는 것들이 있다.

예수님께서는 알고 계셨기 때문에 십자가를 인내하실 수 있었다. "나의 의로운 종이 자기 지식으로 많은 사람을 의롭게 하며 또 그들의 죄악을 친히 담당하리로다"(사 53:11) 당신이 고난을 받을 때 그 이유를 분명히 알고 있어야 한다! 예수님께서는 무엇을 알고 계셨을까? 인간의 변덕스러운 분노와, 마귀의 궤계와, 인류를 구속하시려는 아버지의 계획을 알고 계셨다. 그분께서 온 세상의 죄를 짊어지고 계신 것을 알고 계셨다. 그 사실을 아는 것이 그분으로 하여금 십자가를 통과하실 수 있게 했다. 그러므로 고난 가운데 우리는 반드시 깨달음을 추구해야 한다.

무엇을 깨달아 알아야 할까? 야고보는 1:3에서 이 질문에 답한다. "너희 믿음의 시련이 인내를 만들어 내는 줄 너희가 앎이라" 하나님께서는 고난을 통하여 우리 삶 가운데 인내를 만드신다는 것을 알아야 한다.

헬라어로 '믿음'은 남성명사이고, '인내'는 여성명사이다. 믿음과 인내가 만나면 결국에는 결실을 맺는 '약속'을 낳게 된다.

인내란 무엇인가? 야고보서 1:3-4에서 그 정의를 찾을 수 있다. 인내는 오랜 시간에 걸쳐 역경 가운데 유지되는 믿음이다. 이것은 성경적인 인내의 핵심이기 때문에 이 정의를 꼭 붙잡으라. 인내는 장기간 동안 참담한 상실과 고난 가운데서도 하나님의 말씀을 꼭 붙잡으며 믿음 안에 거하게 한다. 예수님께서도 십자가에서 인내하셨고, 당신도 고난 가운데서 그렇게 해야 한다.

야고보는 미덕의 여왕이 우리 삶 가운데 무엇을 낳는지 이어서 설명한다. "인내를 온전히 이루라 이는 너희로 온전하고 구비하여 조금도 부족함이 없게 하려 함이라"(약 1:4)

인내는 우리를 은혜 가운데 가장 많이 변화시키는 덕목이다. 그 무엇도 인내만큼 우리 삶에 그런 변화를 일으키지 않는다. 우리가 인내할 때(즉, 고난 가운데 믿음을 지키고 있을 때), 하나님께서 우리로 온전하고 구비하여 조금도 부족함이 없게 하시는 여정을 걷게 된다. 인내는 우리를 온전하고 구비하게 만들 능력을 갖고 있다. 우리는 온전히 기쁘게 여기기 위해 이것을 알아야 한다.

불 같은 고난 가운데 믿음으로 인내하면 우리는 지식의 온전함 가운데, 성령의 열매의 온전함 가운데, 성령의 은사를 구비하여 믿음과 능력의 온전함 가운데, 섬김과 겸손의 온전함 가운데, 의와 거룩함의 온전함 가운데, 전혀 부족함 없이 하나님의 충만함을 구비한 채 고난을 통과해서 나올 것이다.

당신의 고난은 무덤이 아니라 태이다.

인내를 미덕의 여왕이라 부르는 데는 다 이유가 있는 것이다. 야고보서 1:4 말씀을 성경 중에서 가장 두꺼운 약속의 말씀이라 할 수 있겠다! 야고보서 1:2 말씀이 성경 중 가장 삼키기 힘든 말씀이라 여긴다면, 1:4 말씀은 성경에서 가장 큰 약속의 말씀이다. "너희로 온전하고 구비하여 조금도 부족함이 없게 하려 함이라" 하나님께서는 당신이 고난을 통하여 그리스도의 온전함에 들어서게 하실 계획을 갖고 계신다. 그렇기에 온전히 기쁘게 여기라!

예수님께서는 인내를 통해 십자가의 수고를 마치셨다. 우리도 동일한 방법으로 우리 고난을 이겨낼 것이다. 믿음 안에 거할 수 있도록 무엇이든 노력하자!

다음 장에서 계속 십자가의 수고에 대해 살펴보겠다.

> 예수님께서 떡을 떼어 허다한 무리를 먹이신 것처럼,
> 아버지께서는 예수님을 떼어 온 세상을 먹이셨다.

그룹 공부와 토의

1. '예수님께서는 십자가에서 우리의 구원을 얻으셨다. 우리가 구원을 얻으려 노력하는 것
   은 오히려 예수님의 공로를 모욕하는 것이다.' 이 진리가 당신에게 무슨 의미가 있는지
   나누십시오.

2. 이번 장에서 당신에게 특별히 와닿은 문장이 있습니까? 함께 나누십시오.

3. 십자가를 태로 비유하는 것에 대해 나누어 봅시다(요 16:21). 당신의 고난을 태로 여기는
   것이 고난을 통과하는 데 얼마나 도움이 됩니까?

4. '우리는 하나님 나라의 더 높은 지위에 들어설 자격을 얻기 위해 그리스도의 고난에 동
   참한다.' 이 진리가 당신의 삶 가운데 어떻게 적용되고 있습니까?

5. 갈렙의 삶에 대해 공부해 봅시다. 당신이 산지를 취하는 데 있어서 갈렙의 삶이 어떻게
   격려해줍니까?

6. 인내가 미덕의 여왕이라 불릴만하다고 생각합니까? 필자가 내린 인내의 정의, '인내란
   오랜 시간에 걸쳐 역경 가운데 유지되는 믿음이다'에 대해 나누어 봅시다.

7. 야고보서 1:2-4 말씀으로 기도하고 마무리하십시오.

chapter 17

산이 평지가 되다

예수님은 하나님께서 갈보리 산을 평지로 만드실 때까지 십자가에서 일하셨다. 여기서 내가 갈보리를 '산'이라 부르며 그것이 '평지'가 된다고 한 것은 하나님께서 선지자 스가랴에게 주신 예언을 따른 것이다. 스가랴는 비전을 통해 산이 평지로 변하는 것을 보았다.

스가랴의 비전의 원형을 보면서 이것을 어떻게 십자가와 연결할지 알아보고, 하나님 안에서 당신이 걷는 믿음의 여정을 이 개념과 어떻게 연결할지 알아보겠다. 스가랴의 예언에 따르면 당신이 시험받는 중에도 하나님께서 그 산을 비옥한 평야로 만드실 때까지 일할 의욕이 생길 것이다.

스룹바벨의 산

스가랴의 예언은 하나님께서 이스라엘의 총독 스룹바벨을 격려하기 위해 주신 것이다. 바벨론에서 70년간 포로생활 후 스룹바벨은 포로 되었던 이스라엘 사람들을 이끌고 예루살렘으로 귀환한다. 돌아온 이들 앞에는 큰 산 같은 과제인 성전 재건이 놓여 있었다. 돌아온 남은 자들을 동원하여 예루살렘에 성전을 재건해야 했는데, 스룹바벨에게는 성전 건축이 올라가지 못할 산과 같이 보였다. 성전 재건에는 막대한 인력과 자재와 재정이 필요했고 총독에게는 이러한 것이 없었다.

하나님께서 이때 선지자 스가랴를 세우셔서 이스라엘 사람들과 스룹바벨을 격려하심으로 그들이 성전 재건을 하도록 인도하셨다. 스가랴가 받은 몇 가지 비전을 통해 주의 백성들이 용기를 얻고 성전 건축을 결단하게 하신 것이다. 성도들이 사명을 감당할 수 있도록 예언자는 주의 말씀을 들려주어야 했다. 스가랴는 이스라엘 백성들에게 "주께서 함께하십니다! 지금은 성전을 지을 때입니다!"라고 말한다. 그의 비전과 예언을 듣고 스룹바벨과 이스라엘 백성들은 용기를 얻어 성전 공사를 위한 힘을 모았다. 스가랴는 어렵게만 보이는 성전 건축에 대하여 하나님께서 다음과 같이 말씀하시는 비전을 보았다.

큰 산아 네가 무엇이냐 네가 스룹바벨 앞에서 평지가 되리라 그가 머릿돌을 내놓을 때에 무리가 외치기를 은총, 은총이 그에게 있을지어다 하리라 (스가랴 4:7)

여기서 '큰 산'은 성전 건축공사를 말하고, '평지'는 공사의 완성을 의미한다. 하나님께서 선포하시는 것은, 성전이 지어져서 마지막 돌이 제자리에 놓이면 사람들이 기뻐 외치리라는 것이다.

산은 누구인가

'큰 산'은 정복하거나 올라가기 어려울 것 같이 보이는 장애물을 가리킨다. 하나님께서 이러한 장애물에게 물으신다. "네가 무엇이냐?" 큰 산에는 이름이 있다. 에베레스트 산, 마터호른 산, 킬리만자로 산, 파이크스 피크, 레이니어 산 등. 큰 산은 이름으로 안다. 우리가 살면서 큰 문제에 닥치면 그 산에 이름을 붙이게 된다. 가난, 질병, 파산, 미움, 이혼, 외로움 등. 그래서 산은 자기만의 이름과 성격을 갖는다. 살면서 만나는 도전이나 산이 인격을 갖게 되는 이유는 흔히 그들이 마귀적 힘을 통해 역사하기 때문이다. 보통 특별한 이름을 가진 마귀가 그 산을 지배한다. 이때 영적 전쟁의 상대는 상황이 아니고 악한 영이라는 것이 확실하게 된다.

영적 전쟁을 할 때 자연적인 상황을 넘어 악한 영이 누구인가를 찾아야 한다. "우리의 씨름은 혈과 육을 상대하는 것이 아니요 통치자들과 권세들과 이 어둠의 세상 주관자들과 하늘에 있는 악의 영들을 상대함이라"(엡 6:12)

하나님께서는 "큰 산아 네가 무엇이냐?"고 하시며, 스룹바벨의 성전 공사를 작은 것으로 여기셨다. 스룹바벨의 눈에는 산이 커 보였으나, 하나님께서는 그것을 작게 여기시며 찌르시는 것이다. 하나님께서는 시험을 그렇게 보신다. 세상 권세가 하는 일은 여호와 보시기에 작은 일이다(왕하 3:18). "네가 무엇이나 되느냐? 내 눈에 너는 아무것도 아닌 것 같다. 네가 누구라 생각하느냐? 하나님은 네가 아무것도 할 수 없는 것을 알고 너를 경멸한다!"

십자가는 우리 삶에서 오직 한 장을 차지하는 이야기에 불과하다. 부활을 경험하면 그 이야기는 끝이 난다.

황무함과 풍성함

먼저 하나님은 산을 경멸하신다. 그리고 산을 향하여 선포하신다. "스룹바벨 앞에서 평지가 되리라!" 아주 높은 산에게 평지가 되라고 선포하시는 것이다. 황폐한 산에는 아무것도 자라지 못한다. 그러나 평지에는 과실나무가 뻗어가고 넓은 정원을 가꿀 수 있다. 주님은 황폐하고 메마른 산이 풍성한 열매를 맺는 평지가 되라고 선포하신다.

성전이 완성되면 백성들은 마지막 돌을 얹고 "은총, 은총!"을 외치며 기뻐할 것이라고 주님은 말씀하신다. "은총, 은총!"이라 외침은 하나님의 은총이 성전에 임하여 온 땅을 복 주실 것을 그들이 확실히 알고 있었던 것이다. 어려운 도전인 성전 공사가 끝나지 못한 모습의 큰 산이 무너져 성전은 완성될 것이다. 성전은 열매를 맺는 평지가 되고 영적인 양분을 공급하여 성도들을 강건하게 할 것이다. 하나님의 생명이 성전 예배와 제사를 통해 흘러갈 것이다. 이스라엘 나라에 하나님의 특별한 은총이 부어져 국민이 흥왕할 것이다.

골고다는 황폐한 산

산이 변하여 평지가 된다는 생각을 하면 떠오르는 것이 골고다 산이다. 황폐하고 어둡고 아무것도 나지 않는 외로운 산이 있다면 그 산이 골고다이다. 그러나 예수님께서 십자가에 달려 열심히 수고하시고 믿음으로 기다리셨을 때 하나님 아버지께서 하신 일을 보라. 산이 평지가 되었다!

골고다가 풍성한 광야가 되어 온 땅에 식량을 공급한다. 이제 그리스도의 십자가를 신앙 여정의 지표로 삼으라. 십자가에서 큰 고통을 당하신 예수님을 생각하며 불 같은 시험을 이겨내라. 말씀과 성령과 믿음으로 견디며 싸워 승리하라. 산이 평지가 되어 하나님의 선하심을 이 시대가 취하게 될 때까지.

> 예수님이 부활하실 때까지 당신은 부활할 수 없었다.
> 그분의 십자가가 당신을 의롭게 하였고,
> 그분의 부활만이 당신을 일으킬 수 있다.

하나님께서 당신의 산에 선포하신다

큰 산이란 어두움, 외로움, 황량함, 맹수, 야산, 여러 불가능한 조건들, 무시무시함, 불가능의 무더기이다. 평지란 희망찬 건물들이 들어설 가능성, 많은 사람들, 상업, 기관들, 농업과 부유, 그리고 생산을 생각나게 하는 곳이다. 미국에서 평지와 산의 차이를 잘 볼 수 있는 곳들 중 하나는 로키산맥 동쪽에 위치한 도시들이다. 특히 로키산맥 옆 평지에 있는 도시인 덴버에서는 풍요를 경험하게 된다. 수백만 명이 살고 있는 덴버에는 집과 식당과 학교와 산업시설과 상업지구와 대학 등이 가득하다. 덴버 같은 평지는 발전 가능성이 무한하다.

그러나 덴버에서 로키산맥이 있는 서쪽으로 가다 보면 변화가 확연하여, 땅에 평지가 끝나고 산이 시작되는 지점을 그릴 수 있을 것 같다. 산은 외롭고 메마르다. 갑자기 은행과 식당과 학교와 산업시설이 없어진다. 평지에는 무엇이나 지을 수 있는데, 산은 그렇게 할 수 없다.

스가랴의 비전이 주는 말씀은 이것이다. 하나님께서는 당신의 메마르고 불길하고 불가능한 산을 풍성한 평지, 사람들이 대접받고 위대한 것들이 건설되고 새로운 가능성이 넘쳐나는 곳으로 바꾸기 원하신다. 스룹바벨의 산에 대해 하나님이 말씀하실 때는 당신이 겪을 불 같은 시험의 산도 포함하여 예언하신 것이다. 현실이 당신 앞에 어두운 산 같이 보이더라도 주님은 그것을 향하여 평지가 될 것이라 말씀하신다. 믿음으로 십자가의 고통을 인내하노라면 하나님의 때가 와서, 초자연적인 힘으로 산이 무너지고 열매를 맺는 평지로 변할 것이다. 부활의 권능을 입은 성도는 일어나 축복의 도구가 될 것이다. 산을 뭉개고 평지가 되면 덴버 같은 도시를 세울 수 있다!

십자가에서 예수님은 산을 평지로 바꾸셨다. 당신의 시련도 그렇게 하실 것이다. 주님의 뜻은 당신의 무서운 불가능의 산을 무한한 가능성을 갖는 평지로 바꾸시는 것이다. 골고다를 평지로 바꾸신 하나님께서 당신의 산을 평지로 바꾸실 것이다.

스가랴의 비전을 통해 무엇을 배우는 걸까? 기다리라! 불 같은 시험 속에서 열심으로 일할 수 있는 은혜를 받으라. 믿음으로 오래 기다리다 보면 어려움 가운데에서도 하나님은 산을 평지로 만드신다. 그러면 하나님의 선하심을 온 세상에 나눌 수 있게 하실 것이다. 당신의 평지에 당신이 받은 하나님의 은혜를 전할, 크고 영원한 것을 세우길 기도한다.

그룹 공부와 토의

1. 스가랴 4장을 정독하고 인상적인 말씀을 골라 깊이 묵상하여 그룹 식구들과 나누십시오.

2. 떠나지 않는 큰 산이 앞을 가리고 있습니까? 그 산의 이름은 무엇인가요? 당신이 감당해야 할 영적 전쟁에 대하여 나누십시오.

3. 스룹바벨의 산은 하나님에게는 대수롭지 않은 것이기에 이것을 멸시하셨습니다. 하나님께서 당신이 싸우고 있는 권세를 비웃으시는 것을 느낀 적이 있습니까?

4. 하나님께서는 산을 풍성한 평지로 바꾸십니다. 이 진리를 증거하는 성경이나 역사 이야기가 생각나면 같이 나누십시오.

5. 골고다라는 산을 하나님은 풍성한 평지로 바꾸셨습니다. 십자가의 놀라움을 서로 나누십시오.

6. 스가랴는 스룹바벨의 산을 향하여 예언했습니다. "너는 평지가 될 것이다!" 그룹에서 산을 만나 힘들어하는 이들을 위하여 "너의 산은 평지가 될 것이다!" 선포하며 모임을 마치는 기도를 하십시오.

chapter 18

십자가의 영적 전쟁 I

당신이 골고다에 서서 십자가를 바라보고 있으면 그곳이 전쟁 지역이라고 직감적으로 느낄 것이다. 그리고 그것은 사실이다. 인류 역사상 가장 위대한 전쟁이 골고다에서 벌어졌다.

거대한 충돌

하나님 아버지께서 골고다에 대해 처음 말씀하셨을 때 십자가를 거대하고 어마어마한 충돌로 묘사하셨다. 에덴 동산에서 마귀와의 대화에서 처음 언급하셨는데, 뱀에게 이렇게 말씀하셨다. "여자의 후손은 네 머리를 상하게 할 것이요 너는 그의 발꿈치를 상하게 할 것이니라"(창 3:15) 예수님께서 마귀의 머리를 상하게 할 것이고, 마귀는 십자가에서 예수님의 발꿈치를 상하게 할 것이라고 말씀하신 것이다.

당시 하나님은 시간을 초월한 관점으로 십자가를 바라보시며 말씀하셨다. 하지만 예수님께서 십자가에 못 박히셨을 때는 그 어마한 고통에 압도

당하셨다. 손과 발에 못이 박힌 채 매달려 계신 그때는 그저 발꿈치가 상하는 정도로만 느껴지지 않으셨다. 몸의 모든 세포가 으스러지는 것만 같으셨을 것이다.

당신도 마찬가지이다. 불 같은 고난의 소용돌이 안에서 당신은 모든 세포가 갈기갈기 찢기는 것처럼 느껴질 것이다. 실제로 그렇기 때문에 그렇게 느낄 것이다. 하지만 하나님께서 이 십자가를 계획해 놓으셨을 때는 하늘에서부터 조감적 관점으로 바라보셨다. 언젠가 당신도 시간을 초월한 하나님의 관점으로 당신의 고난을 바라보게 될 날이 올 것이다. 그날에는 당신이 오늘 겪고 있는 극심한 고난의 본질을 제대로 직시하게 될 것이다. 이 고난은 그저 당신의 발꿈치를 상하게 하는 것이다.

오늘 예수님은 하늘의 관점으로 십자가를 바라보신다. 만일 지금 예수님과 십자가에 대한 친밀한 대화를 나눌 수 있다면 아마 이렇게 말씀하시지 않을까 싶다. "이야, 그땐 진짜 힘들었어. 내 발꿈치가 정말 제대로 상했네. 하지만 내 원수는 머리가 피투성이가 됐구나!"

예수님은 마귀가 절대 잊지 못할 두통을 선사하셨다.

당신은 어쩌면 지금 죽을 것 같은 고난 속에 있을지도 모르겠다. 하지만 언젠가는 완전히 다른 관점으로 오늘의 고난을 돌아보게 될 것이다. 왜 그럴까? 당신은 포기하지 않고 기도하며, 하나님의 약속을 상기하고 스스로를 격려하며, 하나님을 사랑하는 데 열심을 다하며, 하나님의 말씀을 끈기 있게 붙잡고 있기 때문이다. 언젠가는 승리한 자들의 무리 가운데 서서 이렇게 말하는 날이 올 것이다. "이야, 그땐 진짜 힘들었어. 내 발꿈치가 정말 제대로 상했네. 하지만 내 원수는 머리가 피투성이가 됐구나!"

그렇다. 사랑하는 여러분, 나는 하나님께서 당신의 고난을 통하여 원수의 머리를 피투성이로 만들기 원하신다고 생각한다. 그래서 이 고난이 끝날 때 당신은 마귀에게 전보다 더 많은 피해를 입힐 것이다. 마귀가 예수님과 십자가에서 대결한 것을 깊게 후회하고 있는 것처럼, 그가 당신을 공격한 날을 후회하는 날이 오길 바란다.

갈보리는 예수님과 마귀가 대결한 우주적인 복싱 링이었다. 서로 머리를 겨냥하고 주먹을 휘둘렀지만 마귀는 예수님의 발꿈치밖에 타격을 입히지 못했다. 반면에 예수님은 마귀에게 제대로 명중시키셨다. 영적 전쟁에 대해 배우고 싶다면 원수를 찾아가지 말라. 그는 실력이 그다지 좋지 않다. 그보다 전쟁의 대가(大家)를 찾아가라. 그분은 당신을 제자 삼으셔서 영적 전쟁을 가르치실 것이다.

개인적으로 나는 멜 깁슨(Mel Gibson)이 제작한 영화 〈패션 오브 크라이스트〉(The Passion of the Christ)의 큰 팬이다. 그 영화는 십자가에서 예수님이 얼마나 피투성이셨는지 그려볼 수 있게 도와준다. 영화에 보면 예수님은 머리, 얼굴, 목, 팔, 손, 등, 가슴, 다리, 발이 피투성이셨다. 하지만 착각하지 말기 바란다. 마귀는 십자가로 인해 예수 그리스도보다 더 만신창이가 되었다. 예수님은 십자가로 인해 상함을 입으셨지만, 마귀는 십자가로 인해 멸망했다.

언젠가는 오늘 당신이 겪는 고난을 뒤돌아보며 그것을 가볍게 여기게 되는 날이 올 것이다. 원수가 입은 상처와 비교했을 때 당신은 발꿈치만 상한 반면에, 원수는 머리가 박살났다는 것을 깨닫게 될 것이다.

당신은 흑암의 왕국을 무너뜨리기 원하는 크리스천인가? 그렇다면 당신의 발꿈치가 상할 수 있다는 것을 각오해야 한다. 거대한 승리에는 치러야 하는 값이 있다. 손에 상처가 없이는 다룰 수 없는 열쇠들이 있다. 예수님께서도 마귀를 이기실 때 상처를 입으셨는데, 하물며 우리는 어떻겠는가? 그리고 만일 우리에게 상처가 없다면, 과연 전쟁에 출정하기는 한 것일까? 예수님께서는 우리가 싸움에서 입은 상처를 귀하게 여기시고, 은혜의 트로피로 만들어 주신다.

예수님, 저를 제자 삼아주시고 원수의 머리를 강타할 수 있는 방법을 가르쳐 주시옵소서.

> 예수님께서 당신을 위해 죽으셨을 때,
> 그것을 개인적으로 받아들이길 원하셨다.

우리는 전쟁터에 서 있다

하나님께서 사람을 창조하셨을 때, 생존 가능한 우주 어느 행성에든 두실 수 있었을 텐데 온 우주 통틀어 마귀가 유일하게 거하고 있는 행성에 아담을 두시기를 택하셨다. 왜 그럴까? 천지창조 첫날부터 하나님께서는 마귀에게 도전장을 내미신 것이다. 아담의 후손과 마귀의 졸개들 간의 거대한 전쟁터로 설정하셨다. 이 땅에서 영원한 가치가 있는 것은 전쟁 없이는 취할 수 없다. 모든 인간사에 적용되는 전쟁의 법칙을 피할 수 없다. 선(善)은 전쟁을 통해서만 전진한다. 십자가는 그 현실을 나타내는 궁극의 상징이다. 하나님의 나라는 십자가의 전쟁을 통해서만 세워질 수 있다.

영적 전쟁은 치열하며, 이 전쟁 속에서 우리의 역할은 매우 실제적이다. 물론 하나님께서 영적 전쟁의 주된 용사이시지만, 우리도 싸워야 한다. 하나님께서 그분의 백성에게 승리를 베푸시는 것이 사실이지만(시 44:4), 우리도 전쟁터로 나가서 싸워야 한다. 예를 들어 하나님께서 이방 신전을 무너뜨리시면서 블레셋 사람들을 말살시키셨지만, 그것을 위해 삼손이 신전의 기둥을 찾아내고 온 힘을 다해 밀어야 했다. 전투태세를 갖추라. 전진할 수 있는 유일한 방법은 치열한 영적 전쟁을 통해서이다.

영적 전쟁에 참전하는 것은 하나님께서 우리에게 주신 '왕'이라는 정체성과 직결되어 있다. 고대에 왕의 주요 역할은 나라를 이끌고 전쟁에 나서는 것이었다(삼상 8:20, 10:1). 왕이 전쟁하러 나가는 것은 매우 본질적인 것이다. 군대를 이끌어 정복하고 전리품으로 나라를 부유케 하는 왕은 업적을 쌓은 왕으로 간주된다.

성경은 우리가 하나님 나라의 왕과 제사장으로 세워졌다고 말한다(벧전 2:9, 계 1:6, 3:21, 20:6). 우리는 제사장으로서 하나님의 집에서 섬긴다. 또한 왕으로서 이 땅에서 하나님의 뜻을 확장시키는 업적을 세운다. 라인하르트 본케(Reinhard Bonnke)의 표현을 빌리자면, 우리는 하나님 나라의 왕으로서 지옥을 약탈하여 천국을 번성케 할 수 있는 특권을 가졌다. 우리가 왕으로서 가진 기능은 전투적인 것이다.

예수님은 왕으로 오셨다. 즉 정복하러 오셨다는 것이다. 십자가에서 왕의 왕께서는 죄와 마귀와 죽음과 음부에 전쟁을 선포하셨다. 그분의 부활은 그분이 전쟁에서 승리하셨다는 것을 증명한다. 이제 예수님께서는 우리를 왕으로 세우셔서 이 땅에서 벌어지고 있는 선과 악의 거대한 전쟁에 함께 싸우러 나가자고 초대하신다. 그렇기에 우리는 영적 전쟁에서 더 탁월하게 싸울 수 있기를 늘 간구해야 한다.

왕이신 예수님께선 최고의 용사이시며, 나는 그분의 제자이다. 영화 〈스타워즈〉(Star Wars)의 용어를 빌려오자면, 예수님께서는 나의 제다이 기사이시며, 나는 그분의 파다완 견습생이다. 예수님은 내가 그분을 더욱더 닮아서 영적 전쟁에 능할 수 있게 훈련시키신다.

왕께서는 영적 전쟁에 대해 가르치실 때 갈보리 언덕을 훈련장으로 삼으신다. 그곳은 역사상 가장 위대한 전쟁의 승리를 이루신 곳이고, 당신에게 전쟁 기술을 가르치실 곳이다. 나는 십자가를 바라보면 이것이 내가 전쟁에서 싸우는 방법이란 걸 깨닫게 된다.

십자가는 영적 전쟁의 본보기이다.

가시관으로 인해 피범벅이 된 예수님의 머리 위로 패가 걸렸는데, 거기에는 '나사렛 예수 유대인의 왕'이라 기록되어 있다(요 19:19). 당신이 십자가 앞으로 나올 때, 우리를 전쟁터로 이끄시는 총사령관이자 왕이신 분을 마주하게 된다. 제자들은 예수님께서 로마를 정복하기 위해 오셨다고 생각했지만, 예수님은 그보다 훨씬 원대한 목표를 갖고 계셨다. 만일 십자가에서 내려오셨다면 로마를 정복하셨을 수 있지만, 죽음과 음부와 무덤과 마귀를 이기기 위하여 십자가에서 인내하셨다. 흠 없는 어린 양으로 죽어 음부로 내려가셔서 승리하시고 정복하셨다. 그리고 전리품을 손에 쥐시고 부활하셔서 사람들에게 선물을 주셨다(엡 4:8).[11] 그분은 위대한 용사이자 왕이시다!

> 다윗은 막대기와 돌 다섯으로 골리앗을 이겼다.
> 예수님은 막대기와 상처 다섯으로 마귀를 이기셨다.

세 명의 강도

마귀가 40일 동안 광야에서 예수님을 시험할 때 천하만국을 주겠다고

---

11 다윗도 동일한 일을 했다. 아말렉을 정복해서 전리품을 유다 장로들에게 선물로 주었다(삼상 30:26). 자신이 왕의 자질을 갖추었다는 것을 보여준 것이다.

했다(예수님은 그저 마귀에게 엎드려 경배하면 됐다). 하지만 예수님은 마귀로부터 천하만국을 빼앗으시겠다고 작정하셨다. 예수님의 의도는 이러했다. '네가 내게 천하만국을 주는 게 아니라, 내가 네게서 그것을 빼앗아 올 것이다.'

나는 이제껏 갈보리 십자가에 매달린 강도는 두 명이라 생각했다. 하지만 이제 와서 깨닫는 것은, 어떤 면에서 보자면 십자가에 매달린 강도는 총 세 명이었다. 중간 십자가에 달린 인자는 한편으로는 강도라 할 수 있다. 하나님께서 자신이 보내신 강도를 다른 두 강도 사이에 두심으로 완성하신 그림이 보이는가?

'예수님께서 도대체 무엇을 훔치셨다는 걸까?' 하는 의문이 들 수 있다.

우선, 예수님께서는 그날의 주인공이셨다. 모든 눈이 가운데 십자가에 고정되었다.

예수님께서는 천하만국의 통치권을 마귀로부터 훔치셨다.

예수님께서는 사망의 손아귀로부터 우리의 영혼을 빼내셨다.

예수님께서는 음부에 포로 된 자들을 빼내시고 그들을 이끌어 개선 행진에 참여하게 하셨다.

예수님께서는 마귀로부터 음부와 사망의 열쇠를 빼앗으셨다.

그리고 예수님께서는 내 마음을 훔치셨다. 나는 영원히 그분을 사랑할 것이다!

그리고 이것보다 더 놀라운 것은, 예수님께서는 그분이 나타나시길 기다리는 자들을 위해 도둑처럼 오셔서 이 험하고 엉망인 세상으로부터 건지실 것이다.

그렇다. 그날 십자가에 매달린 강도는 총 세 명이었다.

사탄은 쫓겨났다

예수님께서 십자가에 매달리실 순간이 임박했을 때, 그것에 대해 이 세상의 임금이 쫓겨날 것이라고 말씀하셨다. "이제 이 세상에 대한 심판이 이르렀으니 이 세상의 임금이 쫓겨나리라"(요 12:31) 예수님께서는 사탄이 스스로 주장하는 세상의 임금이 맞는다고 인정하셨지만(눅 4:6), 십자가에 달리실 때 사탄이 쫓겨날 것이라고 말씀하셨다.

그렇다면 사탄은 어디서 쫓겨났을까? 성경을 살펴보면 사탄이 쫓겨났다는 언급이 5번 있는데, 이것을 살펴보면 이 질문에 대한 답이 분명해진다.

그가 처음 쫓겨난 것은 그와 그를 따르는 천사들이 하늘에서 땅으로 떨어졌을 때이다(눅 10:18). 두 번째는 위에 언급한 요한복음 12:31 말씀처럼 십자가에서였다. 그 후 세 번은 미래에 일어날 사건이다. 세 번째로 쫓겨나는 것은 미가엘과 그의 사자들과 싸우는 전쟁에서 일어날 것이다(계 12:7-9). 지금 사탄은 하늘에 거하면서 이 땅보다 우위를 차지하고 있지만, 그가 땅으로 쫓겨나서 활동반경이 더 제한되는 날이 올 것이다. 다음 네 번째는 무저갱으로 던져질 것이다(계 20:3). 그리고 다섯 번째로 쫓겨날 때는 불과 유황 못에 던져질 것이다(계 20:10).

그는 다섯 번이나 마음속으로 '내가 높아질 것이다' 하고 생각하며 자신의 자리를 높여서 하나님처럼 되려고 했다(사 14:13). 그랬기에 다섯 번이나 쫓겨날 것이고, 그때마다 점점 더 아래로 던져질 것이다.

앞에서도 언급했듯이 두 번째로 쫓겨나는 사건은 십자가에서 일어난다(요 12:31). 그렇다면 십자가에서 사탄이 쫓겨날 때 어디서부터 쫓겨나는 것일까? 답은 요한복음 12:31에 바로 나온다. 십자가에서 사탄은 세상 임금이라는 위치와 지위로부터 쫓겨난다. 그의 권위가 격하되었다. 이 시대의 사람들이 그를 따르고 경배하기 때문에 그는 여전히 '세상의 신'이다(고후 4:4). 그리고 그는 여전히 공중권세 잡은 자로서(엡 2:2), 세 번째로 쫓겨나는 사건(계 12:7–9)이 있기까지 하늘에서 그 유리한 위치를 차지하고 있을 것이다. 하지만 그는 더 이상 세상의 임금이 아니다. 예수님께서 이 세상의 임금이시다. 예수님께서 부활하신 후 제자들에게, 하늘과 땅의 모든 권세를 그분께서 받으셨다고 말씀하셨다(마 28:18). 그분은 땅의 임금들의 머리가 되신다(계 1:5). 예수님은 천하만국을 다스리시는 분이다. 십자가에서 이 지위를 사탄으로부터 **빼앗으셨다**.

십자가는 인류 역사상 가장 극적인 군사작전이었다. 사탄이 세상 임금의 자리로부터 쫓겨났으며, 죄와 사망과 음부는 패배했다. 지옥은 사망으로부터 구원을 기다리는 성도들의 영혼을 **빼앗겼다**(엡 4:8).

앞으로도 계속해서 이와 같은 내용을 다룰 것인데, 다음 장에서는 십자가의 영적 전쟁이 우리가 영적 전쟁에 참여하는 데에 어떻게 적용되는지 함께 살펴보려 한다.

그분은 사자처럼 기도하셨고, 어린 양처럼 죽으셨다.

그룹 공부와 토의

1. 십자가를 전쟁으로 비유해서 이야기해 봅시다. 어떤 세력들이 전쟁에 참여하고 있습니까?

2. 지금 현재 영적 전쟁 가운데 있습니까? 당신의 고난이 발꿈치 상한 것보다 더 힘들게 느껴지는 경우는 언제입니까? 하나님께서 당신을 원수의 머리에 타격을 가할 수 있도록 준비시키고 계십니까?

3. 본문 중에서 다음 문장을 다시 찾아 읽어봅니다. '예수님께서도 마귀를 이기실 때 상처를 입으셨는데, 하물며 우리는 어떻겠는가?' 이 문장이 당신에게 어떤 의미로 다가오는지 나누십시오.

4. 필자는 우리가 예수님을 십자가에 매달린 세 번째 강도로 바라보는 관점을 제시합니다. 이 그림이 예수님의 아름다움에 대한 새로운 계시로 마음에 와닿습니까?

5. 사탄이 내쫓기는 다섯 번의 사건을 살펴보고 함께 나누어 봅시다. 마귀가 쫓겨났다는 사실을 아는 것이 당신의 신앙생활에 어떻게 도움이 됩니까?

6. 마무리하면서 십자가를 영적 전쟁의 본보기로 삼아봅시다. 창세기 3:15 말씀을 가지고 기도하십시오.

chapter 19

십자가의 영적 전쟁 II

영적 전쟁은 보통 기도를 통해 싸운다. 그래서 사탄이 우리의 기도 생활을 공격하는 것이다. 사탄은 어떻게 하든 우리의 기도를 막으려 한다. 기도하는 곳이 전쟁터가 된다. 사무엘, 다니엘, 예수님의 삶에서 보듯 그들이 기도하러 갈 때 정확하게 공격을 당했다.

사무엘은 어떻게 공격당했나

엘리 제사장과 사사 시대에는 이스라엘이 영적으로 잘 대처하지 못했다. 블레셋의 지배를 받기도 했고, 전쟁에서 언약궤를 빼앗기기까지 했다. 결국 언약궤는 다시 찾았으나, 임시 처소에 보관하게 되었다.

사무엘의 치리 하에 백성들은 주 앞에 슬퍼하고 회개하며 돌아가기를 원했다. 사무엘은 회개를 돕고자 온 국가적 기도회를 열었다(삼상 7:3-6). 우상을 버리고 하나님을 찾고자 온 국민이 모였다. 이때 블레셋 군대는 이스라엘 백성이 한곳에 모인 것을 보며 공격할 좋은 기회라 생각했다. 이스라엘

이 온 땅에 흩어져 있으면 찾아내기가 어려웠는데, 이제 한곳에 모여 있으니 블레셋에게 쉬운 공격 목표가 된 것이다.

이것이 중요한 요점이다. 이스라엘 백성이 기도하러 모였을 때, 적이 공격했다.

> 그 어떤 사람이 십자가를 지고 형장으로 올라가면서 두려움에 떨기는커녕
> 예언을 하고 있겠는가?(눅 23:29)

다니엘은 어떻게 방해를 받았나

바벨론에서 다니엘의 적들은 그를 공격하려 애썼다. 그를 무너트릴 수 있는 유일한 길은, 그가 하나님을 섬기는 것을 꼬투리 잡는 것이었다. 그들은 바벨론 왕이 법을 제정하게 하여 백성이 30일간 왕 외의 다른 신에게 기도하는 것을 불법으로 만들었다. 다니엘은 이 법이 제정된 것을 알고서도, 집에서 일상적으로 하던 대로 예루살렘을 향하여 난 창문을 열고 하나님께 기도했다. 적들은 기다리면서 이것을 보았고, 일어나 그를 잡아갔다. 그날 밤 다니엘은 사자 굴에서 지냈다.

요점은 이것이다. 다니엘이 기도했을 때, 적이 공격했다.

예수님은 어떻게 공격당하셨나

예수님은 자주 제자들과 함께 겟세마네 동산에서 기도를 하셨고, 그래서

가룟 유다도 그곳을 잘 알았다. 주님이 잡히시던 밤에 유다의 인도를 받아 무장한 군인들과 지도자들이 겟세마네 동산에 올라왔다. 주님께서는 기도 하고 계셨고, 그곳에서 주님의 적들이 체포했다.

이 점을 반복한다. 기도의 자리는 영적 전쟁의 자리이다. 기도하는 사람 이라면 굳이 싸울 일을 찾을 필요가 없이, 싸울 일이 생길 것이다. 사탄은 기도하는 사람을 공격한다. 당신이 무릎 꿇으면 가장 잘 싸울 수 있다. 예수 님의 기도 생활을 보면 그분께서 어떻게 십자가의 전쟁에 뛰어드셨는지 알 수 있다.

전쟁의 내용은 무엇인가

십자가에서 우주적인 싸움이 일어나고 있었지만, 전쟁의 이유를 쉽고 명 백하게 알 수 없었다. 분명히 예수님과 사탄의 싸움인데 어떤 방식으로 싸 웠을까? 사탄이 예수님을 어떻게 공격했고, 예수님은 어떻게 대응하셨을 까? 예수님의 기도 생활에서 해답을 찾을 수 있다. 기도의 동산 겟세마네에 서 예수님은 제자들에게 시험에 들지 않게 깨어 있어 기도하라고 말씀하시 며 전쟁의 성격을 알려주셨다(막 14:38). 시험받는 전쟁에 대비할 것을 경고 하신 것이다. 그들은 범죄하도록 시험을 받을 것이다. 그 예로, 육신적인 방 법으로 싸워 죄를 짓고 도망가며 주를 버리고 싶은 유혹을 받을 것이다. 예 수님은 제자들에게 눈을 크게 뜨고 기도하라고 권하신다. 기도하면 유혹을 물리치고 시험을 이길 것이었다. 그러나 기도하지 않으면 시험을 받을 것이 었다.

주님은 깨어 있으라고 강권하셨다. 이 말은 진행되는 일과 주위의 상황을 주시하라는 것이다. 즉 하나님, 사탄, 사람들이 각각 하는 모든 일을 분별하고 있어야 한다. 그리고 기도하라고 분부하신다. 이것은, 주위 상황을 살핀 후 사람들과 말하려 들지 말고 하나님께 아뢰라는 것이다. 사람들과 말하는 것으로는 시험을 이길 힘과 분별력을 얻을 수 없다. 영적 전투에 효율적으로 참가하려면 깨어 기도해야 한다.

예수님은 겟세마네 동산에서 제자들에게 어려운 일을 보여주시며 "유다가 나를 배반할 것이다. 무장한 군인들과 함께 나를 잡으러 온다. 어떻게 대처할 방법이 너희에게 있느냐?"라고 말하지 않으시고, "깨어 있어 기도하라"고 권하셨다.

예수님은 겟세마네 동산에서 사자와 같이 기도하심으로, 양과 같이 죽으실 수 있었다. 십자가에서 승리하기 전에 먼저 기도로 승리하셔야 했다. 그분은 겟세마네에서 기도하심으로 인해 십자가에서 시험에 들지 않으셨다. 우리가 기도함으로써 적을 대면하고 싸워 이길 힘을 성령으로부터 받는 것이다. 유혹을 받으며 전쟁할 때 기도는 우리의 보급선이다. 보급선을 확인하고 잘 보호하라.

군대에 입대하여 제일 먼저 배우는 군사 법칙은 '보급로를 사수하라'이다. 제2차 세계대전에서 히틀러가 패배한 가장 큰 원인은 탱크에 기름이 떨어지고 병사들의 식량이 떨어졌던 것이다. 히틀러는 작전상 치명적인 오류를 반복했다. 군대를 보급 계통이 닿을 수 없는 전선으로 밀어붙인 것이다.

영적인 전투를 시작하기 전에 먼저 자신의 보급로를 정비하라.

예수님은 겟세마네 동산에서 성령으로 충만함을 받으시고 십자가에서의 처형을 감당하셨다. 갈보리로 가실 때 전쟁에 나가는 용사처럼 걸어가셨다. 두려움에 떨기는커녕 예언하시며 가셨다(눅 23:29). 어떤 용사가 십자가에 달리러 가면서 예언할 수 있을까? 기름 부음 받고, 구원의 능력을 지니시고,

적을 무찌를 준비가 되신 위대한 왕!

십자가의 전투는 간단히 말하자면 이렇다. 사탄은 십자가의 예수를 유혹하여 죄를 짓게 하려 하고, 예수님은 그 시험에 들지 않도록 유혹을 거절하시는 것이다. 영적 전쟁의 본질은 마귀가 성도를 유혹하고, 성도는 마귀를 대적하는 것이다. 즉 마귀가 성도가 죄를 짓도록 부추길 때, 성도는 믿음으로 견디며 죄를 짓지 않도록 싸우는 것이다. 이렇게 우리는 전투한다.

> 자신을 구원하지 못하는 신을 섬기지 말라.
> 자신을 죽음과 음부에서 구원하신 하나님을 섬기라.

현재 전쟁에 인용하자

지금 집필하는 시점(2020년)에 미국은 마치 전쟁 지역 같다. 코로나 바이러스와 인종 갈등으로 온 땅이 끓어오르고, 공화당과 민주당이 필사적으로 싸우고 있다. 너무 긴장되어 있는 나머지, 어떤 사람들은 미국이 내전의 위기에 있다고까지 본다. 이러한 분위기의 미국에서 사탄은 무엇을 노리고 있을까? 사탄은 십자가의 예수에게 원했듯 우리에게도 똑같이 우리가 범죄하기를 원한다. 사탄이 원하는 것은 A라는 사람이 B에게 죄짓고, 또 B는 A에게 죄를 짓는 것이다. 그리고 C는 A와 B에게, D는 C에게, E라는 사람은 A, B, C와 D에게 범죄한다. 마귀가 원하는 것은 모든 사람들이 모든 사람에게 항상 죄를 짓는 것이다.

나의 친구 다니엘 림(Daniel Lim)의 말을 빌리면, 사탄은 사람이 가진 특권에 분노하고 있다. 사탄이 원했던 모든 것을 사람은 하나님께 얻었다. 사탄은 하나님 것을 훔치려다가 쫓겨났지만, 하나님은 그것을 우리에게 주고 계신다. 마귀는 예수님께 이 세상 나라를 주겠다고 유혹했으나 거절당했다. 그러나 예수님께서는 십자가의 승리로 세상 나라를 얻으셨고, 이제 사탄이 노리던 하나님 아버지의 것을 우리에게 주시게 되었다. 예수님으로 말미암아 하나님 아버지의 나라와 기업을 모든 피부색, 인종, 언어, 종족과 나라 사람들이 나눌 수 있게 되었다. 사탄이 탐내던 모든 것이 예수님의 공로로 성도들에게 주어졌다. 이렇게 되자 사탄은 사람들의 특권에 화를 내며, 쉬지 않고 사람들을 서로 죄짓게 하는 것이다.

"죄를 짓는 자는 마귀에게 속하나니 마귀는 처음부터 범죄함이라 하나님의 아들이 나타나신 것은 마귀의 일을 멸하려 하심이라"(요일 3:8) 여기서 '마귀의 일'이 무엇인가? 죄를 짓게 하는 것이다. 마귀는 자기만이 아니라 사람들도 죄를 짓게 한다. 예수님이 우리 삶에 오셔서 죄의 권세를 파하시고 마귀의 일을 멸하셨다. 우리의 가장 큰 적은 마귀가 아니라 죄이다. 왜 그럴까? 죄가 우리를 죽이기 때문이다. 마귀는 당신을 죽이지 못하지만, 죄는 분명히 당신을 죽게 한다. 죄는 사람들을 현실에 가두고 영원히 지옥으로 끌고 간다. 영적 전쟁의 내용은 죄와 싸우는 것이다.

십자가를 통하여 하나님 아버지께서 자녀들을 얼마나 혹독하게 훈련하시지를 알 수 있다. 그리고 부활은 자녀들을 향한 하나님의 친절하심과 관용을 나타낸다.

사탄은 예수가 범죄하도록 유혹했다

십자가에서 사탄은 예수님이 범죄하시도록 애썼다. 예수님이 고통으로 너무 지쳐서 유혹받으시기를 원했다. 만일 십자가에서 사탄의 계략으로 예수님이 범죄하셨다면, 결과는 파멸이었다.

- 예수님이 죄 없는 양으로 죽지 못하신다.
- 예수님이 자기 죄로 죽으시게 된다.
- 예수님의 인류 구원 계획이 수포로 돌아간다.
- 예수님이 죽음과 음부에 묶이신다.
- 예수님이 부활하실 수 없다.
- 예수님이 인류를 위한 모든 것을 잃어버리신다.

그러나 예수님이 고난받고 유혹을 물리치고 죽으시면, 결과는 대단할 것이었다.

- 예수님이 흠 없고 점 없는 어린 양으로 죽으신다.
- 예수님이 인류를 구속하신다.
- 예수님이 지옥에 내려가 복음을 전하시므로 우주가 흔들릴 것이다.
- 죄와 죽음과 음부와 사탄이 패한다.
- 예수님이 음부에 사로잡혔던 자들을 사로잡고 나오신다(엡 4:8).

음부에는 거룩한 자가 있을 수 없다. 마귀는 예수님이 십자가에서 죄를 범하기 원했으나, 주께서는 거룩하게 죽으셨다. 지옥에 거룩한 분이 임하시자 지옥이 그분을 감당치 못하였고, 제 3일에 부활하셨다(롬 1:4).

이 땅에 계실 때 예수님은 죄와 육신과 세상을 이기셨다. 죽으실 때는 질병과 슬픔과 율법의 저주와 사탄의 모든 권세를 이기셨다. 그리고 부활하심으로 죽음과 지옥과 무덤을 이기셨다. 이 얼마나 놀라운 승리자인가!

다윗이 아말렉을 이기고 돌아와 유다 장로들에게 전리품을 나눈 것을 기억하는가?(삼상 30:26) 다윗의 자손 예수님은 부활하시면서 마귀와 지옥을 파하시고 전리품을 성도들과 나누셨다(엡 4:8). 이것은 예수님이 십자가에서 유혹을 받지 않으셨기에 가능한 일이었다.

십자가에서 사탄이 예수님을 유혹한 두 가지 사실을 찾아보자. 십자가의 영적 전쟁을 다음 장에서 마치겠다.

십자가의 그늘 아래 살며, 그 십자가로 의미 없고 어리석은 것을 혼에서 제하라.

그룹 공부와 토의

1. 사탄은 기도의 자리를 공격합니다. 어떤 경험이 있습니까? '무릎을 꿇으면 가장 잘 싸울 수 있다.'라는 말을 경험했습니까?

2. '유혹과 싸우십시오.' 이러한 생각을 표현한 말씀이 생각납니까? 생각하는 것을 나누십시오.

3. 사탄은 예수님이 십자가상에서 유혹받고 죄짓기를 원했습니다. 강건하게 견디기 위해 예수님은 어떻게 하셨습니까?

4. 이 시대의 문화 전쟁에 대해 나누어 보세요. 사탄이 어떻게 서로 범죄하게 하는지 서로 나누어 보십시오. 이러한 문화 전쟁에 대하여 십자가는 뭐라고 말합니까?

5. 십자가에서 사탄은 어떻게 고통 중에 있는 예수님을 유혹하여 그분이 사랑을 타협하고 믿음을 버리라고 했습니까?

6. 마가복음 14:38 말씀으로 기도하며 마무리하십시오.

chapter 20

십자가의 영적 전쟁 Ⅲ

앞서 19장에서, 사탄이 예수님으로 하여금 죄를 짓게 시험했다는 것을 보았다. 그것을 좀 더 구체적으로 살펴보자. 어떻게 시험하고 있었는가? 먼저 사탄은 예수님께서 화를 내시고 방어적으로 나오게끔 자극하려 노력했다. 십자가에서 예수님을 향한 적대심이 어마어마했고, 사탄은 예수님께서 고난 중에 왜 이런 일을 겪어야 하는지에 대한 부당성을 느끼며 화내시기를 원했다. 자신의 무기를 총동원해서 예수님께서 화내시거나 분개하시거나 억울해하시거나 마음 상하시게끔 자극했다.

사탄은 예수님이 화내시게끔 시험했다

사탄이 예수님을 시험하는 데 사용한 한 가지 방법은, 예수님의 원수들로 하여금 증오로 날뛰게 만드는 것이었다. 먼저 유대인의 시기심을 끓어오르게 하여 예수님을 악의적이고 잔인한 행동으로 공격하게 만들었다. 그들의 분노가 얼마나 비합리적이었던지, 예수님을 처벌하기 위해 바라바라는 살

인자의 석방을 요구하기까지 했다. 사탄은 그들의 적대심으로 인해 예수님이 죄가 되는 반응을 일으키기 원했다. 하지만 예수님은 사람들의 공격 중에서도 그들을 오히려 사랑하셨다.

그러자 사탄은 로마 군인들의 적대심을 불러일으켰다. 유대 지도자들이 예수님을 빌라도에게 넘겼을 때, 군인들은 예수님을 자신들의 분노와 반유대주의 감정의 화풀이 대상으로 삼았다. 그들은 예수님을 채찍질하고 때리고 가시관을 씌우고 원하는 대로 잔혹하게 행했다. 이번에도 사탄은 예수님께서 이런 부당한 취급을 당하는 것에 대해 분노하시기를 원했다. 하지만 예수님은 그들을 미워하시는 대신 용서하셨다. 그들을 향한 예수님의 사랑은 너무나도 강해서 그 무엇도 그것을 능가할 수 없었다. 예수님의 마음은 이러했다. '너희가 내게 하는 그 무엇도 나로 하여금 너희를 미워하거나 위협하거나 비방하거나 보복하게 할 수 없다.' 예수님은 그들을 끝까지 사랑하셨다.

만일 예수님이 자신을 핍박하는 자들에게 화를 내시지 않는다면, 혹시 아버지에게 화내시도록 할 수 있을까? 하나님 아버지께서 예수님에게 분노의 잔을 붓고 계셨는데, 사실 따지고 보면 예수님은 그런 취급을 받으실 이유가 없었다.

사탄은 십자가에 달리신 예수님께 끊임없이 거짓말을 퍼부었다. 우리는 그가 예수님을 시험하려고 늘 기회를 노리고 있었다는 것을 알고 있다(눅 4:13). 그리고 십자가는 가장 최적의 기회였다. 사탄은 동원할 수 있는 모든 것을 다해 악착같이 예수님을 시험했다. 그가 무슨 거짓말로 예수님을 공격했는지 알지 못하지만, 아마 이런 종류였을 것이다. "당신의 아버지는 당신을 버렸어. 당신이 넘어지게 함정을 파 두신 거라고. 번지르르한 약속들로 기대하게 만들어놓고는 당신이 아버지를 가장 필요로 할 때 당신을 버렸다고. 당신의 아버지는 억압적이고 잔인한 폭군이야. 여전히 깨닫지 못하겠어? 당신을 이렇게 대하는 건 잘못된 거야! 도대체 당신 아버지라는 작자는 뭐하는 자야? 좋은 아버지가 아들을 사랑하는 모습이 이런 건가? 이제는 인정해. 당신의 아버지는 완전히 망가진 자야. 당신을 이렇게 고아처럼 내버려 두었잖아. 당신의 아버지를 욕하고 저주할 기회를 한 번 더 주지. 그럼 내가 당신을 이 십자가에서 내려오게 하고 목숨을 건져주겠어. 어서 아버지를 저주해!"

예수님이 이런 시험에 어떻게 반응하셨는지는 복음서에 나오지 않지만, 다윗이 쓴 시편 22편(십자가에 대한 메시아닉 시편이다)을 통해 드러난다. 다윗의 시를 통해 예수님은 십자가에서 이런 고백을 하셨다.

> 내 하나님이여 내 하나님이여 어찌 나를 버리셨나이까 … 주는 거룩하시니이다 (시편 22:1,3)

예수님은 사탄의 참소를 되풀이하는 대신 아버지에게 "주는 거룩하십니다"라고 말씀하셨다. 이 문장의 중요성을 설명하기 위해 '거룩'이라는 단어의 배경을 먼저 살펴보기 원한다.

> 사탄아, 너는 십자가에서 어린 양을 대적했지만,
> 음부에서 사자를 맞닥뜨리게 될 것이다.

예수님은 아버지를 경배했다

당신이 하나님께 "당신은 거룩하십니다"라고 말하는 것은, 그분의 위엄을 높이 올려드리는 것이다. 당신의 경배를 표현할 수 있는 방법은 근본적으로 두 가지이다. 먼저는 이런 고백이겠다. "당신은 친절하시고, 부드러우시고, 인자하시고, 자비로우시고, 은혜로우시며, 의지할 수 있는 분이십니다. 당신은 변하지 않으시고, 대결할 자가 없는 유일무이한 분이십니다. 당신은 아름다우시고, 의로우시고, 정의로우시며, 강하고, 능하십니다. 전능하시고, 전지하시며, 무소부재하십니다. 지혜로우시며, 분별하시며, 치유하시고, 건지시고, 구원하십니다. 도우시고, 구속하시고, 회복시키십니다. 우리를 안아주시고, 보살펴 주십니다. 겸손하시고, 오래 참으시고, 선하시고, 진실하십니다. 밝게 빛나시며, 불 같으시며, 질투하시고, 분노하십니다. 심판하시며, 신원하십니다. 밝혀주시고, 그 누구도 멈출 수 없는, 모든 것을 초월한 분이십니다. 내재하시고, 인내하시고, 신실하시고, 뛰어나시고, 탁월하십니다. 인내하시고, 예측불가하시며, 살아계시며, 생명을 주십니다. 순결하시고, 깨끗하시고, 흠이 없으십니다. 능하시고, 공정하시고, 영광스러우시고, 위엄하시며, 영원하시고, 영생하십니다. 보이지 아니하시고, 불타오르시며, 사랑하시며, 보좌에 좌정하신 분이십니다. 전쟁에 능하시며, 승리하시며, 정복하십니다. 용서하시고, 씻어주십니다. 요동하지 않으시고, 흔들리지 않으십니다. 놀라우시고, 헤아릴 수 없으시고, 측량할 수 없는 분이십니다."

아니면 이 모든 것을 한 번에 함축해서 말할 수 있다. "당신은 거룩하십니다"라고 고백하는 것이다. '거룩'이라는 단 하나의 영광스러운 단어에 하나님의 모든 놀라운 성품이 담겨있다.

예수님이 아버지께 "주는 거룩하십니다"라고 고백했을 때, 거기에는 이런 뜻이 담겨있었다. "당신은 온전하시고, 지혜로우시고, 친절하시고, 인자하십니다. 당신을 사랑합니다!" 예수님께서는 십자가에 못 박혀 매달리신 채 아버지를 경배하며 사랑을 고백했다. 이런 십자가의 면이 다윗의 시편을 통해 드러난다.

비록 그분의 아버지께서 자신을 죽이고 계셨음에도 불구하고, 예수님은 아버지를 원망하지 않으셨다. 그리스도의 태도를 특징짓는 것은 단지 원망의 부재가 아니라, 아버지가 내리신 형벌에 으스러지는 와중에도 그분을 높이는 것에 있다. "아버지께서는 저를 버리셨지만, 당신의 모든 길은 온전합니다. 아버지께서 지금 저를 다루시는 방식은 옳고 지혜롭고 선합니다. 당신은 거룩하십니다!"

사탄은 아버지를 향한 예수님의 사랑이 갈보리의 시련 속에서 무너지길 바랐지만, 예수님은 그 시험에 맞설 준비가 되신 상태였다. 예수님은 그저 계속 기도하셨다. 모든 것이 예수님을 대적하며 공격할 때, 그분은 자신의 손에 못을 박아 넣는 사람들을 계속 사랑하셨고, 하늘에 계신 아버지를 계속 사랑하셨다. 예수님은 사랑의 시험을 통과하셨다.

> 십자가란 아무것도 하지 않는 당신과, 모든 것을 행하시는 예수님을 뜻한다.

사탄은 예수님께서 낙심하시도록 시험했다

사탄의 첫 공세는 예수님의 '사랑'을 향했다. 예수님께서 억울하게 느끼시게 했다. 그리고 사탄의 두 번째 공세는 예수님의 '믿음'을 향했다. 십자가에서 예수님을 억울하게 만들지 못한다면 낙심하게 만들어서 믿음을 잃게 만들기를 꾀했다. 이것이 중요한 것은, 믿음을 따라 하지 않는 모든 것이 죄이기 때문이다(롬 14:23). 예수님께서 시련 가운데 믿음을 잃음으로 죄를 범하시면 흠 없는 어린 양으로 죽으시지 않게 되며, 음부에 가둘 수 있게 된다.

십자가에서 예수님은 믿음의 선한 싸움을 싸우셨다(딤전 6:12). 십자가형의 모든 것은 그 형벌을 받는 자들을 낙심과 절망과 좌절로 제압하기 위해 설계되었다. 믿음 가운데 서 있기 위해 예수님께서는 싸우셔야 했다. 사탄이 그의 모든 화전으로 공격해오고 있었기 때문에, 예수님께서는 믿음의 방패를 사용하셔야 했다(엡 6:16).

당시 사탄이 무슨 거짓말을 사용했는지 우리가 알지는 못하지만, 아마도 다음과 같았을 거라 생각해 본다. "당신은 결코 이것에서 회복하지 못할 거야. 당신은 이제 영영 아버지의 얼굴을 보지 못하게 될 거야. 당신은 음부로 내려가서 다시는 올라오지 못할 거야. 나는 당신을 내가 원하는 곳에 딱 두고 말 거야. 거기서 당신을 영원히 괴롭힐 거야. 당신 아버지의 계획은 실패했어. 당신의 상처는 치명적이고, 그 누구도 당신을 죽음에서 건질 수 없어. 당신은 이제 내 것이야."

절망은 예수님의 마음과 몸과 영혼을 정복하려고 했지만, 이사야는 바로 이 순간을 두고 이렇게 예언했다. "그는 쇠하지 아니하며 낙담하지 아니하고 세상에 정의를 세우기에 이르리니"(사 42:4) 예수님은 아버지의 능력과 선한 목적에 대한 믿음을 잃지 않았다.

예수님은 그분의 지식으로 인해 믿음 안에 굳건히 서 계실 수 있었다. 이사야가 이렇게 예언했다. "나의 의로운 종이 자기 지식으로 많은 사람을 의롭게 하며 또 그들의 죄악을 친히 담당하리라"(사 53:11) 예수님은 무엇을 아셨을까? 인간을 구속해 하나님의 소유로 회복시키실 아버지의 영원한 계획과 목적을 알고 계셨던 것이다. 십자가에서 예수님은 이러한 아버지의 계획과, 그것을 성취하실 수 있는 아버지의 능력에 대한 믿음이 있으셨다.

예수님께서 십자가 위에서 벌거벗고 계셨다고 생각하는가? 그렇지 않다. 그분은 진리의 허리 띠, 의의 호심경, 믿음의 방패, 구원의 투구, 성령의 검으로 무장하셨다(엡 6:14-17). 시험에 들지 않게 기도로 무장하셨다.

예수님께서 고난의 잔을 마시면서 아버지께 뭐라고 하셨을지 궁금하다. 아마 이렇게 말씀하시지 않았을까 싶다. "아바 아버지, 당신은 거룩하십니다. 당신은 선하십니다. 당신의 계획은 완벽하고, 시작하신 일을 이루실 것입니다. 모든 열방과 방언을 구원하실 것입니다. 당신은 구원하시고, 구속하시고, 치유하시고, 건지실 것입니다. 당신은 그들을 부르시고, 의롭게 하시고, 영화롭게 하시고, 면류관을 씌우시고, 그들을 저와 함께 제 보좌 위에 앉히실 것입니다. 아버지께서는 저를 살리실 것이고, 또한 그들을 살리실 것입니다. 저는 아버지의 능력을 압니다. 이 일을 완성하실 것을 압니다. 당신은 거룩하십니다!"

예수님은 믿음을 잃음으로 죄를 범하지 않으셨다. 고난의 잔을 끝까지 다 마시고 "다 이루었다"고 외치셨다. 흠 없는 하나님의 어린 양으로 죽으셨다.

죄를 범하지 않으면서 아버지의 잔을 마시고, 사탄의 공격을 이겨내고, 십자가형의 고통을 당하려면, 얼마나 강해야 할까? 정말 강해야 할 것이다! 사랑하는 여러분, 그분은 강하시다. 우리를 건지시고 구원하실 수 있는 강한 용사이시다. 마음을 다해 그분을 신뢰할 수 있다.

> 천사는 예수님의 무덤을 가로막던 돌을 옆으로 굴려서 그 위에 앉았다.
> 이렇게 말하는 것 같다. "내가 무덤의 로마 봉인을 뜯어냈다.
> 여기에 대해 무슨 할 말이 있는가?"

사탄은 동일한 방식으로 우리를 공격한다

우리가 치르는 전쟁은 그리스도께서 십자가에서 치르신 것과 정확히 일치한다. 원수는 우리의 믿음과 사랑을 공격해 죄를 짓게 하려 한다. 마귀를 대적하는 법을 배우려면 예수님을 본보기로 바라봐야 한다. 우리가 전쟁하는 방식이 바로 그러하기 때문이다. 십자가는 영적 전쟁의 본보기가 된다.

마귀는 우는 사자처럼 예수님께 달려들었고, 삼킬 자를 찾아 우리에게도 동일하게 달려든다(벧전 5:8). 우리를 어떻게 삼킬까? 죄를 짓게 만드는 것이다. 귀신들은 배고픈 사자처럼 침을 흘리며 우리를 시험에 들게 하려 한다.

사자는 우는 것을 통해 다른 사자와 소통하고 또 영역 표시를 한다. 하지만 이보다 더 중요하게, 사자는 사냥감을 위협하기 위해 울부짖는다. 사냥감은 혼란에 빠지면 과민반응하게 되고 포식자에게 더 쉽게 붙잡힌다. 그렇기 때문에 사탄은 가능한 모든 시험을 동원해 우리를 위협하려고 울부짖는다.

당신이 불 같은 고난 가운데 있을 때, 원수는 약해진 상태를 틈타 시험한다. 누군가는 나의 불 같은 고난을 바라보며 이렇게 물어볼 수 있겠다. "밥, 당신은 고난 가운데 죄를 지은 적이 있나요?" 물론 있다. 하지만 그렇다고 내가 자격을 박탈당한 것은 아니다. 예수님께서는 나의 제다이 기사이시며, 나는 그분의 파다완 견습생이다. 그분은 이 여정 가운데 나에게 영적 전쟁에 대해 가르치고 계신다. 예수님만이 완벽하게 수행하셨고, 우리 모두는 예수님께 눈을 고정시키고 나아갈 때 넘어지기도 하면서 배우게 된다.

사탄은 고난 가운데 우리를 어떻게 시험할까? 우리의 사랑이 식고 믿음이 무너져 내리게 한다. 우리를 속이려 하고, 기도하지 못하게 방해하고, 심령을 낙심케 한다. 우리가 하나님을 멀리하게 하려고 한다. 억울함과 분노에 사로잡히게 하려고 한다. 우리로 남을 원망하고 비난하고, 우리의 권리를 주장하고, 우리의 목숨을 지키게 하려 한다. 요약하면, 원수는 우리가 죄를 짓기를 원한다.

하지만 하나님께서는 당신의 삶을 향해 다른 계획을 갖고 계신다. 하나님께서는 당신이 매일 일상 가운데서 죄에 무너지지 않고 살아가기 원하신다. 하나님의 은혜는 당신이 남을 우선시하고, 원수에게 관용과 친절을 베풀고, 남을 자신보다 높이고, 보복하지 않고, 입술의 모든 말을 소금으로 맛을 내듯 할 수 있는 힘을 주실 것이다. 하나님은 당신이 항상 목숨을 내려놓고, 항상 당신의 생명을 미워하고, 항상 내어주고, 항상 관용을 베풀기 원하신다. 하나님의 뜻은 당신이 인내하고, 남의 좋은 점을 항상 바라보며, 당신에게 죄를 지은 자를 용서하고, 당신의 산업이 빼앗긴 것을 기쁘게 받아들이는 것이다(히 10:34). 당신을 도우셔서 늘 그분을 찬양하고 경배하고 두려워하고, 모든 일을 그분께 아뢰고, 그분의 선하심을 신뢰하고 기뻐하게 하신다.

우리가 기도하는 것은 매일의 삶 가운데 시험 들지 않고 이러한 하나님의 뜻 가운데 살아갈 수 있도록 간구하는 것이다.

거룩한 삶의 능력을 이해하고 있는가? 그 능력은 십자가에서 제일 극명하게 드러난다. 예수님은 온전한 거룩함 가운데 죽으셔서 (시험에 들지 않으시고) 음부로 내려가셨다. 거룩은 죽음, 음부, 사탄과 무덤보다도 더 강했다. 예수님께서는 셋째 날에 부활하셨고, 하늘로 올라가셔서 아버지와 함께 보좌에 앉으셨다(계 3:21). 거룩은 죽음 가운데서 부활했고(롬 1:4), 이것은 변하지 않는다. 거룩은 여전히 부활하고 가장 높은 곳으로 올라간다. 당신의 여정을 향한 하나님의 계획은 거룩이다.

당신이 처해 있는 웅덩이가 얼마나 어둡든지 간에, 당신의 문제가 얼마나 극복하기 어려운지 간에, 앞에 놓인 산이 얼마나 험난하든지 간에, 거룩한 삶을 살아가라! 거룩은 다시 일어난다. 예수님께서 당신의 심령 가운데 하시는 말씀에 귀를 기울이라. "이기는 그에게는 내가 내 보좌에 함께 앉게 하여 주기를 내가 이기고 아버지 보좌에 함께 앉은 것과 같이 하리라"(계 3:21)

깨어 있어 기도하라! 이것이 우리가 전쟁하는 방식이다. 예수님께서 우리를 죄의 결박으로부터 자유케 하셨고, 우리는 이제 시험을 이겨낼 수 있다.

이 책을 읽고 있는 당신은 무슨 전쟁을 마주하고 있는가? 당신의 결혼생활이나 가정 가운데 전쟁을 치르고 있는가? 아니면 당신의 경력이나 일터에서 전쟁이 벌어지고 있는가? 당신의 친구나 이웃이나 원수와 전쟁 가운데 있는가? 깨어서 기도하라. 그리하면 성령께서 승리할 수 있게 힘을 부어 주실 것이다. 날마다 거룩 가운데 살아가면, 당신은 만나는 모든 사람에게 생명과 은혜를 전하는 사람이 된다. 당신은 이 세상의 빛과 소금이다.

> 예수님은 부활을 목표로 삼으셨는가? 그렇지 않다.
> 그분은 두루마리를 주시하고 계셨다(계 5:7).

사탄은 왜 예수님을 십자가에 못 박았는가

사탄은 그리스도를 십자가에 못 박기 위해 선동했다. 그는 유대 지도자들의 광적인 시기심을 부추겨 예수님을 빌라도에게 넘기게 했고(막 15:10), 가룟 유다가 로마 군인들에게 예수님을 배반하게끔 조종했다(요 13:27). 사탄은 분명히 예수님을 죽이려는 책략을 꾸몄다.

하지만 그 이유는 무엇일까? 예수님은 반복적으로 자신의 체포와 죽음에 대해 예언하셨고, 이건 마치 사탄이 예수님의 손에 놀아나는 것처럼 보일 수 있는데 말이다. 사탄은 예수님께서 그분의 죽음을 예측하셨음에도 불구하고 왜 적극적으로 추진했을까? 사탄은 도박하는 자이기 때문이다.

사탄은 충동적으로 도박하는 자라는 것을 욥의 이야기를 통해 알 수 있다. 그는 항상 자신의 승률을 높이려 애쓴다. 십자가는 그에게 큰 도박이었지만, 예수님을 공격해 약점을 발견해서 죄를 짓게 만들 수 있는 가장 절호의 기회라고 생각했다. 거기에다 매우 고통스러운 죽음은 사탄의 패 중에 가장 최고의 패였다.

사탄은 두 가지를 두고 도박했다. 먼저는, 예수님께서 극심한 고통 속에 약해지셔서 죄를 짓게 유도할 수 있을 것이라고 도박했다. 그리고 만일 그것이 실패하면 그가 기대를 건 다음 도박이 있었다.

사탄은 사망이 예수님을 제압할 수 있을 것이라고 도박했다. 기억하라, 사탄은 천국에 거했었으며 하나님의 능력에 대해 알고 있었다. 하지만 이제 음부에 정착해 살아가면서 그는 사망의 능력을 목격하게 되었다. 사망은 모든 것보다 강했고, 모든 사람이 사망의 권세 아래 굴복했다. 그것은 대결할 자가 없는 자존(自存)의 능력이었다. 사망은 사탄보다 훨씬 강했고, 사탄은 그걸 알고 있었다. 사탄은 자신이 예수님을 당할 수 없다는 것을 알고 있었지만, 사망이 예수님에게 필적하길 바라며 그렇게 도박했다. 이렇게 생각했을 것이다. '사망이 얼마나 능력 있는지 하나님은 깨닫지 못한 것 같아. 과소평가한 거야. 예수를 사망의 능력 아래 굴복시킬 수 있다면 그는 절대로 도망가지 못할 거야.' 죄가 예수님을 쓰러뜨리지 못한다면, 사망은 그럴 수 있을 것이라고 사탄은 도박했다.

사탄의 도박은 컸다. 만일 음부와 사망이 예수님을 붙잡을 수 있다면, 사탄의 통치는 지속될 것이었다. 하지만 만일 예수님께서 죽음을 이기시고 음부에서 부활하시면, 사탄은 모든 것을 잃게 된다.

사탄을 정복하기 위해 예수님은 두 개의 큰 업적을 이루셔야 했다. 먼저는, 십자가에서 죄를 짓지 않고 시험을 이기셔야 했다. 그리고 음부로 내려 가셔서는 사망을 이기셔야 했다. 음부는 안에서부터 열려야 했다.[12]

욥의 경우와 마찬가지로 이번에도 사탄은 내기에서 졌다. 예수님은 죄와 사망을 둘 다 이기셨다. 우리의 승리자는 셋째 날에 음부 권세를 이기시고 죽음 가운데서 살아나셨다. 그분 안에는 사망과 음부와 사탄과 무덤의 연맹 이 제압할 수 없는 능력이 있었다.

부활! 함께 그리로 가보겠다. 지금까지 세 장에서 우리는 십자가의 영적 전쟁에 대해 살펴보았다. 이제는 예수님께서 전쟁을 통해 취하고자 하신 부 활에 대해 알아보자.

> 당신이 전국을 돌며 함께 따라다니던 분께서 죽으시고 다시 부활하시는 것을 체험한다면, 이로써 당신의 영혼은 투지에 불탈 것이다.

---

12 이 주제에 관해 내가 쓴 책 「돌파하는 믿음: 견고한 진을 무너뜨리는 하나님의 능력」(Opened From the Inside)을 읽어보길 권한다.

그룹 공부와 토의

1. 사탄은 십자가 위에서 예수님께서 화를 내시고 방어적으로 나오거나 마음이 상하시게 하려 시험했습니다. 당신은 전쟁 가운데 마음이 상하려고 한 적이 있습니까?

2. 시편 22:3에 따르면 예수님은 십자가에서 경배하셨습니다. 경배가 어떻게 우리가 죄짓지 않고 인내하는 데 돕는지 나누십시오.

3. '경배는 아버지가 내리신 형벌에 으스러지는 와중에 아버지를 높인다.' 이 문장에 대해 나누어 봅시다. 우리가 쓴 잔을 마시는 와중에 어떻게 하나님을 높일 수 있습니까?

4. "믿음을 따라 하지 아니하는 것은 다 죄니라"(롬 14:23) 전쟁 속에서 당신이 믿음을 잃게 하는 사탄의 공격이 있었습니까?

5. 고난 가운데 우리가 좇아야 하는 지식이 무엇입니까? 말씀 가운데서 답을 찾고 그 구절들을 함께 나누어 봅시다. 이 지식을 어떻게 좇을 수 있습니까?

6. 필자는 왜 사탄이 예수님을 십자가에 못 박았는지에 대한 자신의 관점을 나누었습니다. 이것에 대한 당신의 생각은 어떻습니까?

7. 시편 22:3을 묵상하며 기도로 마무리하십시오.

chapter 21
부활은 필수다

십자가와 부활은 분리할 수 없다. 십자가를 살펴보았다면 부활을 언급해야 십자가를 제대로 아는 것이다. 왜 그럴까? 십자가는 독자적인 사건이 아니기 때문이다. 이 속에는 십자가형이나 죽음을 넘어 많은 것이 담겨있다. 〈패션 오브 크라이스트〉(The Passion of the Christ)는 배반, 체포, 재판, 채찍질, 십자가, 죽음, 지옥으로 내려감, 부활, 승천 등 여러 장에 걸친 서사극이다. 전체 이야기는 죄와 질병과 죽음을 향한 매끄러운 변화이다.

십자가는 세미콜론(;)으로 끝나며 그 마침표(.)는 부활과 승천 뒤에 찍힌다. 십자가는 부활을 돋보이게 하는 뒷배경으로 이해해야 한다. 부활을 통해 십자가가 효과적이고 진실된 것을 확인하게 되는 것과 마찬가지이다. 부활 없는 십자가는 시간의 모래에 묻혀져 버려지는 비극일 뿐이다. 그러나 부활을 전제로 하는 십자가는 인류를 구속하고 소망을 주는 흥미진진한 스릴러이다.

십자가와 부활의 태생적 연결 관계를 살핀 후, 어떻게 그 두 가지를 나눌 것인가 생각해 보자. 앞에서 언급한 것과 같이 부활 없는 십자가는 하나님의 자녀 학대가 되고, 부활 있는 십자가는 영광스러운 하나님의 복수이며 최고의 영예가 된다. 냉소주의자들은 십자가를 학대하는 아버지의 도구로 보기 때문에, 하나님의 명성을 위해서도 부활이 요구된다. 부활로 하나님의 선하심과 인자하심과 지혜가 증명되었다. 그러므로 부활이란 호화로운 부착물이 아니라 구속사에 기본적으로 있어야 할 요소이다. 십자가와 부활은 이렇게 공존해야 한다.

왜 이것이 우리에게 중요한가? 주님과 하나 됨을 이루려는 삶의 여정 속에서 하나님께서는 우리로 하여금 그분의 십자가와 부활을 함께 나누도록 예정하셨다. 십자가는 우리 삶에 일어나는 고난의 문제를 견디고 이해할 수 있도록 도와준다. 그리고 그분의 부활하심은 우리도 또한 부활할 것이라는 확신을 준다.

"만일 우리가 그의 죽으심과 같은 모양으로 연합한 자가 되었으면 또한 그의 부활과 같은 모양으로 연합한 자도 되리라"(롬 6:5) 다시 말하는데, 십자가는 당신의 삶의 이야기 중 절대로 마지막 장이 아니다. 불 같은 시험이 시작되는 때부터 하나님께서는 그 결과가 부활로 마무리되도록 마음을 정하셨다. 부활이라는 결말이 없으면 이야기가 끝난 것이 아니다. 십자가에 달리는 것은 놀라운 내용이 되고, 부활은 놀라운 결말이 된다. 십자가가 있는 곳에 부활이 따라야 한다. 그것이 하나님의 뜻이다. 십자가는 이 땅에 부활의 권능을 풀어놓는 방법이다. 십자가를 통해 부활이 임한다. 십자가가 클 때 부활도 위대하다.

십자가형은 순종하는 시간

십자가와 부활의 공생적인 관계를 이해하려면 십자가형이 우리 이야기에서 강력한 대목이라는 사실을 인정해야 한다. 설명을 해보겠다. 이야기를 듣고 나서 기억하며 말하는 부분이 가장 강력한 대목이다. 보통 결말이 아름답게 끝났다고 해서 감격하는 경우는 많지 않다. 이야기의 조마조마한 부분 즉 사람으로는 해결할 수 없는 것들을 기억한다. 예수님이 부활하신 것은 분명 영광스럽지만 십자가에 달리신 것이 능력인 것이다(고전 1:18). 이와 같이 환난 중에 가장 어려운 시간을 지날 때가 능력을 나타낼 때이다. 십자가는 능력을 나타내는 길이다. 십자가와 함께할 때 다음 세대가 따르기 원하는 역사가 일어난다. 우리는 주님과 함께 역사를 만들어가며 주의 능력을 나타내야 한다. 당신이 부활하고 나면 당신을 칭찬하기보다 십자가에 달렸던 당신을 기억할 것이다. 당신이 겪는 극한 어려움을 보면서 관객들은 조마조마한 마음으로 극적인 긴장과 신비와 손가락을 깨무는 전율을 느끼게 된다. 부활은 영광스러운 명예를 가져다주지만, 십자가의 고난은 이야기의 핵심 부분을 제공한다. 다시 하나님께서 부활을 배경으로 당신 여정의 고통을 그려내신다. 이런 대조는 당신의 십자가형을 눈에 확 띄게 하고 다음 세대의 흥미를 사로잡는다.

성경을 통해 이런 주장을 설명하겠다. 당신은 욥이라는 이름을 들으면 그가 결국엔 모든 것을 갑절로 받았고, 건강을 회복했고, 영광스러운 주를 직접 뵈었고, 풍성하게 연수를 다했고, 많은 유산을 남겼다는 것이 생각나는가? 그렇지 않다. 종기가 난 욥! 친구들의 배척을 받던 사람! 갑작스레 자녀와 부와 아내의 도움과 감정적인 안정까지 빼앗겼던 사람이 생각날 것이다.

욥을 생각하면 그의 고통이 생각난다. 즉 욥의 이야기 중 가장 강력한 대목은 '극심한 고통'이다. 그가 그러한 고통을 당했을 때 물론 자신이 시험장에 있다는 생각은 하지 못했을 것이다.

요셉. 그를 생각하면 먼저 그가 애굽의 2인자가 되어 애굽인의 생명을 구하는 것이 생각나는가? 그렇지 않다. 감옥과, 형제들의 거절과, 노예 시절과, 10년간의 무고한 옥살이가 먼저 생각날 것이다. 왕궁에서 그가 지위를 얻었다는 사실보다, 그가 어려움을 존경받을 만한 방식으로 다 극복했다는 점에서 그를 칭찬하게 된다. 그는 감옥에서 하나님의 목적을 알고자 고민했을 것이다. 그는 자신이 드라마 같은 삶을 살고 있다는 것도 알지 못했다. 그가 옥살이를 통해 힘을 길렀기에, 그의 이야기는 모든 세대에서 죄수들에게 소망을 준다.

한나. 한나의 이름을 들으면 먼저 연상되는 것은 '이스라엘의 첫 왕에게 기름 부은 위대한 선지자 사무엘의 어머니'가 아니다. 먼저 생각나는 것은 불임으로 슬픔을 겪던 어느 여인이다. 자식이 없던 이 여인이 울며 슬픔과 탄식을 쏟아 놓았을 때, 그녀는 자신의 이야기를 21세기의 사람들이 기억할 것이라고는 생각지 못했을 것이다. 우리가 그의 흐느끼는 마음을 이해하는 것은 우리 또한 불임이 있기 때문이다.

이 원리는 우리에게 적용된다. 당신이 삶의 고된 역경과 시련 가운데 있을 때, 그때야말로 우리의 삶에서 가장 강력한 이야기를 이루는 부분이 된다. 수십 년 동안 많은 사람들에게 회자될 당신만의 이야기, 간증을 만들어 내고 있는 것이다. 고난을 감당하고 최선을 다하라. 당신의 그 간증이 힘있게 하라. 하나님께서 일하실 재료를 드리라. 가슴에 크게 과녁을 그리고 불화살을 준비하라. 하나님께서 오는 세대들에게 들려주실 간증을 만들어 가시도록 허락하라.

부활은 십자가 사건을 타당하게 한다

십자가는 예수님의 가장 강력한 이야기가 되었고, 그분의 부활은 우리에게 능력이 되었다. 우리에게도 이 원리가 역사한다. 우리는 십자가를 질 때 우리 삶에 가장 강력하게 성장을 주는 곳에 있는 것이고, 부활을 경험할 때 다른 사람들을 살리는 역사를 일으킨다. 당신이 십자가에 달릴 때 사람들은 당신의 결말을 보려 할 것이다. 당신의 놀라운 삶을 주목하며 어떻게 귀결될지 궁금해할 것이다(히 10:33). 그들은 하나님께서 당신을 버리셨나 의아해하며 "하나님은 이렇게 하시지 않는데." 하는 것이 십자가를 볼 때 처음 일어나는 일이다.

예수님이 십자가에 달려 일그러진 모습을 보며 우리는 말한다. "이 사람이 하나님께 벌 받는 모양이군. 친구에게는 이렇게 하시지 않지." 그러다가 하나님께서 예수님의 부활을 허락하시면 "아이쿠! 틀렸군" 한다.

부활을 통해, 십자가의 고난을 허락하신 분이 하나님이신 것이 확실해진다. 부활의 역사가 임하면 많은 사람들이 보고 두려워하게 된다(시 40:3). 어려운 시련의 주체가 하나님이신 것을 알게 되기 때문이다. 보던 사람들은 이런 결론을 내리며 두려워할 것이다. '하나님께서 너에게 감옥을 준비하셨다면, 나에게도 비슷한 일이 생길 수 있지.' 당신이 부활하면 사람들이 질투하시는 하나님의 다스림 앞에 떨게 된다. 당신의 부활은 하나님이 당신의 모든 역경과 고통을 포함하여 처음부터 끝까지 당신의 이야기를 써왔다는 것을 보여줄 것이다.

주님은 양처럼 죽으셨고, 사자처럼 부활하셨다.

그리스도께서 부활하셨다!

이 사실은 복음의 깃발이며 최고의 소식이다! 예수님은 우리의 구원을 값을 주고 사셨고, 무덤에서 일어나 하늘로 승천하셨고, 하나님 앞에서 우리의 중보자로 일하고 계신다. 우리가 섬기는 구세주는 죽으셨다가 부활하신 분이다. 놀라운 이야기가 아닌가!

만일 누군가 와서 예수님이 부활하지 않으셨다고 하면 그 말은 이치에 어긋나고, 그는 다음의 세 가지 질문에 답할 수 없을 것이다.

1. 예수님이 무덤에서 부활하지 않으셨다면, 그분의 죽음으로 예수 운동이 그치지 않았을까?

우리가 알고 있는 것처럼, 리더가 죽으면 운동은 끝나버린다. 이런 이유로 대제사장이 예수님을 죽이려 애써서 공작한 것이다. 그는 예수님의 추종자들이 예수님의 십자가형을 목격하고 깨닫기를 원했다. '이 사람을 따르면, 이 사람처럼 처형된다.' 예수님의 운동을 저지시키려 주동자 예수님을 죽인 것이다. 단순히 예수님을 죽이는 것이 아니라 가장 무시무시한 방법으로 죽여서 아무도 다시는 예수님을 좇지 못하게 하려 했고, 그래서 십자가형을 집행했다. 그런데 예수 운동이 끝난 것이 아니라, 십자가를 통하여 그 운동이 시작된 듯했다. 어째서 그랬을까? 한 가지 설명이 가능하다. 예수님이 죽음에서 부활하셨다!

2. 예수님이 무덤에서 부활하지 않으셨으면, 왜 갑자기 제자들이 그분을 위하여 기꺼이 죽으려 했을까?

예수님 생전에 제자들은 용기가 없었다. 한 예로 예수님이 체포되셨을 때, 제자들은 같이 체포되어 처형될 것을 두려워하여 도망했다. 그런데 예수님이 죽으신 후 갑자기 그들이 담대해져서 주의 이름을 위하여 죽어도 좋다고 말한다. 이렇게 갑자기 변한 이유가 무엇일까? 그들의 용기에 대하여 설명할 수 있는 합당한 이유 하나가 있다. 예수님이 죽음에서 부활하셨다!

3. 예수님이 무덤에서 부활하지 않으셨다면, 왜 유대 지도자들이 그분의 시체를 찾지 않았을까?

예수님의 제자들이 예수님이 무덤에서 부활하셨다고 주장했을 때, 이에 대한 유대인들의 합리적인 반응은 열심히 시체를 찾는 것이다. 그런데 그들은 왜 그렇게 하지 않았을까?

유대 지도자들은 제자들이 예수님의 시신을 가져갈까 봐 무덤에 경비대를 파견했다. 그들은 제자들이 밤에 예수님의 시신을 훔쳐서는 그분이 부활하셨다고 선동할 것을 막고자 유능한 경비대를 보내 무덤을 경비하게 했다. 그런데 예수님의 부활 이후 천사가 무덤을 가로막고 있던 돌을 굴려 무덤이 빈 것을 보이자, 경비병들이 죽을 듯 놀랐다. 그리고는 이 사실을 은폐하기 위하여, 밤에 제자들이 와서 그들이 잠든 사이 예수님의 시신을 가져갔다고 이야기를 만들었다. 그러나 제자들은 예수님이 부활했다고 주장하였고, 많은 무리가 호응하고 있었다. 예수님이 죽고 나서 갑자기 예수 운동에 도약점이 생기자, 유대 지도자들이 당황했다. 그들은 시체를 만들어서라도 그 주장을 잠재우고 싶었다.

시체를 보면 따르는 무리들이 흩어지고 잊게 될 것을 유대인들은 알았다. 그렇게 되도록 예수님의 시체를 간절히 원했다. 그런데 여기서 말하고 싶은 것이 있다. 유대인들은 시체를 찾으려 들지도 않았다. 자기들의 이야기를 믿었다면 시체를 찾기까지 팀을 파송했을 것이다(시체는 숨기기 어렵다). 그러나 그들은 이러한 시도조차 하지 않았다. 제자들도 시체를 찾으려 하지 않았다. 이 모든 것을 설명할 수 있는 합당한 이유 한 가지가 있다. 유대 지도자들은 시체가 없다는 사실과, 예수님이 부활하신 것을 알았다!

요약하면, 예수님의 부활만이 다음 사실을 설명한다.

- 예수님이 죽으신 후에 일어난 예수 운동
- 예수님이 죽으신 후 제자들이 담대해진 것
- 예수님의 시체를 감추거나 찾는 사람이 없었다는 사실

예수님은 부활하셨다! 성령 강림 후 제자들은 예수님의 부활을 확신에 넘쳐 전했다. 따르던 분이 죽었다가 살아나면 제자들의 영혼에 어떤 용기가 생기는 것이다.

> 예수님은 자신이 유대인의 왕이라고 주장하셔서 십자가형을 받으셨다.
> 하나님 아버지께서도 그것을 주장하시려고 그분을 부활하게 하셨다.

부활은 개인적이다

십자가 사건은 모든 사람이 볼 수 있는 공개적인 일이었다. 그러나 부활은 매우 개인적이었기에 아무도 보지 못했다. 부활이 요란스런 불꽃놀이, 조명탄과 함께 일어날 것이라고 기대했을지 모르지만, 그 반대였다. 부활의 장면은 아무도 보지 못했다. 왜 그럴까? 부활은 하나님과 예수님과 성령님 삼위 사이에서 일어나는 은밀한 일이었기 때문이다. 삼위 하나님만이 그 행

사에 참석하셨다. 성부 하나님께서 그 순간을 다른 누군가와 나누기에는 너무나 개인적이었다. "아들아, 이 일은 너와 나 사이의 일이다." 십자가 사건은 예수님께 개인적이었고, 부활은 성부 하나님께 개인적이었다. 설명을 들어보라.

예수님은 그분이 십자가에 달리신 것을 매우 개인적으로 여기셨다. 예수님은 "나의 하나님, 나의 하나님, 왜 나를 버리십니까?"라고 울부짖으셨다. 예수님은 십자가 사건이 성부께서 자신에게 개인적으로 행하신 일이라고 여기셨다. 마찬가지로, 당신의 손과 발이 못 박힐 때, 당신은 그것을 개인적으로 받아들이는 것이다.

주님과 함께 못 박힐 때 당신은 하나님을 바라보며 이렇게 말한다. "주님, 저를 낮추셔서 흙을 먹게 하십니다. 직장에서 해고하셨습니다. 사람들의 멸시를 받게 하셨습니다. 친구들과 멀어지게 하셨습니다. 저를 얽매어 가두어 놓으셨습니다. 제 얼굴에서 깊은 수심을 없애지 않으셨습니다. 저의 시대와 시즌을 바꾸셨습니다. 저는 끊임없이 슬퍼합니다. 제 입을 막으셔서 나갈 수 없게 하셨어요. 네, 저는 이것을 개인적으로 받아들입니다."

하나님께서 당신이 그것을 개인적으로 받아들이게 하시는 것이다. 십자가는 모든 것을 빼앗아가고 모든 일을 개인적으로 당하게 한다. 그리고 하나님 아버지께서 예수님이 부활하게 하셨을 때도 개인적으로 다루셨다. 극적인 이 장면을 많은 사람들 앞에 보여 대적의 가슴을 공포로 내려앉게 하실 수도 있었으나, 하나님은 조용히 개인적으로 부활을 진행하셨다. 부활이 너무도 개인적이고 친밀한 것이기에 다른 누구도 개입할 수 없었다. 하나님 아버지는 예수님에게 "나는 네 것이며, 너는 내 것이다"(행 13:33)라고 말씀하고 계셨다. 아주 특별한 관계였다.

하나님께서는 당신을 십자가에 못 박는 것이 당신에게 개인적이 되게 하신다. 그리고 부활하게 하실 때는 이 모든 일이 하나님 아버지께도 개인적이라고 하시는 것이다. 부활에 대하여 다음 장에서 좀 더 다루겠다.

> 예수님은 부활하시고 첫 열매가 되셨다(고전 15:20).
> 많은 것의 첫 번째로 부활하셨다.
> 주님께서 여신 통로로 우리가 부활하는 것이다.

그룹 공부와 토의

1. 십자가 이야기에 부활이 필수적인 이유는 무엇입니까? 주께서 이것에 대하여 무슨 말씀을 하십니까? 하나님께서 이에 대해 무엇을 가르쳐 주셨습니까? '십자가는 당신의 삶의 이야기 중 절대로 마지막 장이 아니다.'라는 말에 대해 서로 나누십시오.
2. '이야기 속에 가장 힘들었던 부분이 이야기의 가장 강력한 대목이다.' 생존 인물의 간증을 통해 이야기를 설명하십시오.
3. 예수님이 죽음에서 부활하신 사실을 믿게 하는 가장 확실한 이유는 무엇입니까?
4. 당신은 왜 부활이 조용하고, 억제되고, 잠잠하게 표현되었다고 생각합니까? (부활의 목격자는 아무도 없습니다!)
5. 하나님과 동행하는 경험 중 주님과 극히 개인적인 관계를 가진 적이 있으면 그것에 관하여 나누십시오.
6. 로마서 6:5을 믿음으로 선포하며 마치는 기도를 하십시오.

chapter 22

하나님께서는 부활을
선호하신다

바울은 부활하신 예수님에 대해 이렇게 말했다. "성결의 영으로는 죽은 자들 가운데서 부활하사 능력으로 하나님의 아들로 선포되셨으니 곧 우리 주 예수 그리스도시니라"(롬 1:4) 예수님이 '성결의 영'으로 부활하셨다고 말한다. 다른 말로 하자면 예수님은 거룩으로 인해 음부에서 나오셨다. 다윗은 하나님께서 주의 '거룩한 자'를 멸망시키지 않을 것이라고 말함으로 이에 동의했다(시 16:10). 거룩함은 예수님을 십자가에 못 박았고, 또한 거룩함은 예수님을 부활시켰다. 예수님을 음부로 내려가게 한 것이, 그분을 음부에서 벗어나게 했다.

이것은 요셉을 떠올리게 한다. 요셉의 거룩함이 그를 감옥으로 이끌었고, 그를 또 거기서 건져냈다. 당신의 삶에 적용하자면 만일 순종이 당신을 십자가에 못 박았다면, 그것이 또한 당신을 부활하게 할 것이다.

정체성

로마서 1:4에서 바울은 부활이 아버지의 선포였다고 말한다. 그 구절에서

'선포하다'라는 단어를 사용했다. '선포하다'라는 헬라어 단어의 뜻은 '표시하다'이다. 부활 당시 하나님께서 천국의 형광펜을 들고 예수님을 여러 번 강조해 표시하시며 모든 피조물 앞에 이렇게 선포하신 것이다. "다 여기를 주목하거라. 이가 내 아들이다."

'선포하다'라는 단어는 아버지께서 예수님을 죽은 자 가운데서 살리실 때 예수님에게 무언가를 말씀하셨다는 것을 뜻한다. 어떤 말씀을 하셨을까? 사도행전 13:33을 보면 "너는 내 아들이라"라고 하셨다고 알려준다. 부활은 선포였다. 하나님은 확성기를 통해 온 천하에 그분께서 가장 사랑하시는 자가 누구인지 공표하신 것이다. 그리고 그 메시지를 한 번 더 강조하기 위해 지진까지도 보태셨다(마 27:51).

부활은 예수님께 정체성을 불어넣었다. '너는 내 아들이다.' 십자가는 정체성을 으스러뜨렸지만, 부활은 정체성을 불어넣었다. 바울은 로마서 1:4을 통해서 부활은 전부 정체성에 관한 것임을 알려준다.

예수님은 그분의 정체성을 십자가에 두지 않으셨다. 예수님은 "나는 십자가요 죽음이니"라고 하지 않으시고 "나는 부활이요 생명이니"라고 하셨다(요 11:25). 그분의 정체성을 부활에 두신 것이다. 이것이 그분의 본질이다. 부활은 당신에게 일어날 수 있는 하나의 사건이 아니라 인격체이시다. 당신이 구덩이에서 부활할 때 예수님을 만나게 된다. 부활이 곧 예수님이시기 때문이다.

당신이 겪고 있는 불 같은 고난은 정체성의 깨어짐을 동반할 것이다. 하나님께서는 그 고난을 사용하셔서 당신의 삶 가운데 흔들릴 수 있는 모든 것(여기에 정체성도 포함된다)을 흔들고 계신다. 당신이 사라져 없어질 것들에 정체성을 두었다는 것을 보여주실 것이다. 그리고 이제는 흔들리지 않는 것에 정체성의 닻을 내리게 하실 것이다.

유대인들은 십자가 앞에서 예수님의 정체성을 공격하며 조롱했다. "네가 만일 하나님의 아들이어든 자기를 구원하고 십자가에서 내려오라"(마 27:40) 당신에게도 동일한 일이 벌어질 것이다. 당신이 으깨지는 동안 마귀가 그리스도 안에서 당신의 정체성을 의심하게 할 것이다. "당신은 스스로를 하나님이 사랑하는 자라고 말하지만, 현실을 직시해. 이것 봐, 하나님은 당신을 버렸어. 당신의 목소리에 귀를 기울이지도 않는데 어떻게 당신을 하나님이 제일 사랑하는 자라고 생각할 수 있어?"

당신의 상황이 지옥 같다고 여겨진다면, 지옥은 정체성이 파괴되는 궁극의 현장이다. 사탄의 정체성도 불과 유황 못에서 파괴될 것이다(계 20:10). 예수님께서 음부로 내려가셔서 갇힌 영혼들에게 복음을 전하셨을 때 가장 큰 질문은 그분의 정체성에 관한 것이었다. "도대체 이 사람은 누군가? 정말 자기가 주장하는 자가 맞는가? 이 사람이 정말 우리를 구원할 수 있다는 것을 믿을 수 있는가?"

예수님께서 부활하실 때 하나님 아버지께서는 형광펜을 꺼내셔서 예수님 주변으로 화살표를 잔뜩 그리시며 이렇게 선포하셨다. "바로 이 자다. 이 자가 내 아들이다. 내가 가장 사랑하는 자다." 아버지께서 아들의 이름을 선포하시고 들어 올리셔서 하늘과 땅의 모든 권세를 주셨을 때, 예수님은 자신감이 솟아 넘치셨을 것이다. 요한계시록에 기록된 예수님의 특징은 그분의 정체성에 대해 아주 확고한 자신감이 있으시다는 것이다. 하나님 아버지께서 예수님을 부활시키신 방식을 보고 있으면, 그것이 그렇게 놀랍지도 않다.

뿌리를 내린 정체성을 찾아가는 당신의 여정도 이와 비슷할 것이다. 당신의 고난은 당신의 정체성을 다 무너뜨릴 수 있지만, 당신의 부활이 그것을 회복하고 확인시켜 주고 거기에 확인 도장까지 찍어줄 것이다. 당신이 부활할 때 하나님으로 채워진 정체성이 밀려들어 올 것이다. 당신이 예수님의 죽음에 참여했기 때문에, 이제는 죽음 가운데서의 부활에 참여할 것이다.

당신은 다시 일어날 것이다!

스스로를 죽음 가운데서 살릴 수 있는 분은, 또한 나를 살리실 수 있다!

하나님께서는 부활을 선호하신다

십자가와 부활의 공생관계를 계속 살펴보는 동안에, 나는 이것을 분명하게 명시하기를 원한다. 하나님은 분명 십자가를 존귀히 여기시지만, 부활을 선호하신다.

이 개념은 로마서 8:34에 나온다. "죽으실 뿐 아니라 다시 살아나신 이는 그리스도 예수시니" 여기에 나오는 '~ 뿐 아니라'의 헬라어 단어는 '~보다 훨씬 좋은 것', '~보다 더 바라는 것'을 뜻한다. 즉, 이 구절의 의미는 이렇게 된다. "그리스도 예수께서 죽으셨지만, 그것보다도 훨씬 좋은 것은 그가 다시 살아나신 것이다." 십자가의 죽음은 물론 중요하고 귀하지만, 그분의 부활은 그것보다 훨씬 더 좋다.

위 구절의 앞부분은 '하나님께서 십자가를 존귀히 여기신다'는 것이다. 그 이유는 무엇인가? 십자가의 고난을 통해서 나올 수 있는 모든 선한 것들을 알고 계시기 때문이다. 예를 들어, 우리가 극심한 고난 가운데 있을 때 하나님께서는 우리를 성숙하게 하시고, 거룩함 가운데 온전하게 하시고, 우리의 인격을 다듬으신다. 우리는 고난을 통해 하나님과의 친밀감이 깊어지고, 믿음이 견고

해지고, 말씀의 이해가 넓어지며, 더욱더 효과적인 사역을 위해 준비된다.

이렇게 우리의 십자가를 통해 나올 수 있는 모든 좋은 것들을 귀하게 여기시지만, 하나님은 우리의 부활을 선호하신다.

그렇기 때문에 우리는 이렇게 질문할 필요가 없다. "하나님, 저를 정말 살리기 원하십니까? 이 구덩이에서 저를 건져내실 계획이 있으신가요?" 이미 이 질문에 대한 답을 로마서 8:34에서 하셨다. 하나님은 우리의 고난보다도 우리의 부활을 더 갈망하신다.

로마서 8:34의 약속이 당신을 확신으로 채우길 소원한다. 하나님께서는 정말 당신을 살리길 원하신다!

십자가는 신앙생활의 본보기이다.

예수님은 음부에서 고난받으셨는가

성경은 예수님께서 음부에서 고난받으셨는지에 대해 구체적으로 말해주지 않는다. 그렇기 때문에 이 질문에 대한 나의 대답은 추측의 영역에 속하는 것이다. 이런 전제 하에, 나는 왜 예수님께서 음부에서 고난당하지 않으셨다고 믿는지에 대한 네 가지 이유를 전한다.

1. 십자가에서 예수님은 "다 이루었다!"고 말씀하셨다(요 19:30).

이것은 예수님이 죽는 순간 말씀하신 것이다. 이 말씀은 싸움이 끝났고, 값이 온전히 다 지불되었다는 것을 의미한다. 만일 우리의 구원을 확보하기 위해 음부에서도 더 고난을 받으셔야 했다면, 십자가에서 예수님은 "거의

다 이루었다!"고 하지 않으셨을까? 하지만 십자가에서 예수님의 말씀은 단호했다. "다 이루었다!" 고난이 이미 다 끝난 것이다.

2. 죽음이 그분의 가장 낮은 지점이었다.

바울의 유명한 게노시스[13] 본문에서, 그는 그리스도의 비우심과 수치를 이렇게 묘사했다.

> 그는 근본 하나님의 본체시나 하나님과 동등됨을 취할 것으로 여기지 아니하시고 오히려 자기를 비워 종의 형체를 가지사 사람들과 같이 되셨고 사람의 모양으로 나타나사 자기를 낮추시고 죽기까지 복종하셨으니 곧 십자가에 죽으심이라 이러므로 하나님이 그를 지극히 높여 모든 이름 위에 뛰어난 이름을 주사 (빌립보서 2:6-9)

이 본문은 점진적인 겸손을 묘사한다. '하나님과 동등됨 … 자기를 비워 … 종의 형체 … 죽기까지 복종 … 십자가에 죽으심' 본문이 전개될수록 바울은 예수님께서 계속적으로 더 겸손하게 스스로 낮아지신 것을 보여준다. 여기서, 자신을 비우는 것의 가장 낮은 지점은 '십자가에 죽으심'이다. 예수님께서 십자가에서 음부로 내려가셨음에도 불구하고, 바울이 언급한 가장 낮은 지점은 음부가 아니라 그의 죽으심이다. 예수님께서는 숨을 거두신 그 순간부터 부활을 향해 전진하셨다. 죽음이 가장 낮은 지점이기에, 예수님의 고난은 십자가에서 죽으심으로 마친 것으로 보여진다.

3. 다윗은 예수님께서 음부에서 기뻐하셨다고 했다.

다윗은 음부로 내려가시는 예수님에 대해 이렇게 예언했다. "이러므로 나

---

13 빌립보서 2:7에서 바울은 '비우다'라는 뜻의 '게노시스'(kenosis)라는 헬라어 단어를 사용했다.

의 마음이 기쁘고 나의 영도 즐거워하며 내 육체도 안전히 살리니 이는 주께서 내 영혼을 스올에 버리지 아니하시며 주의 거룩한 자를 멸망시키지 않으실 것임이니이다"(시 16:9-10) '스올'은 음부의 히브리어 단어이다. 예수님께서 음부로 내려가셨을 때 그분의 육체는 안식일 동안 무덤에서 '안전히' 소망 가운데 쉬었다. 다윗은 예수님께서 그분의 영혼이 음부에 있을 동안 "나의 마음이 기쁘다"고 하셨다고 말한다. 왜 기뻐하셨을까? 예수님은 무덤 속에 안치된 그분의 시체가 멸망 즉 썩기 전에 하나님 아버지께서 부활시키실 것을 알고 계셨다(시체는 통상적으로 사흘 후부터 부패하기 시작한다).

예수님은 음부에서 기쁜 마음을 지니셨다. 이제껏 음부에서 기쁜 마음을 지닌 자는 하나도 없었다. 음부는 이 기쁜 마음을 지닌 분을 어떻게 대해야 할지 몰랐다.

예수님께서 음부에서 기쁘셨기 때문에, 나는 그분께서 음부의 슬픔과 괴로움에 잠기지 않으셨고 십자가에서 그분의 고난을 다 마치셨다고 해석한다. 비록 음부에 계셨지만 예수님은 소망 없는 괴로움을 이기신 승리자셨다.

4. 예수님은 음부에서 말씀을 선포하셨다.

베드로는 예수님이 음부에 내려가신 것에 대해 이야기하며, 그분께서 영으로 가셔서 옥에 있는 영들에게 선포하셨다고 말한다(벧전 3:19). 예수님은 사망과 음부의 권세에 붙잡혀 있는 옥에 있는 영들에게 복음을 전하셨다.

만일 예수님 본인께서 음부의 고통에 시달리셨다면 그곳에 갇혀있는 포로들에게 효과적으로 설득력 있게 복음을 전하셨을 것이라 상상할 수 없다. 예수님이 음부에 있는 영들과 마찬가지로 음부 앞에서 무력하셨다면 그 누가 그분의 메시지를 믿겠는가?

뿐만 아니라, 나는 음부에서 복음 전파 허가서를 발급해준다고 생각하지 않는다. 사탄은 예수님이 거기서 말씀을 선포하시는 걸 원치 않았고, 예수님을 막을 수 있었다면 막았을 거라고 본다. 하지만 예수님께서 아무 방해 없이 말씀을 선포하셨다는 것은, 그분께서 사탄과 그의 졸개들을 누르는 권세를 갖고 계셨다는 것을 증명한다. 예수님은 음부에 계실 때 그것의 권세 아래 있지 않으셨고, 그것 위에 뛰어난 주님이셨다.

예수님은 음부에서 고난받으셨는가? 나는 아니라고 본다.

어떤 사람은 이 질문에 대해 탐구하는 것이 무의미하고 추측에만 근거한다고 생각할 수도 있겠지만, 나는 이 질문이 굉장히 유의미하다고 본다. 예수님께서 음부에 계셨던 (대략적으로) 36시간 동안, 나는 그곳에 일어났을 폭풍이 상상이 된다. 음부의 귀신들은 예수님을 통제할 수 없어서 어쩔 줄 모르며 날뛰었을 것이다. 그 무엇도 그들의 계획대로 전개되고 있지 않았다.

예수님은 음부에 계시는 동안 승리자로서 자유롭게 활보하시며, 가시는 곳마다 진동을 일으키셨다. 역사상 가장 위대한 탈옥을 준비하시는 동안 음부의 권세는 떨고 있었다.

예수님께서 죽음에서 부활하셨을 때 그것은 음부의 가장 깊은 곳까지 닿는 충격파를 일으켰다. 음부의 깊숙한 곳에서 파생된 지진은 지면까지 올라와 지진을 촉발시켰다(마 27:51). 그분께서 지옥에서 올라오시는 사건은 드라마처럼 매우 강렬했다. 나는 언젠가 천국의 도서관에서 예수님의 부활 편을 시청하게 될 것을 기대한다.

이 모든 것은 다음 질문으로 이어진다.

무덤을 지키던 군인들은 그들이 마주하게 된 생명을 보고 무서워 벌벌 떨었다. 그들은 무덤에서 영생을 보게 될 거라 예상하지 못했다.

예수님은 언제 사탄의 머리를 상하게 하셨는가

이 질문의 배경을 잠시 설명하겠다.

에덴 동산에서 아버지가 사탄에게 십자가에 대해 이렇게 말씀하셨다. "여자의 후손은 네 머리를 상하게 할 것이요 너는 그의 발꿈치를 상하게 할 것이니라"(창 3:15) 예수님은 사탄의 머리를 상하게 하고, 사탄은 예수님의 발꿈치를 상하게 할 것이고 말씀하셨다. 사탄이 문자적으로 예수님의 발꿈치를 상하게 한 것은, 예수님의 발이 나무에 못 박혔을 때이다. 비유적으로 보자면, 사탄은 예수님의 발꿈치만 상하게 했다. 즉 사탄은 예수님께 아주 사소한 상처를 입혔다(발꿈치에 입은 상처는 치명적이지 않다). 십자가에서 예수님이 받으신 상처는 실제적이고 깊었지만, 거시적으로 봤을 때 그것은 발꿈치의 상함 정도로 사소했다.

반면에 아버지는 예수님이 사탄의 머리를 상하게 할 것이라고 하셨다. 머리에 타격 입는 것은 발꿈치에 타격 입는 것보다 훨씬 피해가 크다. 예수님은 그분께 계속 남아있을 흉터를 남긴 공격을 받으셨지만, 사탄은 자신을 영구적으로 장애를 지니게 만든 치명타를 입었다.

여기서 우리의 질문은, '예수님은 언제 사탄의 머리를 상하게 하셨는가?'이다. 가장 기본적인 답은 '십자가에서'이다. 하지만 아무도 구체적으로 정확히 언제 예수님이 십자가에서 사탄을 치셨는지 말할 수 없다. 개인적으로 나는 그것이 십자가 위에서 일어났다고 생각하지 않는다. 당신이 고려해볼 수 있는 색다른 견해를 제시하고 싶다. 나는 사탄이 예수님의 부활 당시 상함을 입었다고 본다. 그렇게 생각하는 이유를 설명하겠다.

앞에서 나는 사탄이 예수님을 십자가에서 죽이면서, 사망은 예수님이 예상하신 것보다 강해서 그분을 영원히 가둬둘 수 있을 것이라는 도박을 했다고 얘기했다. 그런데 예수님께서 거룩함 가운데 음부로 내려가셔서 음부의 세력을 누르는 권세를 나타내시자, 사탄은 미친 듯이 날뛰었다. 예수님은 사탄이 예상치 못한 능력으로 사망 권세를 누르셨다.

사탄은 만일 예수님이 죽음 가운데서 부활하시면 자신의 패배가 최종적으로 확정된다는 것을 알고 있었다. 그래서 예수님이 음부에서 올라가시기 시작하실 때 사탄은 필사적으로 그분을 막으려 했다. 이것은 사탄에게 있어 운명이 달린 문제였다! 사망이 예수님을 막을 수 없었고, 음부의 문도 그분을 가둬둘 수 없었다. 어이쿠! 특단의 조치가 필요했다. 부활을 맞이하기 위해 올라가시는 예수님을 막아야 했다. 그리스도의 부활을 막기에 음부와 사망은 역부족이었고, 사탄의 유일한 선택지는 자신이 스스로 음부의 문 앞에 서서 예수님을 가로막는 것이었다. 나는 사탄이 직접 그리고 물리적으로 예수님이 음부에서 나오시는 걸 막으려 했다고 믿는다.

예수님을 물리적으로 막아서려 했을 때, 사탄은 머리를 맞았다. 예수님은 원수의 머리를 치셔서 그를 피투성이로 만드시고 무력화시키셨다. 사탄은 상처투성이가 되어 쓰러진 채 예수님이 포로들을 이끌고 음부에서 행군하며 나오셔서 성령의 능력으로 부활하시는 걸 지켜볼 수밖에 없었다.

사탄은 십자가에서 어린 양을 대적했지만, 부활에서 사자를 맞닥뜨렸다.

예수님은 사탄의 머리를 상하게 하셨고(창 3:15), 그를 무력화하셨고(골 2:15), 사망과 음부의 열쇠를 가지셔서(계 1:18), 음부를 약탈하시고 3일 만에 부활하셨다. 그리고 전리품을 나눠주심으로 "그가 위로 올라가실 때에 사로잡혔던 자들을 사로잡으시고 사람들에게 선물을 주셨다"라는 에베소서 4:8 말씀을 성취하셨다.

예수님의 계획은 음부를 외부에서부터 정복하는 게 아니라 내부에서부터

무너뜨리는 것이었다.[14]

음부로 들어가기 위해서는 열쇠가 필요하지 않지만 나오기 위해서는 필요하다. 예수님의 부활은 그분이 열쇠를 가지셨다는 것을 증명한다.

부활은 성경에 기록된 하나님의 능력이 이 땅에 최고로 풀어진 것이다. 바울은 하나님 능력의 위대함을 찬양할 때 천지창조를 가리키지 않고 그리스도의 부활을 언급했다.

> 그의 힘의 위력으로 역사하심을 따라 믿는 우리에게 베푸신 능력의 지극히 크심이 어
> 떠한 것을 너희로 알게 하시기를 구하노라 그의 능력이 그리스도 안에서 역사하사 죽
> 은 자들 가운데서 다시 살리시고 하늘에서 자기의 오른편에 앉히사 모든 통치와 권세
> 와 능력과 주권과 이 세상뿐 아니라 오는 세상에 일컫는 모든 이름 위에 뛰어나게 하
> 시고 (에베소서 1:19-21)

오늘 나는 하나님의 놀라운 능력을 찬양한다! 우리는 여전히 하나님께서 얼마나 강하신지 다 알지 못한다. 우리가 아는 것은 그분께서 사망과 음부보다 강하시다는 것이다. 우리의 승리자인 다윗의 자손이 지하세계의 골리앗들인 사망과 음부와 사탄을 이기셨다는 것이다. 그분의 이름을 찬양한다!

그렇기 때문에 당신의 구덩이가 얼마나 깊은지는 중요하지 않다. 당신의 소망을 그리스도에게 두기 바란다. 예수님께서는 당신의 부활의 열쇠 또한 갖고 계신다.

> 두 번의 지진이 있었다. 예수님의 죽음 당시 지성소로 들어가는 문이 열렸고,
> 예수님의 부활 당시 음부로부터 나오는 문이 열렸다.

---

14   내가 쓴 책인 『돌파하는 믿음: 견고한 진을 무너뜨리는 하나님의 능력』(Opened From the Inside)은 이 주제를 더 깊게 다루고 있다.

그룹 공부와 토의

1. 부활은 하나님 아버지께서 아들을 인정하시는 사건이었습니다. 하나님께서 당신에게 새로운 정체성을 부여하시면서 부활시키신 적이 있습니까? 간증을 함께 나누십시오.

2. '하나님은 분명 십자가를 존귀히 여기시지만, 부활을 선호하신다.' 이 문장이 당신의 여정 가운데 어떻게 힘이 되는지 나누십시오.

3. 예수님께서는 음부에서 고난을 당하셨습니까? 당신이 묵상한 내용과 관련된 말씀 구절을 나누십시오.

4. 예수님이 음부에서 부활하여 올라오시면서 사탄의 머리를 상하게 하셨다는 필자의 이론에 대해 나누십시오. 이것에 대해 어떻게 생각합니까? 우리도 원수의 머리를 상하게 해 피투성이로 만들 수 있다고 생각합니까?

5. 에베소서 1:19-21 말씀을 중심으로 기도와 찬양으로 마무리하십시오.

chapter 23

부활로 완성되는 회로

이 마지막 결론을 내리기 위해 지금까지 여러 가지를 언급했다. '예수님이 십자가 희생을 통하여 얻으신 모든 것을, 그분의 부활로 말미암아 우리도 얻게 된다.' 다음의 말씀이 증거한다.

> 그리스도께서 다시 살아나신 일이 없으면 너희의 믿음도 헛되고 너희가 여전히 죄 가운데 있을 것이요 (고린도전서 15:17)

이 말씀은 그리스도가 십자가에서 죽고 음부로 내려가셨다가 부활하지 않으셨다면, 우리가 십자가를 믿는 것이 헛되고 여전히 죄 가운데 있을 것이라는 뜻이다. 이 말씀의 의미는 매우 크다. 예수님이 십자가에서 우리의 죄값을 치르심으로, 우리는 혼과 몸이 고침을 받고 주님과 영원히 함께할 수 있게 되었다. 주님께서 "다 이루었다!"고 하셨을 때 이 값이 다 치러진 것이다. 예수님은 갈보리의 사역을 마치고 거룩한 모습으로 음부에 내려가셨다.

폐쇄 회로

이것을 설명하기 위해 다음을 상상해 보기 바란다. 당신이 생산자로부터 물품 한 트럭분을 주문하고 값을 지불했다. 그런데 운반 과정에서 트럭이 길에서 벗어나 물건이 배달되지 않았다. 트럭의 물건은 돈을 낸 사람의 소유이지만 하나도 받지 못했다. 이러한 상황에 비유하기에는 조금 부족하지만, 예수님이 죽으시고 부활하지 않으셨다면 생길 일이다. 구원(상품)을 위하여 값을 지불하셨는데 우리의 삶에 변화를 주지 못한다.

다른 예를 들면, 전기 스위치는 발전소에서 오는 전기와 가전제품을 연결해 준다. 예수님이 이루신 구원은 마치 발전소에서 보내는 전기와 같다. 이때 부활이 스위치 역할을 한다. 스위치를 켜면 불이 들어온다. 십자가의 능력이 부활을 통하여 우리 삶을 밝힌다. 그런데 예수님이 죽으시고 부활하지 않으셨다면, 우리는 십자가의 능력을 사용할 수 없고 아직 죄 가운데 있을 것이다.

바꾸어 말하면, 예수님께서 십자가를 지시는 것만으로 우리가 구원받지는 못한다. 십자가와 부활이 모두 구원에 필요하다.

이 말씀의 파장을 생각해 보겠다. 정말 놀라운 일이다. 예수님은 우리의 치유를 위하여 채찍에 맞으셨다. 가시관을 쓰심으로 우리를 율법의 저주에서 풀어주기 원하셨다. 손과 발에 못 박히시고 피 흘리셔서 우리의 죄를 용서하셨다. 주께서 슬픔과 비탄의 징계를 받으심으로 우리에게 그분의 평화를 누리게 하신다. 죄값을 다 치르시고 "다 이루었다!"고 하셨다. 하나님께서는 그분이 수고한 것을 보시고 만족하셨다. 예수님이 죽으시고, 장사되시고, 음부에 내려가셨다가, 옥에 갇힌 영혼들에게 복음을 전하셨어도, 부활하지 않으셨다면 십자가의 모든 성취가 헛수고가 되었을 것이다. 인류는 죄 가운데 있을 것이다.

그리스도께서 부활하신 것이 핵심이다. 부활이 없으면 치유도, 구원도,

영생도 기대할 수 없다. 십자가의 고난은 영광스러운 부활로 끝나야 한다.

부활은 우주의 전기 스위치 같은 역할을 한다. 예수님이 죽은 자 가운데서 부활하셨을 때, 모든 불이 들어왔다. 복음의 모든 능력이 갑자기 이 세상에 연결되고, 우리의 운명이 영원히 바뀌었다. 십자가로 값이 지불되었고, 부활로 우리 앞에 그 은혜가 임하도록 운반해 주신다.

부활이 없다면 십자가는 터지지 않는 폭탄 같을 것이다. 부활한 후 십자가는 영원을 쪼개는 핵폭발 능력을 갖게 된다.

부활은 온 지구상에서 우주적인 의미를 가질 뿐 아니라, 하나님 앞에서 믿음으로 사는 사람들에게 중대한 의미를 갖는다. 이 말의 의미를 설명하겠다.

> 천사가 예수님 무덤의 돌을 굴린 것은 예수님을 그곳에서 나오게 하기 위함이 아니라 우리가 그 안을 들어가 보게 하기 위함이었다.

당신의 부활로 간증에 능력이 생긴다

당신이 불 같은 시험을 당하면, 십자가에서 예수님이 하셨듯이 싸우며 많은 것을 하게 된다. 이 불 시험 속에서 얻으려 애쓰는 것을 적어보았다.

- 예수님을 닮은 금 같은 믿음을 불 시험 속에서 얻어 주님의 형상으로 변하기를 원한다.
- 주님의 행위와 목적을 깊이 알아가려 애쓴다.
- 산을 옮기는 믿음을 갖고자 추구한다.
- 주님의 사랑을 통해 진정으로 주님을 느끼고 열매 맺기 원한다.

- 성령 충만한 삶을 영위함으로 주님께서 쉽게 계시하시고 만나 주시기를 원한다.
- 말씀을 갈구하며 깊이 이해함으로 승리하고 동시대 사람들에게 전할 수 있기를 원한다.
- 하나님의 나라에서 승진할 수 있는 자격을 얻고 더 많은 사람들을 섬기고 싶어 한다.
- 자신의 삶의 간증을 통해 하나님의 선하심과 신실하심을 전하려 믿음으로 싸운다.

이 모든 것들과, 그리고 더 많은 이유가 있다! 고난의 십자가를 지고 당신이 수고하는 이유인 것이다.

그러나 이러한 목적을 이루도록 열심을 다해도 부활을 경험하지 못하면, 이 모든 성취가 별로 영향을 미치지 못할 것이다. 즉 성도들에게 '살리는 길'로 전해지지 못한다.

예수님의 십자가의 수고가 부활을 통하여 실제화되듯이, 당신에게도 부활 같은 돌파가 일어나야 한다. 당신이 시련 가운데 애쓰고 주 앞에 나감으로써 하나님께서 당신의 심령과 삶에 놀라운 역사를 행하셨다. 그러나 우리에게 필요한 것은 부활이다. 간증이 온전해지려면 수렁에서 나오는 부활을 경험해야 한다.

부활은 필수!

고린도전서 15:17에서 바울은 부활이 없으면 십자가가 효력이 없다고 말한다. 당신이 부활하지 못하면 불 같은 시험을 당하며 얻은 유익도 헛된 것이 된다. 바꾸어 말하면, 환경에서 벗어나지 못한다면 그리스도의 몸 된 교회는 당신의 이야기를 밀어내어 잊을 것이다. 하나님께서 원하시는 것이 사산되고 주님의 목적이 실현되지 못한다(사 26:18). 결과적으로, 부활이 빠지면 간증도 잠잠케 될 것이다.

다시 말하지만, 부활이 필수다! 하나님께서 당신을 회복시키시면 당신이 역경 속에서 싸워왔던 모든 것이 그리스도의 몸 된 교회에 사용될 것이다. 갑자기 스위치를 켜듯 당신의 간증을 통하여 세상이 밝아질 것이다. 반복한다. 당신의 간증이 십자가로 끝나서는 안 된다. 당신이 시련을 이겨내고 회복될 때까지 하나님이 계획하신 이야기는 끝난 것이 아니다. 지금 하나님께서 당신을 회복하기를 원하시는 것을 믿는 믿음으로 충만함을 받기 바란다. 하나님은 당신의 부활을 택하신다! 바울은 같은 장에서 그리스도의 예를 들며 우리가 알아야 하는 중요한 원리를 가르쳐준다.

> 만일 죽은 자가 다시 살아나는 일이 없으면 그리스도도 다시 살아나신 일이 없었을 터이요 … 그러나 이제 그리스도께서 죽은 자 가운데서 다시 살아나사 잠자는 자들의 첫 열매가 되셨도다 (고린도전서 15:16,20)

여기서 '첫 열매'란 부활하려는 많은 사람 중에 그리스도가 처음이 되셨다는 것이다. 원리는 이렇다. 많은 것 중 하나, 그리스도의 많은 성취 모두가 이제 당신에게 허락되는 것이다. 주님이 하셨다면 당신도 할 것이다. 그리스도의 죽음과 부활은 특별하고 일회적이고 한 번으로 끝나서 절대 반복할 수 없는 것이 아니다. 오히려 믿는 사람들이 가야 할 길의 본보기를 제시할 뿐이다. 주님께서는 십자가를 지심으로 성도들이 각자 자기 십자가를 어떻게 져야 하는지 보이셨고, 부활하심으로 성도들도 부활하게 하셨다. 첫 열매인 예수님의 예가 성도의 미래에 임할 부활을 예언하고 있다. 부활을 맞을 준비를 하라!

> 우리가 죽인 예수님을 하나님께서 다시 일으키신 것을 생각하면,
> 지혜로운 자라면 자신을 돌아봐야 한다.

부활하면 간증이 퍼지게 된다

주님은 당신을 역경의 구덩이에서 일으켜 세우기 원하신다. 상급이 크기에 음부의 권세는 당신의 부활을 막으려 한다. 음부의 권세는 (그리스도를 못 박는 데 도왔던 것처럼) 당신을 십자가에 못 박게 도울 뿐 아니라, 당신이 부활하는 것을 전심으로 막는다. 사탄이 예수님의 부활을 막으려 했듯이 (결국엔 그의 머리가 상하게 되었다) 당신의 부활을 막을 것이다. 전쟁은 당신의 부활에 관한 것이다.

왜 그럴까? 부활하면 그 소식이 온 땅에 퍼진다. 당신이 역경을 이기면 그 이야기를 듣는 사람들이 힘을 얻고, 자세를 정비하고, 강건해지고, 감당하며, 지시를 받는 상태가 된다. 당신이 인내함으로 그들도 자신의 간증을 위하여 용기를 얻게 된다. 모든 것이 부활에 달린 것이다. 왜 당신이 지금 시험을 받고 있는지 아는가? 하나님께서 당신을 선택하신 것은 위대한 간증이 나올 것을 아시기 때문이다. 하늘의 천사들이 당신을 격려하고 있고, 부활의 뿌리가 내리고 있다.

싸우라! 달려야 할 길을 끝까지 달리라! 부활의 능력을 믿으라. 한 성도가 감옥에 갇히면 그를 위한 전쟁이 지구 대기권을 덮는다. 그가 감옥에서 죽으면 그 이야기는 조용히 사라진다. 그러나 그가 감옥을 나오면, 그의 간증

은 폭발적인 능력으로 다른 사람들의 영적 상황을 변화시킨다. 부활의 상급은 대단히 크다. 그리스도의 십자가와 부활은 이 원리를 증거하는 가장 중요하고 위대한 실제의 예이다. 성경에는 이러한 원리를 설명하는 이야기로 가득하다. 몇 가지만 언급하겠다.

사라와 한나와 엘리사벳은 공통적으로 아이를 낳지 못하여 괴로워하다가 하나님께 아들을 구했다. 하나님께서는 그들의 기도에 응답하셔서 그들의 불임을 고치시고는 아들을 주셨다. 불임은 그들에게 있어 십자가와 비슷했다. 그리고 아들을 얻는 것은 그들에게 있어 부활이었다. 기적적으로 아들을 갖지 못했더라면 우리는 그들의 존재를 알 수 없었을 것이다. 그러나 하나님께서 그들을 어미로 부활시키셨고, 그들의 간증은 많은 세대의 믿음을 강건케 했다. 그들이 부활하여 간증이 알려진 것이다.

요셉의 경우, 그가 감옥에서 죽었다면 어떻게 되었을까? 누군가 감옥에서 요셉에게 이렇게 위로했을 수도 있다. '이곳에서도 하나님의 임재를 누리며 죄수들을 위하여 능력 있게 사역을 할 수 있어. 가끔 그들의 꿈 해석도 할 수 있지.' 그러나 이것은 하나님께서 요셉을 통하여 하시려는 것과 비교하면 아주 사소하다. 하나님은 요셉을 감옥에서 나오게 하여 그 나라의 운명을 바꾸는 데 사용하셨다. 요셉이 감옥에서 죽었다면 그의 이야기는 없다. 그의 고난이 우리와 상관이 없을 것이다. 그러나 그가 감옥에서 나와 궁전으로 회복된 이야기가 여러 나라 죄수들에게 오늘도 믿음과 용기를 주고 있다.

다윗을 보라. 다윗이 시글락에 머물고 이스라엘의 왕이 되지 않았다면, 우리는 그에 대해 들을 수 없었다. 그가 쫓기며 수년을 광야에서 떠돌며 성령의 심오한 것들을 깨달은 것이 우리에게 유익한 이유는, 그가 나중에 왕이 되었기 때문이다. 그가 부활함으로 그의 이야기가 강력하게 퍼진 것이다.

욥의 경우, 그가 건강을 되찾고 하나님의 회복을 경험하지 못하였다면 어땠을까? 욥기도, 욥이라는 사람도 우리가 알지 못했을 것이다. 그가 회복함으로 모든 후대 사람들이 그의 아비 됨의 유산을 통해 위로를 받는다.

모세의 경우, 그는 사막의 무명인이었고 하나님께서 그를 발탁하셔서 이스라엘의 대표로 부활시키셨다. 그의 부활의 이야기가 퍼져나갔다.

아브라함은 기적의 아들인 이삭을 낳지 않았다면 아무도 모를 인물이었다. 하나님께서 그를 아비로 만드셔서 그의 간증을 통해 세상을 흔들게 하셨다.

이제 당신의 차례이다. 감옥에 갇혀 있는 것 같은가? 또는 당신의 삶이 물같이 쏟아진 것 같은가? 부활하신 주님의 손을 잡기 바란다. 하나님께서 일으키신 주님은 당신을 일으켜 강건케 하고 인도하기 원하신다. 당신이 부활하면 간증이 힘있게 퍼져나갈 것이다.

> 십자가는 그리스도의 인성을, 부활은 그분의 신성을 나타내었다.

부활은 당신의 유전자 속에 있다

'부활의 능력을 믿으라!' 이것이 그리스도의 십자가에서 천둥소리처럼 들린다. 예수님께서는 당신이 자기 십자가만을 해결하고 잘 살다가 인생을 마감하게 두시지는 않으실 것이다. 그분은 당신이 부활을 붙들 수 있도록 힘주시고 믿음으로 견디게 하실 것이다.

예수님은 우리를 '부활의 자녀'라고 부르셨다(눅 20:36). 당신 안에 부활의 유전자가 있다는 말이다. 인간 염기체에 새겨졌기에 당신은 부활로부터 떠날 수 없고, 그것은 당신의 심령 속에 고동치고 있다. 우리에게는 하나님께서 그분의 모든 약속을 이루신다는 확신이 있다. 부활의 자녀에게는 부활이

핑계치도, 피하지도, 막지도 못할 일이다. 그들은 부활을 유업으로 꼭 받아야 한다. 그들은 거절 받음을 거절한다. 그러므로 하나님의 언약을 품에 안고 부활을 붙잡으라! 그리스도의 부활은 "부활이 온 곳에서 더 온다"고 선포한다. 예수님의 부활은 가장 큰 마지막이 아니라 위대한 시작이고, 많은 부활의 첫 시작이었다. 부활은 하나님의 자녀들이 받는 유산이니 받으러 달려가라. 어떻게 해서든지 추구해서 죽은 자의 부활에 이르라(빌 3:11).

부활은 하나의 사건이 아니라, 인격체이시다. ▌

그룹 공부와 토의

1. 시간을 내어 고린도전서 15:17을 공부하십시오. 깨달은 바와 연관된 말씀을 나누며 토의하십시오. 이 말씀의 의미는 무엇입니까?
2. 부활의 권능을 이해하기 위해 전기 스위치라고 설명한 것이 도움이 되었습니까?
3. 이번 장을 공부하며 자신의 부활에 대한 믿음이 강건해졌습니까? 당신의 기도 내용은 무엇입니까?
4. 우리의 첫 열매로 예수님께서 부활하시고 성도들도 부활하게 하셨습니다. 예수님이 경험한 것 중 당신이 기대하는 것은 무엇입니까?
5. 전쟁은 당신의 부활에 관한 것입니다. 당신의 부활을 음부의 권세들이 막는 것을 경험했습니까?
6. 이번 장에서 언급한 영웅들인 사라, 한나, 엘리사벳, 요셉, 다윗, 욥, 모세, 그리고 아브라함 중에 당신이 가장 좋아하는 사람은 누구이며 그 이유는 무엇입니까?
7. 빌립보서 3:8-11을 읽고 기도하며 마무리하십시오.

chapter 24

용기

이 책을 통해 그리스도의 십자가를 나타내길 노력했다. 당신은 이 책을 통해 십자가를 마주하게 되었는가? 만일 그렇다면 십자가에 달리신 구세주를 따라갈 수 있는 거룩한 용기가 충만하게 채워질 것이다.

십자가는 용기를 준다.

베드로는 결국 용기를 내었다

예수님은 체포당하시기 전에 베드로에게 그가 세 번 부인할 것이라고 예측하셨다. 베드로는 격렬하게 이렇게 주장했다. "내가 주와 함께 죽을지언정 주를 부인하지 않겠나이다"(마 26:35) 그는 자신이 예수님과 함께 죽을 용기가 있다고 믿었지만, 예수님이 붙잡히시고 재판받으실 때 그의 용기는 사라졌고 예수님과 관련되었다는 것을 부인했다.

베드로가 예수님을 세 번 부인한 후 닭이 울었고, 예수님이 그를 바라보셨다. 자신이 예수님의 예측대로 행했다는 것을 깨닫고 베드로는 밖으로 뛰쳐나가 통곡했다(눅 22:62).

베드로는 두 가지 이유로 울었다. 우선, 그가 예수님을 세 번 부인함으로 예수님을 실망시켰다는 것 때문에 울었다. 하지만 이것보다 더 큰 이유는, 자기가 대제사장 집으로 들어가 남자답게 잘못을 인정하고 예수님께서 자신의 주님이라는 것을 고백할 용기가 없다는 것을 깨달았기 때문에 울었다. 만일 그가 패기가 있었다면 자기 자신을 추스르고 자리에서 일어서서 이렇게 말했을 것이다. "여러분, 제가 솔직하지 못했습니다. 사실 저는 예수님의 제자 중 한 사람입니다. 사실대로 말해야겠습니다. 저는 예수님의 사람입니다." 하지만 그에게는 차마 잘못된 것을 되돌려놓고 바로잡을 수 있는 용기가 없었다. 압력이 가해지자, 그의 용기는 무너졌다.

베드로의 경우와 마찬가지로 십자가는 우리의 용기를 시험할 것이다.

염두에 둘 것은, 베드로의 이야기는 행복한 결말을 맺는다. 오순절에 성령이 부어지자 베드로는 거룩한 담대함으로 채워졌고 즉각적으로 비범한 용기를 지닌 자로 변화 받았다(행 2장). 성령님이 그를 얼마나 담대하게 만드셨던지, 그는 성경 전체를 통틀어 가장 정치적인 논란을 가져오기에 충분히 의도적이고 담대한 발언을 했다. 그가 뭐라고 했는지 살펴보자.

사도들이 백성에게 말할 때에 제사장들과 성전 맡은 자와 사두개인들이 이르러 예수 안에 죽은 자의 부활이 있다고 백성을 가르치고 전함을 싫어하여 그들을 잡으매 날이 이미 저물었으므로 이튿날까지 가두었으나 말씀을 들은 사람 중에 믿는 자가 많으니 남자의 수가 약 오천이나 되었더라 이튿날 관리들과 장로들과 서기관들이 예루살렘에 모였는데 대제사장 안나스와 가야바와 요한과 알렉산더와 및 대제사장의 문중이 다 참여하여 사도들을 가운데 세우고 묻되 너희가 무슨 권세와 누구의 이름으로 이 일을 행하였느냐 이에 베드로가 성령이 충만하여 이르되 백성의 관리들과 장로들아 만일 병자에게 행한 착한 일에 대하여 이 사람이 어떻게 구원을 받았느냐고 오늘 우리에게 질문한다면 너희와 모든 이스라엘 백성들은 알라 너희가 십자가에 못 박고 하나님이 죽은 자 가운데서 살리신 나사렛 예수 그리스도의 이름으로 이 사람이 건강하게 되어 너희 앞에 섰느니라 이 예수는 너희 건축자들의 버린 돌로서 집 모퉁이의 머릿돌이 되었느니라 다른 이로써는 구원을 받을 수 없나니 천하 사람 중에 구원을 받을 만한 다른 이름을 우리에게 주신 일이 없음이라 하였더라 그들이 베드로와 요한이 담대하게 말함을 보고 그들을 본래 학문 없는 범인으로 알았다가 이상히 여기며 또 전에 예수와 함께 있던 줄도 알고 (사도행전 4:1-13)

여기서 베드로의 발언이 매우 담대했다고 말하는 이유는 다음과 같다.

- 그는 자신의 발언을 그 자리에 함께한 지도자들뿐만 아니라 이스라엘 민족 전체를 대상으로 했다. 당시 지도자들은 예수님의 부활의 소식이 퍼지는 것을 그들의 능력을 총동원하여 막고 있었다.
- 그 자리에 함께한 지도자들은 불과 얼마 전 예수님의 재판을 주관했던 자들이었다(마 26:57). 동일한 무리가 결집한 것에 암시된 메시지는 이러했다. '우리는 예수를 십자가에 못 박을 수 있을 정도의 영향력을 가진 자들이다. 우리가 그 수법을 또 써야 한다면 얼마든지 그럴 수 있다.' 베드로는 이런 내포된 협박을 알고 있었지만 전혀 위축되지 않았다.
- 베드로는 지도자들 면전에, 하나님께서 죽은 자 가운데서 살리신 인자를 이전에 그들이 십자가에 못 박았었다고 대놓고 비난했다(만일 당신이 방금 십자가에 못 박아 죽인 사람을 하나님께서 부활시키셨다면, 이것은 잠깐 멈춰 재고해봐야 할 문제이다).
- 베드로는 구원이 오직 나사렛 예수를 통해서만 난다고 증거했다. "천

하 사람 중에 구원을 받을 만한 다른 이름을 우리에게 주신 일이 없음이라" 당시 이보다 더한 담대한 발언은 없었을 것이다.

그리스도의 부활은 베드로에게 용기를 주었다.
이제 용기로 무장한 두 번째 인물을 보자.

지금 어린 양 앞에 절하면, 훗날 유다의 사자 앞에 바로 설 수 있게 될 것이다.

아리마대 요셉은 용기를 내었다

십자가는 아리마대 요셉의 영혼에 용기를 불어넣었다. 아래의 말씀에 이렇게 나온다.

아리마대 사람 요셉이 와서 당돌히 빌라도에게 들어가 예수의 시체를 달라 하니 이 사람은 존경 받는 공회원이요 하나님의 나라를 기다리는 자라 (마가복음 15:43)

요셉은 아리마대 지역 출신이고 공회원이었다고 나오는데, 이것은 그가 산헤드린 공회의 일원이었다는 의미이다. 당시 산헤드린은 70인으로 구성된, 유대 정치와 종교의 고등법원으로서 유대 사회의 최정상에 위치한 조직이었다. 그는 자신의 경력의 정점까지 올라간 사람이었다. 70인 중에서도 존경 받는 자라고 언급된 것을 보면, 그는 지도자 중 지도자였다. 산헤드린에서의 역할은 그에게 명망과 명성과 영향력과 능력과 명예와 돈을 주었다.
당시 산헤드린은 예수님을 격렬하게 반대하여 십자가형을 확정시키는 데에 결정적인 역할을 했다. 예수님께서 사역하시던 당시 산헤드린은 소속 중 누군가가 예수님을 메시야로 믿는다고 고백하면 공회에서 내쫓고 철저히 고립시키겠다는 것을 분명하게 명시했다.

그러나 요셉은 예수님의 말씀을 주의 깊게 듣고 그분의 사역을 주시하면 서, 결국에는 그분을 믿게 되었다. 하지만 그는 자신의 믿음에 대해 함구했 다. 만일 자신의 신앙을 공개적으로 알렸다면 그는 총애와 지위와 소득과 경력을 포함한 이제껏 일구어 온 모든 것을 잃게 될 것을 알고 있었다. 그는 조용히 있었고, 자신의 생각을 발설하지 않았다.

하지만 십자가는 이 모든 것을 뒤바꿔 놓았다. 십자가에서 예수님이 아낌 없는 희생으로 그분을 내어주시는 것을 보며, 그는 자신의 모든 것을 걸기 로 작정했다. 그는 빌라도에게 가서 예수님의 몸을 장사 지낼 수 있게 허락 을 구했다(막 15:43). 예수님을 장사 지내는 것은 공개적으로 '나는 나사렛 예 수와 한 편이다'라고 밝히게 되는 것이었다. 이런 행보로 자신의 경력과 수 입과 인기와 영향력을 다 잃게 될 수도 있었다. 하지만 그가 이런 위험을 감 수하게 한 것은 무엇일까? 바로 십자가였다. 십자가는 공개적으로 자신의 신앙을 고백하는 데 필요한 용기를 주었다.

진정으로 십자가를 만나면 용기를 얻게 된다. 그리스도를 위하여 공개적 으로 신앙을 고백하며 믿음의 자리를 지킬 수 있는 용기를 준다.

이 책을 읽으며 당신은 십자가를 만났는가? 예수님의 용기가 당신의 용 기를 불러일으켰는가? 당신을 위해 생명을 내놓을 용기가 있던 분께서 당 신으로 하여금 그분을 위해 죽을 수 있는 용기를 주실 것이다. 생명을 잃을 때 생명을 얻게 될 것이다.

당신이 공개적으로 믿음의 자리를 지킬 때, 예수님께서 직접 당신을 인정 하시며 이렇게 말씀하신다. "누구든지 사람 앞에서 나를 시인하면 나도 하늘에 계신 내 아버지 앞에서 그를 시인할 것이요"(마 10:32) 그리고 이렇게 덧붙이신다. "마지막 날에 내가 이를 다시 살리리라"(요 6:40)

예수님은 십자가에 매달리심으로 아버지를 향한 충성을 증명하셨고, 이제 당신이 예수님의 십자가를 향한 충성을 보여줄 수 있는 자리로 초대하신다. 믿지 않는 세상에서 당신의 믿음을 공개적으로 나타낼 때 예수님께서 이렇게 말씀하신다. "나는 네 충성을 절대 잊지 않겠다. 내가 너를 마지막 날에 살릴 것이다."

오늘 당신을, 예수 그리스도의 십자가에 충성을 맹세하고 세상에 그분을 전할 것을 약속하는 자리로 초대한다. 예수님께서는 당신의 충성을 잊지 않으실 것이다.

일생일대의 결정은 예수 그리스도의 십자가에 어떻게 반응할 것인가이다.

기도

예수님, 당신의 십자가를 믿습니다.

예수님께서 고난받으셨고,

죽으셨고, 무덤에 묻히셨고,

음부로 내려가셨고, 부활하셨고,

하늘로 올라가신 것을 믿습니다.

이제 저를 아는 모든 사람 앞에서

제 신앙을 고백합니다.

당신의 십자가에 대해 항상 전하겠습니다.

제가 살아가는 이 시대 이 세대 앞에 담대히 서서

십자가를 전할 수 있는 능력을 주시고,

성령 충만하게 채워주소서.

당신의 죽음에 함께하는 자로서 죽은 자 가운데서

부활하신 당신의 부활에도 참여하는 자가 되게 하소서. 아멘.

이름 : ＿＿＿＿＿＿＿＿＿＿

서명 : ＿＿＿＿＿＿＿＿＿＿

밥 소르기의 번역저서들

《내 안의 적 시기심》 샬롬서원

《눈의 언약》 샬롬서원

《욥기》 샬롬서원

《칭찬의 유혹》 샬롬서원

《기도 응답의 지연이 주는 축복》 은혜출판사

《그럼에도 주님 곁에 머물다》 스텝스톤

《내 영이 마르지 않는 연습》 스텝스톤

《그럼에도 주님곁에 머물다》 스텝스톤

《돌파하는 믿음》 스텝스톤

《보좌로 나가는 믿음》 HPWM 출판부

《예배는 사업이 아닙니다》 HPWM 출판부

《주의 임재의 강으로 뛰어들라》 HPWM 출판부

《불굴의 기도》 예수전도단

《영광》 예영커뮤니케이션

《하나님이 당신이 이야기를 쓰고 계신다》 규장

《찬양으로 가슴벅찬 예배》 두란노

저자의 원서와 강의는 oasishouse.com과 유튜브 채널 bobsorge에서 볼 수 있습니다.

* 이 책의 내용으로 진행되는 총 9회의 강의 시리즈가 밥 소르기 목사의 유튜브 채널 youtube.com/bobsorge 에 게시되어 있다. 소그룹공부와 토의에 참고 하십시오.